왜
가족이
힘들게 할까

지친 마음을 돌보는
관계 맞춤법

왜
가족이
힘들게 할까

우즈홍 지음 | 김희정 옮김

≋ 프런티어

일상의 독서가 내면의 꽁꽁 언 바다를
깨부수는 도끼가 되기를.

다정하고, 쓸모 있는 책

2007년 1월, 인터넷 토론 사이트인 톈야자탄天涯杂谈에 '거짓말 No. 1: 자식을 사랑하지 않는 부모는 없다'라는 제목의 글을 올렸는데 순식간에 인기 글이 됐다. 온 세상을 놀라게 했던 더우반豆瓣 커뮤니티 '부모는 모두 화근'에서는 지금까지도 그 글이 최상위 게시물에 올라가 있다.

2007년 5월에 첫 책《왜 가족이 힘들게 할까》를 펴냈다. 책은 출간 즉시 베스트셀러가 됐으며, 지금까지 20여 차례 증쇄를 했고 백만 부 가까이 판매됐다. 한 네티즌은《왜 가족이 힘들게 할까》와 루쉰鲁迅의〈광인일기〉를 함께 거론하며 내가 사람을 착취하고 억압하는 중국 가정의 진실을 써냈다고 평했다.

이런 과분한 표현에 몸 둘 바를 모르겠다. 이 책은 주로 상담을 바탕으로 쓴 것일 뿐 나는 루쉰 같은 통찰력은 없다. 다만, 한 가지 확실한 것은 거시적인 면과 디테일한 부분에서 중국 가정의 상처를 오롯이 그려냈다는 점이다.

먼저 우리 집 이야기를 해보겠다. 나는 부모님께 맞아본 적도, 혼나본 적도 없다. 10위안을 달라고 하면 50위안을 주시는 부모님이었다. 인생의 중대한 선택은 전부 나 스스로 했다. 부모님은 설령 나와 뜻이 다르더라도 절대 간섭하지 않았다.

이런 가정에서 자란 나였기에 처음에는 중국 가정에 얼마나 끔찍한 상처들이 존재하는지를 전혀 몰랐다. 얼마간의 과정을 거쳐 2014년 초에 이르러서야 마침내 전반적인 인식이 생겼다. 거기에 이르기까지 일곱 단계를 거친 듯하다.

첫 번째 단계는 〈광저우일보广州日报〉 칼럼 연재와 함께 시작됐다. 내 첫 번째 칼럼이 큰 반향을 일으키면서 나는 매일 수십에서 수백 통의 메일을 받았다. 이 메일들과 심리상담사 인터뷰, 신문 보도자료 등을 분석해 나는 중국 가정에 대한 직관적 인식을 얻었다. 끔찍하고 비정상적인 이야기를 자주 접했지만, 처음에는 내 글이 소수의 사람에게만 영향을 줬다고 생각했다. 어쨌든 〈광저우일보〉 정기 구독자가 100만이 넘으니 독자도 100만에 달할 텐데 하루에 수십수백 통의 메일이 뭐 대단하겠는가.

두 번째 단계는 신문사와 함께한 행사에서 비롯했다. 광저우의 작은 마을에서 진행된 강연이었는데, 서른 명의 부모를 대상으로 30분간 가정심리학을 강의했다. 그들은 분명히 나를 몰랐고, 내 글의 애독자도 아니었다. 그런데 내 강의가 이들의 마음을 건드렸고, 참석자 중 일고여덟 명이 나와 이야기를 더 나누고 싶어 했다. 그래서 그들과 한 시간 넘게 이야기를 나눴는데, 나는 내가 정상적인 인간 세상이 아니라 정신병원에 와 있는 것 같은 착각이 들었다. 다들 자녀에게 심각한 상처를 주고 있었지만, 자기에게 문제가 있다고는 전혀 생각하지 않고 자식의 잘못만 들춰냈다.

그때 처음으로 내 글이 다수를 위해 쓰인 것일지도 모른다고 생각하게 됐다. 또한 다수의 중국 가정에 심각한 문제가 있을지도 모른다는 생각이 들었다. 그러나 문제가 어느 정도 심각한지는 여전히 잘 몰랐다.

세 번째 단계는 상하이의 하이스대학 대학원생 양위안위안杨元元의 자살 사건이 계기가 됐다. 그녀는 엄마의 병적인 의존 때문에 삶을 포기했다. 이 사건을 접하고 나는 말 그대로 불가사의함을 느꼈다. 이 일에 관해 블로그에 글을 올렸는데, 하루 사이에 놀랄 정도로 많은 댓글이 달렸다. 내 블로그가 추천되지도 않은 상태에서 받은 최고로 많은 댓글이었다. 왜 그 극단적인 사건이 이토록 많은 사람의 마음을 건드렸을까?

다수의 내담자가 말하길, 그들처럼 독립적인 개체로 존재하지 못하고 서로에게 지나치게 의존하며 병적인 공생 관계를 이루는 모녀가 자기들 고향에는 흔하다고 했다. 어쩌면 중국 가정 내에 숨겨진 문제가 많으며, 상황의 심각성은 내 예상을 훨씬 뛰어넘을지도 모르겠다는 생각이 들기 시작했다. 우선은 각 가정의 상황이 어느 지경인지 여러 측면에서 살펴보기로 했다.

웨이보를 개설한 뒤, 나의 인식은 빠르게 진화했다. 네 번째 단계는 뉴스에서 비롯됐다. 어떤 여자가 고양이 한 마리를 키우며 애정을 쏟았다. 그런데 어느 날, 집에 돌아와 보니 고양이가 보이지 않았다. 알고 보니 엄마가 팔아버린 것이었다. 이 일로 그녀는 열심히 돈을 모아 5년 후 자기 집을 샀다. 그리고 기자에게 사랑하는 고양이를 찾고 싶다며 기사를 내달라고 했다.

나는 웨이보에 이 소식을 올리며 매우 극단적인 사건이라고 생각했다. 딸이 사랑하는 동물을 엄마가 어떻게 팔아버릴 수 있단 말인가? 딸이 애지중지하던 고양이인 만큼, 아무리 쫓아내고 싶더라도 딸과 상의를 했어야 하지 않은가?

웨이보에 공유하자마자 수백 개의 댓글이 달렸고, 내 웨이보는 끔찍한 댓글 릴레이의 현장으로 변했다. 한 네티즌은 이 정도가 뭐 별거냐면서 자신은 기르던 애완동물을 부모가 죽였을 뿐만 아니라 그 고기를 함께 먹어야 했다고 하소연했다. 가장 잔혹한 이야기는 어린 닭을 키우던 한 네티즌이 올린 것이었는데 부친이 자신과 닭을 베란다에 가두고는 닭을 죽여야 자기를 풀어주겠다고 했다는 것이다. 영화 〈무협〉에서 의부가 견자단의 말을 죽이고 그 고기를 먹게 했는데, 그런 일이 현실에서도 일어날 줄이야.

잔혹함은 여기서 끝이 아니다. 상담 중 여자 태아를 지웠다는 이야기를 여러 차례 들었다. 심지어는 갓 태어난 여자아이를 죽였다는 사건도 몇 번이나 접했다. 나는 이것이 흔한 일은 아닐 거라고 생각했다. 자기 자식을 죽이는 것보다 더 잔혹한 일은 없지 않겠는가. 그러나 웨이보에 올린 글들의 반응을 통해 이 땅에 너무나 많은 여자아이의 원혼이 있다는 것을 알게 됐다. 이들이 살해된 방식은 끔찍하기 이를 데 없었다. 이런 이야기들은 다른 민족을 학살한 사건의 잔혹함을 뛰어넘는다. 부모가 자식을 죽인 것이기 때문이다. 이 엄청난 충격은 나를 가족에 대한 인식 다섯 번째 단계로 이끌었다.

이후 여섯 번째 단계는 웨이보에 개설한 중국 가정에 대한 토론의 장에서 시작됐다. 몇 차례의 토론이 네티즌 사이에서 뜨거운 반응을 불러일으켰다. 가정 내에서 발생한 여러 사건은 직접적으로 피를 본 것은 아니라 하더라도 그로 인한 개인의 정신적 상처와 억압이 이미 가정을 무너뜨리고 있었다. 다단계 상품 구입 강요, 세뇌, 스톡홀름 증후군Stockholm Syndrome(인질이 풀려난 후에 인질범의 편을 드는 현상을 말하며 의미가 점차 확장돼 가정에서 가해자에게 동조하는 현상까지 가리키게 되었다-옮긴이) 등은 중국 가정이 반항하는 가족 구성원에게 가하는 끔찍한 형벌 중에서도 하찮은 문제였다. 우리는 여전히 이런 사회에 살고 있다. 물론 외부의 질서 역시 완벽하진 않지만, 가정 안의 어둠은 그보다 더하면 더했지 결코 덜하지 않다.

중국 가정 문제에 대한 내 인식의 일곱 번째 단계는 2007년부터 시작한 심리상담의 덕을 톡톡히 봤다. 앞서 언급한 이야기들이 중국 가정의 잔혹한 표면을 드러냈다면, 수년간 지속해온 심리상담은 중국 가정이 어떻게 돌아가는지를 세밀하고 깊이 있게 보여주었다. 나는 우연히 심리학책을 보고 관심을 갖게 되면서부터 거의 날마다 심리학과 함께했다. 내가 본 모든 것에 놀라움과 고통을 느꼈고, 감정의 기복을 겪었으며, 사색과 탐구의 길에서 어둠과 빛을 만났다.

2014년 상반기, 마침내 중국 가정 문제의 기본 모습을 볼 수 있었고 몇 가지 중요한 특징을 포착했다. 이 특징의 한쪽 끝은 운명적으

　왜 가족이 힘들게 할까

로 가정에서 성장할 수밖에 없는 모든 사람과 연결돼 있다. 그들의 인격적 성장, 까닭 없이 오래 지속되는 콤플렉스, 크게 소리 내서 말할 순 없지만 깊이 상처받은 마음 등이 그 특징와 맞닿아 있다. 그리고 다른 한쪽은 중국의 사회, 역사, 문화와 연결돼 있다.

왜 가족이 힘들게 할까? 나는 앞으로도 집필 작업을 계속하면서 중국 가정의 작동 방식을 남김없이 그려낼 것이다. 이 책은《왜 가족이 힘들게 할까》2007년 판을 수정하고 업그레이드한 버전으로, 이 시리즈의 첫 번째 책이다. 일부 문장을 수정했고 최근 2년간의 생각을 새로 추가했다. 각 가정의 기본적인 문제들과 더불어 흔히 볼 수 있는 어두운 이면들을 자세히 들여다보았다. 사실, 내가 구상하는 시리즈의 큰 틀에서 이 책은 매우 다정한 편이다. 그렇지만 뿌리 깊은 효 사상과 부모가 자식을 얼마나 사랑하는지를 지나치게 강조하는 이 나라에 대한 이야기들은 세상을 마구 뒤흔들어 놓을 것이다.

당신도 읽다 보면 알 수 있을 것이다. 내가 독자를 놀라게 하려고 과장법을 동원한 게 아니라 그저 세심하고 착실하게 현상을 묘사했을 뿐임을. 여기에 필요한 해법도 제시했다. 중국 가정의 여러 기제가 어떻게 작동하고 가족에게 어떻게 상처를 입히는지, 그리고 어떻게 개선하고 피해 갈 수 있는지를 심리학 이론을 통해 또렷하게 볼 수 있다.

그래서 쓸모 있는 책이기도 하다. 당신 자신을 인식하고 변화를 모색함은 물론 가정 내의 관계를 개선하는 데 이 책이 크게 도움이 될 것이다. 내가 이전에 썼고, 앞으로 쓸 책 역시 모두 여기에 초점을 맞추고 있다.

왜 가족이 힘들게 할까 │ 차례 │

PART 3

부모의 불안을 아이에게 떠넘기지 말 것

PART 1

당신의 가정,
결정권은
당신에게 있다

_1

모든 이별은
마음을 치유한다

모든 사람은 평생에 걸쳐 두 번 '탄생'한다.

첫 번째는 엄마의 자궁에서 세상 밖으로 나왔을 때다. 자궁은 태아에게 완벽한 집이다. 그런 집을 떠나는 일은 태아에게 매우 고통스러운 이별의 과정이지만, 그 고통이 새로운 생명을 가져다준다.

두 번째는 연애하면서다. 우리는 살면서 수많은 사람을 만나고 수많은 관계를 맺지만, 그중에서 연애는 우리 스스로 만드는 가장 친밀한 관계다. 가깝기로 따지자면 부모-자녀 관계도 절대 뒤지지 않지만, 이는 하늘이 내린 관계다. 좋은 부모든 나쁜 부모든 우리에게는 선택권이 없다. 그저 받아들일 수밖에. 하지만 연애 관계는 내가 선택할 수 있다.

"선택할 수 있기에 우리 인생이 의미가 있는 거죠."

심리상담사 룽웨이링荣伟玲의 말이다.

"연애는 특별한 선택입니다. 우리는 무의식중에 연애를 치유의 수

왜 가족이 힘들게 할까

단으로 여겨요. 연애를 통해 어린 시절의 실수를 바로잡고자 하죠. 그래서 대체로 연애 상대가 자신이 생각하는 이상적인 부모의 모습을 하고 있어요. 현실 속 부모에게는 많든 적든 불만족스러운 부분이 있게 마련이라 누구나 마음속에 이상적인 부모의 모습을 품고 있거든요. 그것이 우리가 연인을 선택하는 기준이 되죠."

치유에 성공하면 어린 시절의 실수가 바로잡힐 뿐만 아니라 진정으로 독립된 인격을 지닌 사람이 될 수 있다. 이는 인격이 성장하는 중요한 한 걸음이자 가정과 분리되는 마지막 한 걸음이다.

그러나 안타깝게도, 많은 연애가 성공하지 못하고 오히려 더 깊은 상처를 남긴다. 이렇게 되는 주요한 원인은 우리가 사랑과 이별이라는 모순에 제대로 대처하지 못하기 때문이다.

"연애의 의의는 평생 함께 살 반려자를 찾는 데 있지 않아요. 내가 독립적인 인간이고, 반려자 역시 나만큼 독립적이며 중요한 사람이라는 사실을 이해하는 것이 진짜 의의죠. 우리는 이미 알고 있어요. 두 명의 독립적인 인간이 더할 나위 없이 친밀하게 지낼 수 있다는 걸요."

룽웨이링은 '연애는 부모-자녀 관계의 복사판'이라고 말한다.

"어린 시절이 행복했다면 우리는 그 행복을 복제할 가능성이 커요. 어린 시절이 불행했다면 그 불행을 복제할 가능성이 크고요."

물론 연애가 부모-자식 관계의 단순한 복사판인 건 아니다. 실제로 우리는 현실에 존재하는 부모의 모습이 아닌 이상적인 부모의 모습을 기준으로 연인을 찾는다.

이상적인 부모에게는 한 가지 특징이 있다. 바로, 무조건적인 사랑을 준다는 것. 우리는 조건 없는 사랑을 필요로 하며 연인도 마찬가지라는 사실을 안다. 그래서 연애 상대에게 아무런 조건 없이 사랑을 주며, '네가 뭘 하든 나는 변함없이 널 사랑해, 내 사랑은 무조건이야'라는 점을 끊임없이 알린다.

조건 없는 사랑을 충분히 받으면 우리는 아이로 변한다. 상대방도 똑같다. 둘 다 어린 시절로 퇴행한다. 이때 우리는 서로에게 이상적인 부모가 됨과 동시에 자식이 된다.

연애에서는 바로 이때가 중요한 시기다. 이 단계에서 우리는 어린 시절의 실수를 되풀이할 수도 있고 바로잡을 수도 있다. 그러므로 연애는 두 사람이 현재 추는 춤이라고만 볼 수는 없다. 두 사람의 스텝이 어릴 때 배운 것이기에, 두 가정이 과거에 추었던 춤이기도 하다.

사례—되풀이된 어린 시절의 실수

위에둥[1]은 바람둥이로 유명한 인물이다. 서른넷이 된 그가 그동안 갈아치운 애인은 수를 셀 수 없을 정도다. 2012년의 마지막 날, 위에둥은 무너져 내렸다. 첫사랑이었던 여자친구 '아징'이 떠오르자 말할 수 없는 감정이 북받쳐 올랐다. 그는 문을 닫고 전화선도 뽑아버리고 휴대전화도 끈 채 아침부터 밤까지 내내 울었다.

이날은 위에둥에게 특별한 의미가 있었다. 10년 전, 아징이 이별을 고한 바로 그날이었던 것. 두 사람은 5년을 사랑했지만 끝내 아징은 위에둥의 갖은 트집을 못 견디고 떠났다. 잘생긴 위에둥은 이후 화려한 연애사를 써 내려가기 시작했고 지금까지 기억도 못 할 만큼 많은 여자를 만났다.

왜 가족이 힘들게 할까

"하나같이 아징보다 예쁘고 똑똑하고 일도 잘하고 돈도 잘 벌어." 위에둥은 친구들에게 입버릇처럼 말했다. "오해하지 마. 아징한테 신경이 쓰여서 그런 건 아니니까. 난 오히려 고마운걸? 걔가 먼저 떠나줘서 내가 이처럼 멋지게 살게 된 거잖아."

말만 그런 게 아니라 처음에는 위에둥도 정말 그렇게 생각했다. 나중에 만난 여자친구들과 비교했을 때 확실히 아징이 처지기는 했다. 그런데 2012년 12월 31일 밤, 그는 갑자기 아징과 연애하던 시절 꿈을 꿨다. 새벽에 잠에서 깼을 때, 그는 흐느껴 울고 있었다.

마음속 상처를 지워주겠다고 약속했던 그녀

위에둥은 아징을 처음 알게 된 그때를 또렷이 기억한다. 열아홉이던 그는 모 대학 중문과에 갓 입학한 신입생이었는데 과에서 '잘생기고 똑똑한' 남자로 유명했다. 어느 날, 위에둥은 다른 학교와 친목을 다지는 행사에서 아징을 만났다. 아징은 예쁜 편은 아니지만 볼수록 매력적이었다. 침착하고 조용했으며 이해심도 많았다.

위에둥은 아징의 학교로 찾아가 그녀와 이야기를 나누는 것이 좋았다. 농담하듯 자신의 고통을 털어놓는 것이 주된 대화였다. 위에둥은 여섯 살에 아버지가 병으로 돌아가시고 열여섯 살 때 엄마마저 교통사고로 세상을 떠났다. 그는 아빠를 그리워하지 않았다. 그의 마음속에서 아빠는 '능력도 없으면서 아들에게 화풀이하는 무능한 폭군'이었기 때문이다. 위에둥은 엄마도 그리워하지 않았다. 아빠가 죽은 뒤 엄마는 끊임없이 남자친구를 바꿨고 심지어 그 남자들을 아들보다 더 중요하게 여겼기 때문이다. 교통사고가 났던 날도 남자친구를 만나러 가던 길이었다. 위에둥은 아징에게 입버릇처럼 말했다.

"아무도 날 사랑해주지 않았어. 내가 의지할 데라곤 나밖에 없었지."

팔방미인이었던 위에둥은 사업 수완도 좋았다. 고등학교 때 이미 몇 차례 광둥에 가서 가전제품을 판매해 약간의 돈을 벌어본 적도 있던 터라 먹고사는 일은 그에게 별문제가 아니었다.

아징도 위에둥을 사랑했다. 1997년 12월 31일에 그녀는 만두피와 소, 직접 만든 몇 가지 요리를 들고 허름한 위에둥의 집으로 갔다. 그리고 함께 만두를 빚으며 그해의 마지막 날을 보냈다.

그날 밤 난생처음으로 '가정의 온기'를 맛본 위에둥은 아징에게 여자친구가 되어달라고 간청했다. 아징은 행복의 눈물을 흘리며 그의 고백을 받아들였고, 그를 잘 보살피며 마음속 상처를 치유해주겠노라고 약속했다.

아징은 약속을 지켰다. 장장 5년의 연애 기간 내내 위에둥을 자상하게 돌봤다. 보수적인 그녀였지만 그가 밤에 악몽을 자주 꾼다는 사실을 알고는 자기가 먼저 동거를 제안하기도 했다. 함께 살게 된 후, 위에둥은 금세 살이 올랐다. 180센티미터에 60킬로그램이던 그는 6개월 뒤 75킬로그램이 됐다. 세심한 아징은 집도 깨끗하고 포근하게 손봤다. 얼음장처럼 싸늘하기만 하던 그의 집에 점차 생기가 돌기 시작했다.

위에둥은 농담처럼 아징에게 말했다.

"집에 빛이 난다는 게 무슨 말인지 이제 알 것 같아. 어둡기만 하던 이 집 구석구석에 네가 빛을 불어넣었어."

"네 엄마는 네게 빚을 졌을지 몰라도 난 아니야"

하지만 만난 지 1년쯤 지나자 위에둥은 아징에게 점점 까탈스럽게 굴었고, 자신도 엉망이 되어갔다. 두 사람이 자주 함께했던 집안일도 이제는 아징 혼자만의 일이 되어버렸다.

2년이 지나자 까탈스럽던 태도는 점점 조소로 변해갔다. 3년 후, 조소는 공격적인 악담으로 변했다. 위에둥은 자신의 문학적 재능으로 아징을 모욕했으며, 멍청한 데다 못생겼고 촌스럽다며 놀려댔다. 그는 아징의 모든 단점을 날카롭게 포착해 잔인하게 비웃었다. 또한 아징이 다른 남자와 이야기라도 나눈다든가 하면 굉장히 민감하게 반응했다. 수시로 아징을 미행하고 그녀와 자주 만나는 남학생은 예외 없이 적대시했다.

처음에는 계속 참았던 아징도 2년째가 되자 더는 견딜 수 없었다. 그래서 헤어지자고 몇 번 말을 꺼냈지만, 애걸하는 위에둥을 못 뿌리치고 번번이 다시 만났다. 2002년 12월 31일, 아징은 5년 전과 똑같이 만두와 요리를 준비했다. 그녀는 아무 말 없이 위에둥과 그해의 마지막 저녁을 먹은 후, 이별을 고했다. 그녀가 단단히 결심했음을 알게 된 위에둥은 매달리지 않고 그녀를 보내주었다.

이후 두 사람은 다시 연락하지 않았다. 위에둥은 친구를 통해 아징이 결혼했고 딸을 낳았다는 소식을 들었다. 그녀의 남편은 석사 출신에 외모도 능력도 평범하지만, 아징을 무척 사랑했다. 반면 위에둥은 화려한 연애를 시작했다. 3~4개월에 한 번꼴로 여자친구를 바꿨고 잠자리를 같이한 여성의 수는 셀 수 없을 정도였다.

"하나같이 아징보다 나아. 아징보다 더 예쁘다고."

위에둥은 늘 그렇게 말했다. 그러나 그는 점점 여자를 미워했고, 여자들은 모두 속물이라고 말했다.

"여자들은 죄다 남자한테 빌붙어서 살지. 부끄러운 줄도 모르고 말이야. 남자처럼 열심히 일하고 의리를 중시하는 여자 봤어?"

그러나 위에둥도 마음속 깊은 곳에서는 알고 있었다. 예외가 있다면 그 사람이 바로 아징이라는 것을. 장장 10년간 위에둥은 아징의 꿈을 꾼 적이 없었다. 그런데 그날 밤, 아징이 바구니에 김이 모락모락 나는 요리를 담아 처음으로 자기 집에 왔던 장면을 꿈에서 봤다. 꿈은 2002년 12월 31일 밤으로 이어졌다. 그녀는 단호한 모습으로, 그러면서도 담담히 말했다.

"네 엄마는 네게 너무 많은 빚을 졌어. 근데 난 아니야. 난 널 좋아해. 여전히 사랑하고. 네가 이상적인 엄마를 찾는다는 걸 알아. 그래서 그런 사람이 되려고 노력했지. 정말 최선을 다했는데, 미안해. 더는 못 하겠어."

이 말을 남긴 채 아징은 뒤돌아 떠났다. 꿈속 상황은 당시와 똑같았다. 그런데 뒤돌아선 그녀의 모습이 엄마와 너무나도 닮아 있었다. 그 순간 귀를 찌르는 자동차 소리가 들렸다. 엄마가 교통사고를 당한 후 자주 그를 괴롭히던 소리였다. 위에둥은 악몽에서 깨어났고 그의 베개는 눈물에 흠뻑 젖어 있었다.

이상적인 부모와 현실 속 부모

연애가 깊어지면, 우리는 아이로 변한다. 심리치료를 할 때 의사가 환자에게 무조건적인 관심을 보이면 환자의 심리 상태가 아동기로 퇴행하는 것과 유사하다. 수많은 심리 문제가 어린 시절에 생겨난다. 이런 문제의 근원은 고름과도 같다. 상처를 덮어버리면 보이지 않으니 마음은 편하겠지만, 문제를 고치려면 고름에 손을 대야만 한다. 하지만 그 고름을 누구나 만질 수 있는 건 아니다. 누군가가 악의를 품고 만지려고 하면 고통을 더하려는 것임을 알기에, 우리는 오직 믿을 수 있는 사람에게만 만지도록 허락한다. 심리 문제를 겪는 환자는 정신과 의사만이 자신에게 무조건적인 관심을 주기 때문에 그를 믿고 그가 고름에 손을 댈 수 있도록 장애물을 치운다.

생물학적인 고름은 만지기 쉽지만, 심리적인 고름은 만지기가 매우 어렵다. 정신과 의사가 이 고름의 위치와 상태를 알아내려면, 환자를 상처받은 시기의 상태로 퇴행시켜야 한다. 어린 시절에 받은 상처라면 반드시 어릴 때로 퇴행해야 한다.

연애도 같은 이치다. 룽웨이링은 "우리는 무의식중에 연애를 치유의 수단으로 생각하며, 연인이 이상적인 부모 역할을 함으로써 자기를 고쳐주기를 바라죠"라고 말한다. 우리는 이 바람을 연인에게 투사projection(충동이나 생각, 느낌 등을 외부 세계로 옮기는 것-옮긴이)한다. 연인이 나를 많이 사랑한다면 나의 무의식적인 갈망을 적극적으로 채워주기 위해 이상적인 부모 역할을 할 것이다. 일단 연인이 이상적인 부모로 여겨지면, 우리는 아이로 변한다.

하지만 문제는 착한 아이가 있고 나쁜 아이가 있다는 것이다. 건강한 가정에서는 아이가 착하게 자라고, 엉망인 가정에서는 못되게 자랄 수밖에 없다.

치유받고 싶은 마음에 실수를 반복하는 사람들

위에둥과 아징의 연애 과정이 그랬다. 아징은 상대적으로 건강한 가정에서 자랐다. 부모는 아징을 무척 사랑했으며, 그녀도 어릴 적에는 다른 아이들처럼 아버지를 롤모델로 존경하며 자랐다. 다만 좀 큰 후에는 아버지가 매우 평범하다는 것을 알게 됐다. 외모도 능력도 보통에, 그다지 존경받는 사람도 아니며 활동력도 부족했다. 아징은 실망스러웠고, 그때부터 그녀의 마음속에는 '이상적인 아빠' 상이 만들어졌다. '재능이 출중하고 잘생겼으며 멋진 아빠'다. 마침 위에둥이 여기에 딱 들어맞았고 그녀는 그를 보자마자 사랑에 빠졌다.

아징 역시 위에둥의 '이상적인 엄마' 상에 딱 맞았다. 위에둥은 엄마에게 실망이 컸다. 아름답고 일도 잘하고 재주도 많았지만, 지나치게 방탕했으며 자신에게는 조금도 관심을 갖지 않았다. 그에게 이상적인 엄마는 온기와 안전감, 무조건적인 사랑을 주는 사람이었다.

아징이 그런 사람이었다. 그녀는 위에둥을 무척 사랑해서 그의 이상적인 엄마 역할을 훌륭히 해주었다. 세심하게 돌봐주었으며 그가 자신을 어떻게 대하든 한결같이 사랑했다. 아징의 무조건적인 사랑을 충분히 받자, 위에둥은 금세 아동기로 퇴행해 어린아이가 됐다.

하지만 이 아이가 너무 형편없다는 점이 아징에게는 문제가 됐다. '현실 엄마'가 잘못한 일들이 너무 많아서 그는 이상적인 엄마에게 보상을 받고 싶어 했다. 현실 엄마가 바람기가 많았던 탓에 이상적인 엄마도 방탕할 것이라고 의심했으며, 현실 엄마에게 품고 있던 분노를 이상적인 엄마에게 분출하려 했다. 심리학에서는 이런 현상을 '전이transference[2]라고 하는데, 환자가 부모와의 관계 패턴을 담당 의사와의 관계에 투영하는 것을 말한다. 전이는 심리치료의 계기가 된다. 경험이 풍부한 정신과 의사는 이 계기를 이용해 무의식의 어둠에서 환자를 꺼내 밝은 곳으로 데리고 나온다. 아징이 정신과 의사였다면 위에둥이 자신의 고름을 그녀 앞에 드러냈음을 알아채고 메스를 들어 수술했을 것이다. 그러나 이를 알아채는 건 전문적인 훈련을 거친 사람에게나 가능한 일이다. 아징은 그렇지 않았기에 결국 물러날 수밖에 없었다.

"우리는 연애를 하면서 무의식중에 상처를 치유받고 싶어 어린 시절의 실수를 반복합니다." 룽웨이링은 덧붙였다. "상태가 심각한데 개선할 마음조차 없다면 좋은 환자라고 할 수 없습니다. 이럴 땐 아무리 훌륭한 정신과 의사가 와도 할 수 있는 것이 없어요."

위에둥은 어린 시절이 너무나도 비참했던 탓에 상처가 심각했다. 그러나 더 큰 문제는 개선할 마음이 없다는 것이었다. 아징은 위에둥에게 가장 이상적인 연인이었다. 아징 이후의 수많은 연인은 누구도 그를 아징처럼 사랑해주지 않았고 이상적인 엄마 역할도 해주지 않았다. 위에둥이 자기 인생을 반성하고 능동적으로 행동 패턴을 바꾸려고 했다면 아징과 같은 좋은 조건은 그가 구원받을 중요한 기회였을 것이다. 그러나 위에둥은 바뀔 생각이 없었다. 자기 인생을 책임져야 할 사람은 부모이지 자기가 아니라고 생각했다.

그는 이렇게 말하곤 했다.

"내 인생은 너무 불행해요. 하지만 내가 이 꼴이 된 건 내 잘못이 아니에요."

룽웨이링은 "심리치료에서는 바뀌고자 하는 환자의 의지가 강해야만 정신과 의사가 제 역할을 할 수 있습니다. 연애에서도 마찬가지죠"라고 말한다.

사례―어린 시절의 실수를 바로잡다

광저우의 한 외국계 회사에 다니는 스물네 살의 장리는 세 살 많은 동료 왕장과 사랑에 빠졌다. 왕장이 그녀의 이상형에 맞아떨어졌기 때문이다.

장리는 광저우에서 자랐다. 그녀가 세 살 때 아버지가 다른 여자와 살림을 차렸고, 열여섯이 되던 해에 돌아와서 엄마와 재결합했다. 그런 까닭에 장리는 아빠를 증오하면서 그와 전혀 다른 사람을 만날 거라고 맹세했다.

"내 어린 시절의 불행을 아이가 겪게 할 순 없어."

왕장은 거기에 딱 맞는 사람이었다. 장리의 아빠는 풍류를 알고 호방하며 말주변이 좋았다. 그러나 왕장은 진중하고 성실하며, 말재주는 없어도 똑똑하고 능력이 뛰어났다.

왕장은 농촌에서 자랐다. 일이 많아 조금 고되긴 했지만 부모는 왕장을 사랑했고 그 역시 부모를 사랑했다. 화목한 가정이었다.

연애 첫해에 두 사람은 잘 지냈다. 장리는 왕장의 생활을 알뜰하게 챙겨주었고 그의 부모도 공경했다. 왕장도 장리를 많이 아꼈다. 농촌에서 자랐지만 무척 낭만적이었던 그는 기념일마다 장리에게 깜짝 이벤트를 열어주곤 했다. 어디로 출장을 가든 잊지 않고 그녀가 좋아하는 선물을 사 왔다.

왜 가족이 힘들게 할까

"내가 당신 아빠와 똑같을까 봐 두려워?"

그러나 2년 뒤, 두 사람에게 문제가 생겼다. 장리는 사소한 일로도 왕장과 자주 다퉜다. 점점 왕장을 믿지 못하고 그의 전화와 이메일을 뒤졌으며 심지어 미행도 했다. 왕장도 처음에는 너그럽게 넘어가다가 이런 일이 잦아지자 인내심을 잃어갔다. 그리고 지난해 연말, 두 사람은 결국 대판 싸웠다. 장리는 바닥에 주저앉아 어린아이처럼 서럽게 울었다.

그때 왕장이 무언가를 깨닫고 장리에게 물었다.

"내가 당신 아빠처럼 그럴까 봐 겁이 나? 그래서 믿지 못하고 미행했던 거야?"

그 말이 장리의 아픈 상처를 정확히 건드렸다. 그녀는 왕장을 끌어안고 엉엉 울기 시작했다. 어린 시절 속상했던 마음을 눈물로 쏟아내는 듯했다. 왕장은 무언가를 이해했는지, 한마디도 하지 않고 장리를 꼭 안아주었다.

왕장은 장리가 진정되기를 기다렸다가 한참 대화를 나눴다. 마침내 장리는 자신이 왕장을 미행한 것뿐만 아니라 사소한 일로도 그와 다퉜던 것이 어린 시절의 실수를 반복한 것임을 깨달았다. 장리의 엄마는 일이 무척 바쁜 사람이었다. 아침 일찍 나가서 저녁 늦게 돌아오는 일이 허다했다. 어린 장리를 혼자 집에 두었을 뿐만 아니라 집에 와서도 자기 일을 하느라 장리의 존재를 잊곤 했다. 당시 장리는 싸움으로 엄마의 관심을 끌 수밖에 없었다. 일단 화를 내면 엄마가 관심을 가졌기에 장리에게는 싸움이 가족의 관심을 얻는 방법이 됐다. 왕장과 자주 다툰 이유도 자신이 싸움을 걸면 왕장의 관심을 끌

수 있다고 무의식적으로 생각했기 때문이다.

한 차례 깊은 대화를 나눈 후 장리는 마침내 알게 됐다. 왕장은 자신의 아빠도, 엄마도 아니라는 것을. 왕장은 자신에게 가장 가까운 가족이지만, 완전히 다른 가족이었다. 지난 가족과는 다르기에 장리는 부모를 대하던 방식으로 왕장을 대할 필요가 없었다.

이를 깨달은 후 장리는 왕장을 더는 미행하지 않았고 가능한 한 왕장과 싸우지 않으려고 자제했다. 또한 장리의 '터무니없는 행동'이 어떤 의미였는지를 이해하게 된 왕장도 그녀를 좀더 너그럽게 대했다.

연인의 과거와 마주한다면

밀월기에는 연인이 서로에게 이상적인 부모 역할을 한다. 상대방이 무엇을 원하는지 무의식적으로 아는 까닭이다. 그러나 밀월기가 끝나고 두 사람이 더 가까워질 수 없을 만큼 가까워지면, 연인을 현실 부모로 인지하고 과거 부모에게 가졌던 불만을 현재 연인에게 떠넘긴다. 이 과정에서 우리는 떼를 쓰는 아이가 되며, 연인이 자신을 사랑할수록 더 막무가내가 된다.

이때는 연애 관계를 시험하는 중요한 시기다. 이때의 우리는 연인을 성가시다고 느끼기 쉬우며 조건 없는 사랑을 더는 주려 하지 않는다. 이 어려운 시기를 뛰어넘는 데에는 두 가지가 필요하다. 첫째, 현재 느끼는 수많은 안 좋은 감정이 현재 연인 때문에 생긴 것이 아니라 과거에 만들어졌음을 이해하는 것이다. 둘째, 연인이 나에게 계속해서 무조건적인 사랑을 주는 것이다.

장리와 왕장은 이대로 했다. 그날 격렬하게 다투면서 왕장은 장리가 행적을 조사하고 화를 낸 대상이 자신이 아님을 깨달았다. 장리는 자기 아빠의 행적을 뒤쫓고 엄마에게 화를 낸 것이었다. 또 왕장이 깨달은 바를 말해주자, 그녀는 바로 알아들었고 개선의 의지도 생겼다. 동시에 왕장은 언제나처럼 장리에게 무조건적인 사랑을 주었고 자신이 알게 된 사실을 무기 삼아 공격하지도 않았다. 이런 요인들이 한데 어우러져 장리의 어린 시절 실수는 마침내 고쳐졌다.

'들어맞는다' ≠ '똑같다'

이상형에 들어맞는다고 해서 이상형과 똑같은 건 아니다. 열애 중인 사람은 반드시 이 사실을 알아야 한다. 물론 연인에게 어떤 기대를 할 수도 있고 연인 또한 나에게 어떤 기대를 할 수도 있다. 두 사람이 서로의 기대에 딱 들어맞을 가능성도 있지만, 이것은 행운이다. 실제로는 상대가 진짜 바라는 것이 무엇인지 잘 모르기 때문이다. 연인이 이상적인 부모의 상과 얼마나 닮았든, 그것은 어린 시절의 기대가 투영된 나의 관점이다. 실제로 연인은 다른 삶을 사는 별개의 인물이다. 연인이 이상적인 부모처럼만 느껴진다면, 그를 사랑의 도구 또는 대상으로만 생각할 뿐 독립된 인간으로서 이해하고 존중하지 않는 것이다.

결혼이 사랑의 무덤이 되곤 하는 가장 큰 이유는 과거 가정의 복사판이 되기 때문이다. 연애가 완성되기 전 우리는 서로를 이상적인 부모로 생각하고, 자신도 상대에게 그런 부모가 되어주려고 노력한다.

그러나 결혼식이 끝나면 현실로 돌아온다. 상대에게 더는 이상적 부모의 역할을 해주지 않으며 무조건적인 관심을 보이지도 않는다.

사람들은 이 패턴을 반복한다. 그러나 노력하면 이 순환 패턴에서 빠져나올 수 있다. 앞에서 언급했던 위에둥이 부모를 원망하지 않으려 노력했다면, 받으려고만 하지 않고 베풀었다면 아징은 떠나지 않았을 것이다. 설령 아징이 떠났다고 해도 위에둥은 살면서 다른 구원자를 찾을 수 있었을 것이다.

그럼에도 아징은 이미 위에둥에게 중요한 구원자다. 아징이 없었다면 위에둥은 조현병Schizophrenia이나 자살과 같은 더 심각한 문제에 노출됐을 것이다.

연애: 가정과 분리되는 마지막 단계

매우 드물긴 하지만, 한 번의 연애로 구원받는 사람도 있다. 사랑이 위대하다고 여겨지는 근본적인 이유이기도 하다. 하지만 구원받고 싶다면 자신이 먼저 노력해야 한다.

룽웨이링은 말한다.

"좋은 부모는 하늘이 내려준 행운이죠. 우리에게 좋은 심리적 기반을 만들어주니까요. 삶이 가치 있는 이유는 우리가 선택할 수 있기 때문이에요. 연애가 바로 그렇습니다. 무의식이 우리를 조종하도록 놔두지 않고, 자신을 구하고 연인을 구하려고 노력한다면 모든 연애는 좋은 치유의 기회가 될 수 있어요."

이를 위해서 우리는 무조건적인 사랑은 물론 이별도 배워야 한다.

연애는 가정과 분리되는 마지막 단계다. 그런데 연인 관계는 부모-자녀 관계의 생생한 복사판이기 때문에 분리를 택하기가 어렵다. 연인과 헤어지는 고통은 어린 시절 부모와 헤어지는 고통 못지않다.

분리는 고통스럽다. 이별을 떠올리면 고통스럽다고 느끼는 것도 이 때문이다. 어릴 때 엄마 또는 아빠는 우리를 두고 모질게 떠났다. 직장이나 학업처럼 이해할 수 있는 이유도 있지만, 이혼 또는 자녀를 사랑하지 않아서와 같은 받아들이기 어려운 이유도 있다. 그 이유가 합리적이든 비합리적이든 유아기에는 이해할 수도 받아들일 수도 없기 때문에 우리는 상처받는다.

연애에서 이별도 이와 같은 살상력을 지녔다. 비록 합리와 불합리를 아는 나이라고 해도 기본적으로 연애는 부모-자녀 관계의 복제이기 때문에 대부분 감정적인 상태가 되어 어릴 때처럼 오직 한 가지만 생각한다.

'그는 날 원하지 않아, 아빠처럼.'
'그녀는 날 원하지 않아, 엄마처럼.'

관계는 예측할 수 없다

어린 시절에는 안정을 갈망한다. 부모가 늘 자기 곁에 있어 주기를 바란다. 그런데 우리는 커서도 안정을 갈망하며 연인이 늘 곁에 있어 주기를 바란다. 하지만 부모와 분리되지 않으면, 그리고 연인과 분리되지 않으면 계속 성장해나갈 수 없다. 두 사람이 늘 붙어 있는 건 사실 자연스럽지도 않고 건강한 상태도 아니다.

좋은 관계를 맺기란 무척 어렵다. 타인을 영원히 좌지우지할 수는 없기 때문이다. 친밀한 관계를 만들기가 이토록 어려운 까닭에 몇몇, 특히 남성들은 관계 형성을 포기해버린다. 그러고는 특정 영역에 깊이 빠져 그 분야의 권위자가 되기도 한다. 뉴턴, 칸트, 반 고흐 등이 그 예다. 칸트는 스스로 고독을 즐긴 듯하지만, 반 고흐에게는 고독이 매우 두려운 일이었다. 그는 평생 이성과 친밀한 관계를 갖길 바랐지만 어떻게 관계를 맺는지 배우지 못했다.

룽웨이링은 말한다.

"관계를 맺는다는 건 어려운 일이에요. 다른 사람을 통제할 수 없기 때문이죠. 그에 비해 이론을 발전시키는 일은 쉬워요. 오로지 혼자서 하는 일이니까요. 노력을 들인 만큼 결과가 나온다는 사실을 우린 알아요. 미래도 예측할 수 있죠. 하지만 관계는 예측할 수 없어요."

아무리 가까운 사이라고 해도 그는 다른 사람

룽웨이링은 "삶은 계속되는 과정이며 연애도 그 과정 중 하나"라면서 "연애를 하나의 결과로만 바라보고 연인을 점유하려고 하면 좌절을 맛보게 될 것"이라고 덧붙였다.

더욱 중요한 점은 연애가 치유이기도 하지만 일종의 시험이기도 하다는 사실이다. 사람은 자신의 이상적 부모상에 들어맞는 상대를 찾으려고 하며, 자신이 연인과 정말 어울리는지를 시험한다. 하지만 무조건 같이 있으려고만 한다면 삶에 고통만 더할 뿐이고 어린 시절의 실수를 거듭하게 될 뿐이다.

많은 이에게 연애는 실수로 가득한 과거를 바로잡을 기회다.

'과거에 아빠는 날 사랑하지 않았어. 그러니까 반드시 아빠와 비

슷한 남자를 찾아서 날 사랑하게 만들자.'

'과거에 엄마는 날 사랑해줬어. 그래, 반드시 엄마와 비슷한 여자를 찾아서 날 더 열심히 사랑하게 만들어야지.'

우리 마음속에는 한 가지 바람이 숨어 있다. 바로 어린 시절의 행복을 반복하고 불행은 바로잡는 것이다. 하지만 문제는 우리가 어떤 이상적인 부모의 모습을 선택하든 투영에 불과하다는 점이다. 아주 드물게, 상대가 정말 본인의 이상적 부모상에 딱 들어맞을 수도 있지만 말이다. 상대는 완전히 다른 삶을 살아왔다. 그에게도 자신만의 이상적인 부모상이 있으며 거기에 당신이 들어맞지 않을 수도 있다. 처음에는 들어맞는다고 생각했을지라도 나중에는 반드시 알게 된다. 상대는 자신이 상상하던 사람이 아닌 완전히 다른 사람이라는 사실을 말이다.

삶이 주는 가장 큰 교훈 중 하나가 이것이다. **아무리 가까운 사람이라고 해도 그는 다른 사람이며 나만큼이나 중요하고 독립된 개체다.** 이를 알면, 이 세상이 나와 같은 독립된 인간들로 구성돼 있으며 모든 사람이 똑같이 중요하다는 사실을 진정으로 이해할 수 있다.

인연=엄마에게 장가들고
아빠에게 시집가기?

중국 고전 소설 《홍루몽》에서 임대옥이 처음 영국부에 들어갔을 때, 가보옥이 이렇게 말했다.

"전에 본 적이 있어."

사람들이 말도 안 되는 소리라며 비웃자, 가보옥이 다시 말했다.

"상당히 낯이 익군."

'첫눈에 반한' 전형적인 사례로, 연애할 때 사람들이 가장 즐겨 말하는 '인연'이라고도 할 수 있다.

첫눈에 반한다는 게 뭘까? 인연은 또 뭘까?

우리는 흔히 '전생의 악연'이라거나 '몇 번의 생을 거쳐 쌓아온 복' 같은 말을 하는데, 인연과 관련 있는 표현이다. 심리학에서는 인연을 다음과 같이 독특하게 해석한다.

'인연이 과거에 만들어진 것은 맞지만, 여기에서 과거는 전생이

아닌 우리의 어린 시절을 가리키며 주로 부모와의 관계에서 만들어진다.'

지그문트 프로이트Sigmund Freud는 인간의 성격은 기본적으로 만 다섯 살 이전에 형성된다고 여겼다. 인격뿐 아니라 감정의 기초 역시 어린 시절에 형성된다. 부모가 충분한 애정과 안전감을 주었다면, 우리는 무의식중에 부모를 사랑의 원형으로 삼고 이를 기준으로 연인을 찾는다. 부모가 준 사랑이 매우 적었더라도 마찬가지로 이를 원형으로 연인을 찾는다. 다만, 이 경우 상황이 더 복잡해질 뿐이다. 그러나 연인과 부모의 원형은 다르다. 그 때문에 수많은 사랑이 깨지고 마는 현상이 발생한다.

사례─ '좋은 아빠'를 사랑하게 된 아롄

아롄이 류카이와 결혼하겠다고 하자 주변 친구들은 모두 깜짝 놀랐다. 아롄은 외향적인 성격에 예쁘고 매력적이어서 쫓아다니는 남자가 줄을 섰다. 고관 자제는 물론, 젊고 유망한 IT 회사 부사장도 있었다. 모두 류카이보다 조건이 좋았다. 아롄은 연애 수완도 좋아서 쫓아다니는 남자들을 데리고 놀면서도 마음이 동하는 일은 매우 적었다.

류카이는 과묵하고 성실해 보였다. 일을 열심히 했기에 회사에서는 좋은 직원이었으며, 사람을 진실하게 대해 친구들 사이에서도 좋은 사람이었다. 다만 류카이는 연애를 잘 모르는, 낭만적이지 않은 부류의 남자였고 삶을 즐기는 편도 아니었다. 아롄과 연애하면서 꽃을 준 적도 거의 없으며, 달콤한 말을 하거나 심지어 감정을 표현하는 일도 매우 드물었다.

당시 서른한 살이던 류카이는 아렌이 자신을 왜 좋아하는지 알 수 없었다. 명문대를 졸업했고 수입도 적지 않았지만, 지금까지는 여자들이 자기에게 반한 적이 단 한 번도 없었기 때문이다. 아렌이 그에게 적극적으로 구애할 때도 처음에는 믿기지가 않았다. 오히려 영악한 아렌이 순진한 자신을 갖고 논다고 생각했다.

당시 스물여섯 살이던 아렌 역시 명문대를 졸업했다. 그녀는 류카이의 성실함과 과묵함이 좋았다. 다른 남자와 연애할 때는 상대가 낭만적인지, 삶을 즐길 줄 아는지를 매우 중요하게 봤다. 그런데 이상하게도 류카이에게는 이런 바람이 없었고 그저 함께 있는 것만으로도 만족스러웠다.

두 사람은 서로를 알게 된 지 반년 만에 결혼했다. 결혼식 도중 벅차오른 아렌은 류카이에게 첫눈에 반했다고 말했다.

아렌을 쫓아다니던 추종자들은 결혼식에서 두 사람의 인연이 어디서 시작됐는지를 알게 됐다. 바로 류카이와 아렌의 아빠가 매우 닮았던 것이다. 외모만 닮은 것이 아니라 행동과 성격까지도 똑같았다.

류카이 앞에서 아이가 되는 아렌

명백하게도 아렌의 잠재의식이 류카이를 아빠로 여긴 것이다. 프로이트의 설명에 따르면, 남자아이에게 오이디푸스 콤플렉스Oedipus complex가 있듯 여자아이에게도 엘렉트라 콤플렉스Electra complex가 있다.[3] 아빠에게 사랑을 많이 받고 어린 시절을 매우 행복하게 보낸 여자아이는 커서도 아빠와 닮은 남자를 찾아 어린 시절의 즐거움을 반

왜 가족이 힘들게 할까

복하고 싶어 한다.

연애를 할 때는 남자든 여자든 모두 어린아이가 된다고 했다. 그럼 언제 가장 쉽게 아이가 될까? 아렌에게 가장 간단한 방법은 '새로운 아빠'를 찾는 것이었다. 류카이 앞에서 아렌은 쉽게 어린 시절로 돌아갔다. 조건도 더 좋고 훨씬 낭만적인 여러 구애자가 있었지만, 그들 앞에서는 아이가 되기 어려웠다. 오직 류카이 앞에서만 자연스럽게 아이가 됐고 어린 시절을 되새길 수 있었다. 어린 시절 행복했던 아렌은 류카이와 함께 있으면 그 행복감이 쉽게 되살아났다.

사례— '나쁜 엄마'에게 빠져버린 위에둥

아렌이 '좋은 아빠'를 찾았다면 앞에서 언급했던 위에둥은 '나쁜 엄마'를 찾았다.

몇 년 전 위에둥은 자신이 일하는 미국 회사의 한 파티에서 오스트레일리아 출신 동료 바버라에게 첫눈에 반했다. 그들은 이내 사랑에 빠졌고 알게 된 지 일주일 만에 결혼을 결정했다. 당시 위에둥은 서른넷, 바버라는 서른여섯이었다.

위에둥의 친구들과 동료들은 번개 같은 결혼 결정에 놀라움을 금치 못했다. 앞서도 말했듯이 위에둥은 바람둥이로 유명했다. 키 크고 잘생긴 데다 책임감도 없어서 얼마나 많은 스캔들을 일으켰는지 모른다. 회사 윗선에서는 동료들과 추문을 일으키는 그의 행동이 못마땅했지만, 업무 능력이 매우 뛰어났기에 징계 처분을 내리지는 않았다. 동시에 더 중요한 자리에 발탁하지도 않았다. 금발의 파란 눈을 가진 바버라는 젊었을 때 무척 아름다웠는데 서른여섯인 지금은 나이에 비해 늙어 보였다. 게다가 십수 년을 일하고 있음에도 여전히 회사에서는 일개 평범한 직원에 불과했고 결혼도 세 번이나 실패한 전적이 있었다.

위에둥은 여성에게 까탈스럽기로 유명했으나 이번에는 '100퍼센트 만족'한다고 말했다. '100퍼센트 그녀를 사랑하기 때문'이며, 진정한 사랑에게는 트집 잡을 일이 없다는 것이다.

실제로 두 사람은 매우 잘 어울리는 한 쌍이었다. 결혼 전 한 달 동안 낮에는 자주 싸웠지만 밤이 되면 바로 화해했다. 위에둥은 친구들에게 이렇게 말했다.

"하루만 안 싸워도 온몸에 기운이 없어."

바버라도 마찬가지였다. 다만 '군자는 말로 하지 손을 쓰지 않는다'라는 말처럼, 두 사람은 아무리 격렬하게 싸워도 손찌검을 한 적은 단 한 번도 없었다.

그런데 결혼 후 상황이 급격히 나빠졌다. 위에둥은 나중에 둘 다 '히스테릭한 상태'에 빠졌다고 말했다. 예를 들어 바버라가 소파 커버를 바꿔달라고 하면 위에둥은 알았다고 대답하고는 행동은 하지 않았다. 그러면 바버라는 같은 요구를 몇 번이고 반복했다.

"안 바꿀 거야? 언제 바꿀 거야? 빨리 바꿔! 안 바꾸면 날 사랑하지 않는 거야."

위에둥은 '100퍼센트 만족'에서 '거의 100퍼센트 불만족' 상태로 변했다. 그는 바버라의 머리 모양, 옷과 액세서리, 행동거지 등 모든 것을 트집 잡기 시작했다. 그중 바버라를 가장 분노케 한 것은 위에둥이 자주 쓰는 '이 늙은 여자'라는 말이었다. 나이에 제일 예민한 바버라는 위에둥이 이 말을 할 때마다 바로 통제 불능 상태가 됐다. 위에둥은 그걸 알면서도 조절하지 못했고, 바버라의 나이는 위에둥이 툭 하면 거론하는 주제가 됐다. 때로는 동료들 앞에서 바버라를 비웃기도 했다.

결혼 후 5일째 되던 날, 두 사람의 다툼은 한층 더 심해졌다. 바버라가 위에둥의 뺨을 때렸고 위에둥이 그녀의 머리를 벽으로 밀친 것이다. 집에서 뛰쳐나온 바버라는 경찰서로 달려가 경찰을 대동하고 돌아왔다. 그러고는 경찰의 '보호' 아래 모든 물건을 챙겨 집을 나왔다. 이튿날 그녀는 오스트레일리아로 돌아갔다. 이렇게 두 사람의 국제결혼은 일주일도 못 가 끝났다.

엄마를 증오하는 위에둥, 아빠를 증오하는 바버라

대체 두 사람은 왜 이렇게 된 걸까? 결혼 전에는 100퍼센트 만족스럽던 것들이 왜 결혼 후에는 100퍼센트 트집거리로 변했을까?

그 이유는 두 사람이 과거의 패턴을 반복했기 때문이다. 잠재의식 중에 위에둥은 바버라를 엄마로 생각했고 바버라는 위에둥을 아빠로 봤다. 그러나 위에둥과 그의 엄마, 바버라와 그녀의 아빠 사이는 철천지원수나 다름없는 관계였다. 두 사람은 짧은 결혼으로 어린 시절의 불행을 반복했을 따름이다.

위에둥은 여섯 살 때 아빠가 병으로 세상을 떠나고 이후 엄마와 서로 의지하며 살았다. 그가 열네 살이 되기까지 위에둥의 엄마는 좋은 남편을 찾으려 했지만 만족스러운 남편감을 찾지 못했다. 그녀는 연애하느라 밤에 자주 나갔고, 밤새 돌아오지 않아 위에둥 혼자 집에 있는 날도 많았다. 가끔은 이웃집에 위에둥을 맡기고 며칠씩 나가 있기도 했다. 그리고 위에둥이 열여섯이 되던 해, 교통사고로 세상을 떠났다.

엄마가 미워서 모든 여성을 미워하는 위에둥

위에둥은 친구들에게 이런 말을 자주 했다. "내가 지금까지 살아 있는 건 사실상 기적이야. 자라는 내내 너무 고통스러웠어. 만약 다시 선택할 기회가 주어진다면 죽을지언정 그 삶을 다시 살고 싶지는 않아."

위에둥은 이런 고통을 일으킨 원인이 엄마라고 생각했다. 그는 엄마를 증오했으며 엄마가 자기를 '배신'했다고 여겼다. 엄마의 죽음에 그는 조금도 동정하는 기색을 보이지 않았으며, 오히려 남자친구를 만나러 가지 않았다면 교통사고가 나지 않았을 거라고 생각했다.

엄마에 대한 위에둥의 미움은 모든 여성에게 번져 나갔다. 연애를 할 때마다 상대를 괴롭히고 배신한 것도 엄마를 향한 무의식적인 복수였다.

그러나 미움도 사랑에서 비롯된다. 바버라를 만난 위에둥은 엄마와 상당히 닮은 그녀를 보자마자 사랑에 빠지게 됐다. 바버라는 자기 엄마처럼 매우 감정적이었고 말하는 속도도 따발총처럼 무척 빨랐다.

모든 여자에게 까탈스럽게 굴었던 위에둥이 왜 바버라에게만은 처음부터 '100퍼센트 만족'했을까?

위에둥의 사랑은 마음속 깊은 곳에 숨겨져 있어서 보통의 여성이 끌어내기 어려웠던 까닭이다. 그의 사랑은 아이가 엄마에게 바라듯,

왜 가족이 힘들게 할까

주는 것보다 더 많은 것을 요구하는 사랑이었다. 엄마에게 받지 못한 사랑을 그는 바버라에게서 받고 싶어 했다. 더욱 무서운 점은 그의 마음속에 엄마에 대한 강렬한 미움도 함께 숨어 있다는 것이다.

결혼은 위에둥이 바버라를 엄마와 100퍼센트 동일시하는 하나의 의식이었고, 이후 그는 엄마에 대한 증오를 바버라에게 쏟아냈다.

아빠가 미워서 모든 남성을 미워하는 바버라

바버라도 위에둥과 마찬가지였다. 바버라와 아빠의 관계 역시 철천지원수였다. 그녀의 아빠는 위에둥과 비슷한 유년기를 보냈다. 그는 모든 여성에게 강한 증오심을 갖고 있었으며, 엄마와 아내를 미워했다. 바버라가 태어난 후에는 그 미움이 딸에게까지 옮겨갔다. 그의 엄마와 아내는 맞서 싸울 힘이 있었지만 어린 딸 바버라는 달랐다. 그는 바버라에게 하고 싶은 대로 할 수 있었고, 그런 행위에 대한 대가나 보상을 치를 일도 없었다.

바버라는 아빠를 증오하면서도 왜 위에둥에게 첫눈에 반했을까? 어린 시절 그녀는 아빠의 사랑을 갈망했고 아빠가 자신을 사랑하지 않는 것이 하나의 실수라고 생각했다. 성인이 된 후에는 이런 갈망이 잠재의식이 되어 아빠와 비슷한 사람과 사랑에 빠졌고, 그 사람의 사랑을 얻기 위해 노력했다. 어린 시절의 '실수'를 바로잡을 수 있다는 걸 증명하고 싶었던 것이다. 위에둥도 마찬가지로 무의식중에 어린 시절의 실수를 바로잡고 싶어 했다.

하지만 그와 동시에 두 사람은 자신의 부모와 같은 사람을 찾아서 미워하고 괴롭히고 싶어 했다. 이는 곧 '나쁜 아빠'와 '나쁜 엄마'에게 복수하는 것과 같다. 어릴 때는 그럴 힘이 없었지만 지금은 그럴 힘이 생겼다. 더욱이 두 사람은 사랑이 부족한 환경에서 자라 사랑하는 법을 배우지 못했다. 그런 탓에 혼자서는 어린 시절의 실수를 바로잡을 능력이 없었다.

아렌과 '좋은 아빠'의 이혼

이른바 인연은 심리학에서 '아빠 또는 엄마와 사랑에 빠지는 일'로 요약할 수 있다. 아렌과 위에둥의 사례가 이를 보여준다. 위에둥과 바버라의 사랑은 비극이었다. 아렌과 류카이는 어땠을까? 역시 비극이었다.

결혼 전에는 아렌도 류카이에게 불만이 전혀 없었다. 그러나 결혼 후 그에게 점점 실망스러워졌다. 결혼 전, 류카이는 아렌의 말이라면 무엇이든 고분고분 따랐고 세심하게 그녀를 챙겼다. 하지만 결혼 후 '긴장이 풀리자' 예전처럼 아렌에게 관심을 기울이지 않았다.

아렌도 전에는 류카이의 사회적·경제적 입지를 따지지 않았지만 결혼 후에는 트집을 잡기 시작했다. 싸움이 날 때면 그녀는 '쫓아다니던 남자 아무하고나 결혼했어도 당신보다 훨씬 나았을 것'이라며 빈정댔다. 심지어 아렌을 쫓아다니던 남자 중 일부는 그녀가 결혼했음에도 개의치 않고 끊임없이 알랑거리며 그녀를 공주처럼 대했다.

아렌은 점점 평정심을 잃었고, 결혼한 지 반년도 되지 않아 한 차례 외도를 했다. 매우 보수적이었던 아렌은 극도의 죄책감이 들었다. 그래서 새로운 방식으로 자신과 류카이의 사랑을 지키려고 했다. 바로 아이를 갖는 것이었다.

그러나 생각과 달리 딸의 출생은 두 사람의 사랑을 지켜주지 못했을뿐더러 오히려 파국으로 이끄는 원인이 됐다. 딸이 태어난 후 아렌은 자신이 엄마가 될 준비가 안 되어 있음을 깨달았다. 엄마로서 느끼는 즐거움은 매우 적었고 부담만 끊임없이 느껴졌다. 반대로 류카이는 모든 정신과 에너지를 딸에게 쏟았다. 아렌은 류카이가 딸을 대하는 모습이 과거 자신에게 하던 것과 똑같다는 사실을 발견했다. 류카이의 마음은 딸의 표정 하나하나에 반응했다. 그는 딸에게 화를 내지 않았으며 무조건적인 사랑을 주었다. 아렌도 처음에는 이런 모습에 감동했지만, 딸과 남편 사이에 동맹이 맺어진 것 같다는 사실을 서서히 깨달았다. 그녀가 남편에게 화를 내면 한 살이 조금 넘은 딸이 그녀에게 화를 냈다. 아렌은 외톨이가 된 듯한 기분이 들었다. 결국 그녀는 한 추종자의 구애를 받아들이고 그의 애인이 됐다.

봄에 결혼한 두 사람은 이듬해 가을 딸을 낳았으며, 결혼한 지 3년째 되던 봄에 이혼했다. 아렌은 딸에 대한 양육권도 스스로 포기했다.

남자친구가 평생 '좋은 아빠'가 될 수는 없어

아렌과 류카이 사이에 대체 무슨 일이 생겼기에 아름답게 시작된 사랑이 틀어졌을까?

답은 간단하다. 아렌은 류카이를 아빠로 생각했지만, 류카이는 아빠가 아니었다.

연애하는 동안 류카이는 아렌이 왜 자기를 좋아하는지 몰랐고 자기가 아렌에게 어울리지 않는다고 생각했다. 아렌의 사랑을 얻기 위해 그녀의 말이라면 무조건 순종했고, 무조건적으로 베풀며 극진히 돌봤다. 아렌은 류카이의 외모나 분위기, 성격이 아빠와 닮기도 했지만 실제로도 아빠 역할을 연기했기 때문에 강렬한 애착을 느꼈던 것이다.

그러나 이런 관계는 불평등하다. 아렌은 편안하게 아이가 되겠지만, 연애 중인 류카이에게도 사실은 아이가 되고 싶은 마음이 있기 때문이다. 두 사람의 연애 기간이 반년도 안 됐기에 류카이가 성실하게 아빠 역할을 할 수 있었던 것이지 평생 기꺼운 마음으로 아렌의 아빠가 되어줄 수는 없다. 그가 '좋은 아빠' 역할을 포기하면 아렌의 애착도 끝나며, 그제야 그녀는 자기가 찾은 사람이 '가짜 아빠'라는 걸 알게 된다. 이런 심리적 기반이 사라지면 아렌은 류카이와 다른 추종자들을 비교하게 되고, 류카이가 생각만큼 훌륭한 남자가 아니란 사실을 깨닫는다.

일종의 시간상 전도順倒, inversion가 문제 된 경우다. 연애를 하면서 아렌은 아이가 됐고 류카이라는 '좋은 아빠'를 사랑하게 됐다. 그러나 현실의 그녀는 이미 어른이며 유년기에 비해 세계관도 상당히 바뀐 상태다. 잠깐은 어린 시절로 돌아갈 수 있고 아이가 된 기분을 누릴 수 있어도, 실제로는 성인의 세계에 살고 있기 때문에 류카이와 다른 추종자를 비교할 수밖에 없다.

첫눈에 반한 수많은 사랑이 틀어지는 이유다. 연애할 때 우리는 어린 시절로 돌아간 것 같다고 느낀다. 그러나 사실 우리는 새로운 세계에 살고 있다.

첫눈에 반하는 두 가지 형태

보통 우리는 부모에게서 연인의 원형을 발전시켜나간다. 이 원형은 틀과 같아서 상대에게 이 틀을 끼웠을 때 맞으면 첫눈에 반하게 된다.

연애 중인 남녀가 마음속에 품고 있는 연인의 원형을 각각 A1, B1이라고 가정해보자. 하지만 실제로 이 남녀는 A2, B2다. 이에 따라 첫눈에 반하게 되는 경우는 다음 두 가지 형태가 있을 수 있다.

완벽하게 첫눈에 반하는 사랑

여자가 A1을 찾으면 A2와 A1을 동일시한다. 남자도 B1을 찾으면 B2와 B1을 동일시한다. 그러면 상대방에 대한 나의 기대와 상대방이 기본적으로 들어맞아서 완벽하게 첫눈에 반하는 상황이 발생한다. 두 사람의 유년기가 비교적 행복했다면 이런 사례는 무척 완벽해 보일 것이다. 그러나 둘의 유년기가 비교적 불행했다면 이 완벽한 만남은 비극의 시작이 된다.

위에둥과 바버라는 완벽하게 첫눈에 반한 사례다. 위에둥은 '나쁜 엄마'를 찾았고 바버라는 '나쁜 엄마'였다. 바버라는 '나쁜 아빠'를 찾았고 위에둥은 그에 딱 맞는 '나쁜 아빠'였다. 그래서 강렬하게 끌렸고 깊은 애착이 형성됐지만, 서로가 서로에게 나쁜 애착의 대상이었을 뿐이다.

일방적으로 첫눈에 반하는 사랑

더 흔히 볼 수 있는 사례가 이것이다. 여자가 자신의 틀에 남자를 맞취보고 연인의 원형을 찾았다고 생각하지만, 그렇게 보이는 것일 뿐 실제로는 그렇지 않은 경우다. 일테면 남자친구가 이상형과 닮았지만 속은 전혀 다른 경우가 그렇다. 남자도 자신의 틀에 여자를 맞춰보고 연인의 원형을 찾았다고 생각하지만 사실상 그 여자는 완전히 다른 사람이다.

왕강은 릴리에게 첫눈에 반했다. 친구들은 그가 릴리의 외향적이고 발랄한 성격을 좋아한다고 생각했다. 하지만 왕강은 처음 릴리를 봤을 때 그녀의 얼굴에서 한 줄기 '성스러운 우울함'을 발견했고 말릴 새도 없이 그녀를 사랑하게 됐다고 말했다. 릴리는 자신이 조금도 우울하지 않다고 생각했다. 그녀는 왕강을 좋아했지만 그가 자신을 그런 식으로 표현하는 건 싫었다.

왕강의 엄마는 우울증이 심한 사람이었다. 왕강을 사랑해주었지만 자신처럼 우울한 사람 말고 활발하고 명랑한 사람을 찾으라고 늘 말했다. 그래서 활달한 릴리를 찾은 것이다. 하지만 그의 마음을 처음 움직인 것은 릴리의 밝은 면이 아니라 그가 엄마에게서 봤던 것과 같은 '성스러운 우울함'이었다.

과거의 힘은 매우 강하다. 많은 경우 우리는 애써 부모와 다른 사람을 찾으려고 한다. 하지만 실제로 우리의 마음을 움직이는 연인의 모습은 오히려 부모를 닮았을 때가 많다. 상대를 A1으로 생각하고 어쩔 도리 없이 사랑에 빠지게 되는 경우가 가장 흔하다. 하지만 상대는 당신을 B2로 생각하지 않아서 사랑에 빠지지 않는다. 그래서 짝사랑이 발생한다.

왜 가족이 힘들게 할까

'좋은 연인'을 찾고 '좋은 연인'이 되기

첫눈에 반하는 사랑은 믿을 만하지 못하다. 그런데 동시에 한편으로 믿을 만하기도 하다.

믿을 만하지 못하다고 하는 이유는 우리가 부모에게서 시작된 연인의 원형에 집착하기 쉽기 때문이다. 우리는 이 틀을 여기저기 맞춰보고 거기에 들어맞는 이성에게 첫눈에 반해버린다. 하지만 상대방과 나의 과거는 대체로 매우 다르다. 우리는 상대방을 이상형이라 생각하지만 실제로는 무의식적으로 부모에게 집착하는 것일 뿐이다.

믿을 만하다고 하는 이유는 우리가 과거에서 벗어나기가 매우 어렵기 때문이다. 부모에게서 비롯된 연인의 원형이 무의식에 깊이 뿌리를 내리고 있어서다. 그러므로 첫눈에 반할 만한 상대를 기다리는 것보다는 스스로 좋은 연인이 되고, 또 좋은 연인을 찾는 일이 더 중요하다.

아이의 마음속에서는 오직 '나'만이 유일한 주체self이며 엄마와 아빠는 객체object다. 아이는 부모가 자신을 사랑하고 받아주면 '좋은 객체'가 되고, 마침내 부모도 자신과 마찬가지로 독립된 주체임을 깨닫는다. 그렇게 아이는 자신을 사랑하는 법을 배우고, 부모를 사랑하는 법을 배우며, 타인을 사랑하는 법까지 배우게 된다. 그때부터 아이는 타인에게도 '좋은 객체'가 된다.

연애 과정에서 좋은 객체를 찾고 자신도 좋은 객체가 된다면 두 사람은 한층 더 성장할 수 있다. 아이에서 진정한 성인이 되며, 부모의 원형에 대한 집착도 연인에 대한 사랑으로 변화한다. 그런데 안타깝게도, 아렌은 좋은 객체는 찾았지만 본인이 좋은 객체가 되지는 못했다.

위에둥도 나쁜 엄마에 대한 집착에서 벗어날 기회가 한 번 있었다. 그의 첫사랑 아징은 건강한 가정에서 자랐고 위에둥을 깊이 사랑했다. 5년을 연애하면서 위에둥도 아징 덕분에 여자에 대한 적대감이 조금씩 녹아내리는 것을 느꼈다.

그러나 위에둥은 좋은 객체가 아니었다. 아이가 엄마에게 매달리듯 아징에게 매달리면서 엄마에 대한 적대감을 그녀에게 풀고 끊임없이 비난하고 비아냥거렸다. 아징도 처음에는 위에둥이 공격하는 이유를 이해하고 포용하려 했다. 그러나 결국엔 엄마의 대행 노릇을 하고 싶지 않다며 떠나버렸다.

나쁜 엄마에 대한 집착은 위에둥에게 저주와도 같다. 이 저주를 풀지 못하면 위에둥은 계속해서 여성에게 반감을 품을 것이다. 다시 좋은 객체를 만나면 이 저주의 일부는 풀리겠지만, 반드시 자신도 좋은 객체가 되어야 한다.

부부가 싸우는
세 가지 이유

모든 사람의 인생 경험은 하나의 현상학적 장phenomenal field(인간중심 상담의 개념 중 하나로 '지금, 현재'에 대한 유기체의 경험, 즉 주관적 경험을 의미한다-옮긴이)을 구성하며 그것은 세상을 인식하는 좌표 체계와 같다.

가족이 서로를 이해하기 어려운 가장 중요한 이유가 여기에 있다. 우리는 자신의 좌표 체계에서 출발해 추측하고 넘겨짚고 평가하며, 심지어 타인을 비난하기까지 한다. 그러면서 상대에게도 현상학적 장, 즉 나와 완전히 다른 좌표 체계가 있다는 사실을 잊어버린다.

좌표 체계가 다르기 때문에 같은 일을 두고도 사람마다 다르게 인식한다. 특히 가정에서는 서로를 이해하고 서로의 기분을 느끼는 것이 가장 중요하다. 상대를 진정으로 이해하고 싶다면 본인의 좌표 체계를 내려놓고 상대의 좌표 체계로 들어가 봐야 한다. 이것이 상대를 이해하는 유일한 방법이다.

광저우의 황자량黃家良 심리상담사는 이렇게 말한다.

"많은 사람이 배우자를 도무지 이해할 수 없다고 불평합니다. 결혼 상담을 할 때 가장 자주 접하는 문제죠. 자신이 상대를 있는 그대로 이해하지 못하기 때문에 이런 상황이 발생하는 겁니다. '있는 그대로'라는 말은 무슨 뜻일까요? 어떤 일이 일어났을 때 상대가 어떻게 느꼈는가 하는 점이 중요하기 때문에 그 감정을 이해하려고 해야 해요. 그런데 많은 사람이 '어떤 사건이 발생했는지'를 더 중요하게 생각하죠. 하지만 그들은 몰라요. 그것은 눈앞에 보이는 사실일 뿐, 상대방에게 실제로 일어난 일은 다르다는 것을요."

황자량은 모두가 배우자를 이해하고 싶어 하지만 몇 가지 흔한 실수를 범하는 탓에 배우자가 이해받는다는 기분을 느끼기 어렵다고 덧붙였다.

- **첫 번째 실수, 추측** 사람들은 가장 가까운 파트너라는 이유로 배우자를 잘 이해한다고 생각한다. 누군가는 이렇게 말한다. "입만 떼도 무슨 말을 하려는지 알 수 있어요." 물론 사실이겠지만, 실제로 배우자가 '말한 내용'만 알 뿐 어떤 기분으로 그 말을 하는지는 완벽히 이해하지 못한다. 배우자의 감정이 분명히 드러날 때조차 여전히 자신의 좌표 체계에 집착하여 이를 기준으로 상대의 생각을 추측하는 경우도 많다.

- **두 번째 실수, 평가** 좌표 체계에서 우리는 유일한 주체로서 한가운데에 자리한다. 다른 사람들은 좌표 체계 위에 놓인 분석 대상이다. 타인은 전부 외부인이므로, 우리는 좌표 체계의 균형과 안정을 유지하기 위해 그들을 평가해야만 한다. 그렇지 못할

경우 안전하지 않다고 느낀다. 칭찬과 비평 모두 상대를 통제하기 위한 도구인데, 친밀한 관계에서 평가는 그야말로 최악의 행위다.

- **세 번째 실수, 의견 제시** 배우자가 '문제'를 말하기만 하면 다른 한 명은 즉각 해결책을 생각하고 의견을 제시하며 '상대의 문제를 해결'하기에 급급하다. 하지만 실제로 상대는 대개 문제를 빌미로 감정을 털어놓고 싶을 뿐이지 우리의 의견을 구하는 건 아니다. 더욱이 우리는 자기 좌표 체계를 바탕으로 의견을 제시하는데, 이는 상대를 이해하는 데 심각한 장애물이 된다.

실수 1. 추측: "남편이 바람을 피워요"

"성공한 남자는 반드시 마흔에 이혼한다던데, 내 남편도 그런 건 아닐까요?"

쉬 부인이 황자량에게 전화로 물어온 내용이다. 남편은 외국계 회사의 부사장이고, 그녀는 공무원이다. 그들은 결혼 15년 차로, 결혼 생활의 전반 10년간 두 사람은 따로 살았다. 그녀는 장시에 있었고 남편은 광저우에 있었다.

따로 사는 일은 힘들었지만, 그녀와 남편은 서로 지지하고 격려하며 좋은 관계를 유지했다. 의견 충돌도 적었고 다투는 일도 드물었다. 5년 전에야 그녀가 광저우로 옮겨왔는데, 뜻밖에도 살림을 합친 것이 안 합치느니만 못했다. 5년간 부부는 계속 언쟁을 벌였고 격렬하게 다툰 것만도 스무 번이 넘었다. 그녀의 남편은 "계속 이렇게 싸우다간 이혼하게 될 거야"라고 벌써 여러 차례 말했다.

쉬 부인이 물었다.

"트집 잡아서 이혼하려는 걸까요? 내가 문제인가 싶어서 생각해봤지만, 매번 싸움을 거는 사람은 남편이에요."

"주로 싸우는 이유가 뭐죠?"

"매번 똑같아요. 제가 남자 동창이나 남자 동료를 만나는 일 때문이죠."

쉬 부인은 최근에 싸운 이야기를 들려주었다.

두 달 전, 그녀의 남자 동창이 광저우에 출장을 왔다. 전근 올 때 많은 도움을 준 친구라 그녀는 정성껏 대접하려고 했지만, 여느 때와 마찬가지로 남편이 강하게 반대했다. 하지만 쉬 부인은 만나러 가겠다며 고집을 부렸고 두 사람은 또 한바탕 다툰 것이다.

"왜 그렇게 인정머리가 없을까요? 제게 얼마나 큰 도움을 준 사람인데! 대체 왜 그러는 거죠?"

의문을 풀기 위해 쉬 부인은 여러 동성 친구들에게 조언을 구했다. 친구들은 '성공한 남자는 마흔에 부인을 바꾼다'라면서 남편이 밖에서 딴 여자를 만나는 건 아닌지 알아보라고 했다. 쉬 부인은 남편이 외도한다는 어떤 흔적도 찾지 못했다. 하지만 그것이 남편이 트집을 잡는 유일한 이유라고 생각했다.

황자량이 물었다.

"남자 동료나 남자 동창들과 교류하지 못하게 한다고 하셨는데, 남편 본인은 어떤가요?"

"자기도 그래요. 이중 잣대를 들이밀진 않아요."

쉬 부인의 남편은 업무적으로 필요한 교류를 제외하고는 단 한 번도 혼자서 여자 동창이나 여자 동료를 만나러 간 적이 없으며, 그녀에게도 자신과 똑같이 할 것을 요구했다.

"난 양심에 한 점 부끄러움도 없어요. 절대 가정을 버리는 일은 안할 거라고요."

쉬 부인은 흥분하며 말했다.

"왜 남편 말을 따라야만 하는 거죠? 터무니없는 요구잖아요!"

"남편분이 당신을 이해 못 하는 것 같아서 억울하신가요?"

"네, 남편은 날 이해 못 해요. 저처럼 보수적이고 가정과 남편을 사랑하는 사람이 어떻게 바람을 피울 수 있겠어요?"

"칼로 마음을 베이는 것 같아"

"부인께선 남편을 이해하세요? 남편이 왜 그런 불합리한 요구를 하는지 이해해보려고 하신 적 있나요?"

황자량은 그녀에게 일깨워주었다.

"아무리 황당한 일이라도 그 이면에는 분명한 이유가 있습니다. 황당하다고 느끼셨다면 그 이유를 이해하지 못했기 때문일 가능성이 커요."

이 한마디가 큰 자극이 됐는지 전화 너머 그녀는 한참 동안 말이 없었다. 그녀는 지난 일을 떠올려봤다. 약 1년 전 그녀가 남자 동창을 만나러 가겠다고 하는 바람에 한바탕 다퉜는데, 그때 남편이 이렇게 말했다.

"어쩌면 당신에게는 이런 일이 아무것도 아닐지 몰라. 근데 그거 알아? 나는 칼로 마음을 베이는 것 같다고."

당시 쉬 부인은 그 말에 무척 놀랐다. 남편이 이런 감정을 느끼리라고는 전혀 생각하지 못했기 때문이다. 하지만 놀란 것과 별개로, 그녀는 여전히 남편이 말이 안 통하는 사람이라고 생각했다.

"남편이 진짜로 화난 이유가 그것 때문이라고는 생각하지 않은 거네요. 그래서 이해할 만한 이유를 찾으려 한 건가요? 성공한 남자는 마흔에 아내를 바꾼다는 통설 같은 것 말이죠."

"맞아요." 그녀는 잠시 생각에 잠겼다가 말을 이었다. "내가 잘못한 건가요? 하지만 진실은 난 한 점 부끄러움이 없고, 남편도 내가 그에게 충실하다는 걸 안다는 거예요."

"뭐가 진실이죠? 부인께서 말씀하신 건 눈에 보이는 사실일 뿐이에요. 남편분에게는 '칼로 마음을 베이는 것 같은 게' 사실이고요."

쉬 부인은 다시 한번 말이 없어졌다.

"무슨 일이 일어났는지는 안 중요해요. 중요한 건, 상대가 어떻게 느꼈는가 하는 겁니다. 가정에서는 특히 서로의 감정을 이해하고 받아들이는 게 가장 중요하고요."

상대방의 감정을 믿어야 한다

황자량은 쉬 부인에게 밖에서 답을 찾지 말고 안에서 찾으라고 권했다. '성공한 남자는 마흔 살에 부인을 바꾼다' 같은 말이 떠돌기는 하지만 성공한 남자가 모두 그런 건 아니다. 떠도는 말보다 '칼로 마음을 베이는 것 같다'라는 감정이 훨씬 더 중요하고 진실하다. 이것이야말로 그녀가 찾아야 하는 답이다.

　　　　　　　　　　　왜 가족이 힘들게 할까

그래서 쉬 부인에게 남편과 대화해보고 그의 심정을 이해해보라고 권했다. 그녀가 남편을 이해한다면, 남편도 그에 대한 보답으로 아내를 이해하고 더는 남자 동창이나 남자 동료를 만나지 말라는 요구를 하지 않게 될 것이다. 소통할 수 없다면 심리상담사에게 도움을 청하는 편이 좋다.

쉬 부인과 같은 사례는 일상에서 흔히 볼 수 있다. 매번 같은 식으로 싸움이 일어나는데, 그것이 두 사람의 관계에 문제를 일으키는 진짜 원인이다. 쉬 부인은 그 원인을 보려고 하지 않고 밖에서만 답을 찾으려 했다. 그러나 답은 그녀 앞에 놓여 있었다. 남편이 이미 그녀에게 자신의 분명한 감정을 털어놓지 않았는가. 가슴에서 우러나온 남편의 목소리에 쉬 부인이 귀를 기울이지 못했던 이유는 자신의 좌표 체계에 지나치게 집착하며 사실이 감정보다 더 진실하다고 생각했기 때문이다. 그리고 사실을 찾지 못하자 추측을 해버렸다.

명심하자. 상대방의 감정을 믿어야 한다. '진짜 원인'을 추측하느라 애쓰지 말고, 차분하게 상대의 감정에 귀를 기울이자.

실수 2. 평가: "승진 못 할 게 뻔해"

평가에는 칭찬과 비난이 포함된다. 두 가지 다 상대를 통제하는 것이 목적이며 자신의 좌표 체계가 평가의 기준이다. 본인만이 유일한 주체이며 상대방은 객체다. 당연히 친밀한 관계에서 이런 평가를 반길 사람은 아무도 없다.

한 부부가 황자량을 찾아왔다. 장 부인은 서른두 살, 그녀의 남편은 서른네 살로 결혼한 지는 5년 됐으며 네 살배기 아들이 하나 있다. 두 사람은 냉전 중이었다. 남편은 아내와 대화할 생각이 없으며 아내는 남편과의 잠자리를 거부했다. 이 상태가 1년 넘게 지속돼왔다.

장 부인의 남편은 자신이 입만 열면 아내가 즉시 말을 끊고 함부로 이러쿵저러쿵하는 것을 견디기가 너무 힘들다고 했다. 반년 전쯤 회사에서 중간급 매니저로 몇 명을 승진시키고자 했는데, 그도 대상자 중 하나였다. 집에 돌아와 아내에게 그 사실을 이야기했더니 다 듣지도 않고 그의 말을 끊으며 이렇게 말했다.

"됐네요. 당신은 사교성이 떨어져서 인간관계도 못 맺을 텐데, 승진되는 게 더 이상하지."

남편은 분노하며 말을 받아쳤다.

"이런 빌어먹을! 내가 사교성이 좋은지 안 좋은지 당신이 어떻게 알아!"

말을 마친 남편은 자기 방으로 들어가 문을 쾅 닫아버렸다. 장 부인도 지지 않았다.

"나한테 욕을 해? 절대 용서 못 해!"

그녀는 남편을 쫓아가 싸우려고 했으나 남편이 방문을 잠가버려 들어갈 수가 없었다. 그래서 문밖에서 한참 욕을 퍼부었다고 한다.

상담실에서 장 부인의 남편은 이렇게 말했다.

"대화가 매번 이런 식이에요. 두 마디도 하기 전에 아내가 끼어들죠."

"그때 어떤 기분이 들었나요?"

"답답했죠. 화도 났고요. 날 이해해주지 않는 것 같았어요. 말이 안 통해요. 결국 차라리 말을 하지 말자고 생각하게 됐죠."

"대화를 거절해 아내를 벌주시는 건가요?"

"맞아요. 냉혹한 학대란 거, 저도 알아요."

"말을 안 한다고요…. 근데 남편분에게도 감정이 있잖아요."

"맞아요. 정말 너무 화가 나요. 아내가 제 말을 끊을 때마다 분노가 솟구친다니까요."

여기까지 듣고는 장 부인이 격앙돼 말했다.

"내가 왜 이 사람 말을 끊는지 아세요? 하는 말마다 유치하고 미성숙하거든요. 헛소리를 다 들어주는 사람이 어디 있어요? 항상 어떻게 처세해야 하는지 말해줘도 귓등으로도 안 들어요. 그래 놓고 꼭 회사에 가서 실수를 저지르죠. 이러니 제가 걱정이 안 되겠어요?"

"당신과 기쁨을 나누고 싶었을 뿐이야"

"당신이 날 알아? 내가 승진할지 못 할지 당신이 어떻게 아는데?"

남편이 따져 물었다.

"나랑도 잘 지내지 못하면서 퍽도 사교성이 좋겠다." 장 부인이 말을 이었다. "아내로서 난 당신을 너무 잘 알아. 당신이 입만 열어도 무슨 말을 할지 알지. 장점과 단점에 관해서도 훤히 알기 때문에 난 당신이 승진 못 할 거라고 확신할 수 있어. 그리고 내가 당신보다 학벌도 좋고, 직급도 높잖아. 당신보다 아는 게 더 많으니까 지적하는 게 당연하지."

"당신 그거 알아? 나 석 달 전에 승진했어. 그것도 모든 부서를 통틀어 나 혼자만!"

"아…." 놀란 장 부인은 할 말을 잃었다. "근데… 왜 나한테 말 안 했어?"

"처음부터 승진할 가능성이 크다는 걸 알았어. 집에 가서 당신에게 말한 건 같이 기뻐하고 싶어서였지. 근데 당신이 비난하니까 속이 뒤집혔다고."

이때 황자량이 부인에게 물었다.

"남편분이 문을 닫고 부인을 무시했을 때, 기분이 어땠나요?"

"난 좋은 의견을 주려던 것뿐인데, 받아들이지 않으니까 화가 났어요. 남편한테 관심이 있으니까 그러는 거지 아무한테나 충고하겠어요?" 장 부인은 마음속 억울함을 꾹 누른 채 말했다. "저이가 내 호의를 무시하니까 저도 참지 못하고 욕하는 거예요."

남편이 대화를 안 하는 것으로 아내에게 냉혹한 학대를 가하자, 장 부인은 자기만의 방식으로 반격했다. 남편과의 성생활을 거절한 것이다.

"남편과는 잠자리 안 해요. 안 해줄 거예요."

"1년 넘게 성관계를 안 했는데, 욕구가 왕성할 때도 있을 거 아니에요. 본인은 어떻게 욕구를 해결하셨죠?"

"찬물로 샤워하거나, 그냥 참았죠."

장 부인이 대답했다.

"제가 열 받는 게 그거예요." 남편이 말했다. "아내는 성적 욕구가 없는 줄 알았거든요. 근데 알고 보니 저한테 '벌'을 주고 있었던 거예요."

두 사람은 그 문제로 많이 다퉜으나 아내는 계속 거절하기만 할

왜 가족이 힘들게 할까

뿐, 타협하지 않았다.

황자량이 다시 남편에게 물었다.

"본인의 욕구는 어떻게 해결하셨나요?"

"자위를 했어요…. 다른 방법을 생각 안 해본 건 아니지만, 가정을 깨트리고 싶지 않아요. 그런데 가정에 대한 미련도 점점 줄어들고 있어요. 지금은 그저 하루하루 견디는 중이죠."

남편의 말에 아내는 무척 놀랐다. 그녀는 남편과 성적 감정에 관해 얘기한 적이 없어서 그가 그런 방식으로 충동을 다스렸다는 사실을 전혀 몰랐다. 남편이 딴 여자를 만난다고 지레짐작했고, 그렇게 생각하자 더욱 화가 치밀었다고 했다.

"딴 여자가 있다고 생각하니까, 더 잠자리를 하기가 싫었어요."

장 부인의 실수

장 부인은 명백한 실수를 저질렀다. 그녀는 평가하기를 좋아했는데 그것도 나쁘게 평가하는 것만 좋아했다. 평가는 소통을 차단하는 가장 흔한 원인이다. 남편은 아내와 기쁨을 나누고 싶었지만, 그녀의 혹평에 상처를 받았고 소통할 의지마저 잃어버렸다.

어떤 사람들은 평가하기를 좋아한다. 부모가 자신과 소통하던 방식을 그대로 배운 탓이다. 부모는 아이에게 지적을 하려 한다. 무엇을 잘했고, 무엇을 잘못했는지 알려주려고 말이다. 하지만 이는 '난 되고 넌 안 돼'라는 관계 모델이다. '난 되고 넌 안 돼' 타입의 사람이 '난 안 되고 넌 돼' 타입의 배우자를 만나면 두 사람의 관계는 빈틈 없이 맞아 들어가 일종의 균형 잡힌 관계가 만들어진다. 그러나 만약 배우자가 '난 안 돼'라는 생각을 버리면 이 관계는 어그러진다.

　게다가 평가에 급급한 사람은 '감정 교류'가 아닌 '문제 해결'에만 초점을 맞춘다. 장 부인은 호의에서 한 행동이라고 말했다. 무슨 호의였을까? 남편을 지적해서 사회적 경쟁력을 높이는 것? 이것은 문제 해결 중심의 사고방식이다. 하지만 그녀는 몰랐다. 배우자나 가까운 친구 등 친밀한 관계의 사람들 절대다수가 감정 교류를 위해 소통한다는 사실을.

실수 3. 의견 제시: "상대하지 마"

배우자가 고충을 털어놓을 때, 우리는 쉽게 의견을 제시한다. 배우자에게 문제가 생겨서 도움이 필요하다고 여기기 때문이다. 하지만 실제로 감정을 나누고 싶어 했던 배우자는 이런 잘못된 대응에 불쾌감을 느끼게 된다.

　심리학자 쉬하오위안徐浩淵 박사는 《우리 모두는 마음에 상처가 있다我们都有心理伤痕》에서 이에 관한 사례를 언급했다.

> 아내: 피곤해 죽겠어. 오후 내내 고객을 셋이나 만났거든? 근데 마지막 여자가 자기 유리한 쪽으로만 고르고, 모르면서 막 아는 척하는 거야. 정말 짜증 나서 죽는 줄 알았어.
>
> 남편: 상대하지 마. 그런 사람한테는 화낼 가치도 없어. (의견 제시)
>
> 아내: 어떻게 그래! 고객은 왕이고, 내 밥줄인걸! (남편이 자기를 이해하지 못하는 듯해 짜증 남)

남편: 그럼 딴 일을 하면 되지! (계속 의견 제시)

아내: 말이 쉽지, 요즘 직장 구하기가 얼마나 어려운데! 어찌 됐든 나는 매달 집에 3,000위안 넘게 가져오잖아. 다들 당신 같은 일을 하면 편하긴 하겠지만 한 달에 몇백 위안 벌어서 누구 코에 붙여? 당장 타오타오가 대학에 가면, 학비만 해도 1년에 1만 위안은 들 거라고! (남편이 이해를 못 해 억울함, 비아냥거리며 불평하기 시작)

남편: 아니, 당신은 왜 남의 호의를 몰라줘? 도와주려는 건데 왜 나한테 성질이야? (같이 화를 냄)

아내: 도와줘? 당신이 옆집 샤오핑 남편처럼 매달 몇만 위안씩 벌어다 줄 능력이 있다면 진짜 도움이 되겠네.

남편: 부러우면 그 남자하고 가서 살아! 그깟 돈 몇 푼이 뭐 그리 대단하다는 거야?

형편없는 의사소통이다. 아내는 고충을 털어놓고 싶었을 뿐인데 남편은 '고충'을 문제로 생각하고 의견을 제시해 '문제를 해결'하려고 했다. 그런 생각을 버리고 다음과 같이 아내의 이야기를 주의 깊게 들어주었다면 상황은 달라졌을 것이다.

아내: 피곤해 죽겠어. 오후 내내 고객을 셋이나 만났거든? 근데 마지막 여자가 자기 유리한 쪽으로만 고르고, 모르면서 막 아는 척하는 거야. 정말 짜증 나서 죽는 줄 알았어.

남편: 날도 더운데 뭣도 모르는 고객 만나느라 고생했네. (아내가 평

소 즐겨 마시는 시원한 매실차를 건네며) 앉아서 이거 한 잔 마셔.

(아내의 감정에 대한 이해의 표현)

아내: 휴, 돈 벌기 너무 힘들다. 그래도 타오타오가 올해 대학 가니까 이 악물고 버텨야지. (남편의 이해와 관심을 느끼고 계속 하소연)

남편: 그래, 당신 정말 힘들겠어. 요 몇 년간 당신 덕에 잘 버텼어. 나랏밥 먹는 내 벌이로는 기껏해야 집세나 내지. (아내의 감정을 받아들임)

아내: 그렇게 말하면 안 되지. 타오타오 공부며 성격이며 당신이 신경 안 썼으면 저 정도가 됐겠어? 당신도 나도 다 힘들지. (남편의 이해를 느끼고 똑같이 남편에게 이해로 보답) 어머, 뭘 만들었기에 이렇게 좋은 냄새가 나?

남편: 완자 만들었어. (뿌듯하게 웃으며) 타오타오, 공부 그만하고 밥 먹자!

완벽한 의사소통 사례다. 아내가 답답함을 털어놓자 남편은 이해하고 받아주었다. 그러자 그녀 역시 남편에게 똑같이 보답했고, 직장에서 쌓인 짜증도 짧은 몇 분의 대화로 말끔히 풀렸다.

부분만 가지고 추측해선 안 된다

왕커는 결혼한 지 1년 만에 크게 싸웠고, 그 때문에 이혼하려고 했다. 남편 류량이 자신에게 '충실하지 않다'는 것이 이유였다.

두 달 전, 단짝 친구가 류량이 길가에서 젊은 여자와 껴안고 있는 것을 봤다면서 '무척 친밀'해 보이더라고 했다. 이후에도 친구 몇 명이 류량의 이런 모습을 봤다고 알려주었다. 왕커는 가만히 있을 수 없어 류량의 전화와 문자, 메신저 대화 내용을 조사했다.

한 달 후, 그녀는 남편에게 말을 꺼냈다.

"당신, ○월 ○일 ○시에 이런 야릇한 문자를 받았더라? ○월 ○일 ○시에는 어떤 여자랑 길바닥에서 찰싹 붙어 어깨동무를 했다던데?"

류량은 버럭 화를 냈다.

"내 뒷조사를 한 거야? 정말 무서운 여자네. 남들이 하는 말을 그대로 믿어? 차라리 이혼을 하자고 해!"

"그래, 이혼해. 양심도 없는 자식!"

왕커는 울음을 터뜨렸다. 하지만 실제로 이혼할 생각이 없었던 두 사람은 결국 심리상담사를 찾아가기로 했다. 기본적인 상황을 들은 후, 황자량이 왕커에게 물었다.

"뭐가 사실인지 생각해보셨나요?"

그리고 그녀에게 몇 가지 '사실'을 예로 들어주었다.

- 류량이 길에서 어떤 여자를 끌어안고 있는 모습을 봤다는 친구 A의 말
- 류량이 길에서 어떤 여자를 끌어안고 있는 모습을 자기도 봤다는 친구 B의 말
- 본인이 조사한 이상한 문자 메시지 등

황자량은 왕커에게 위 이야기들이 모두 한 여자와의 일이냐고 물

었다. 이 물음에 왕커는 답을 하지 못했다. 그리고 류량은 여자가 한 명이 아니라고 설명했다. 현재 학원에 다니는데 반 분위기가 너무 좋다 보니 동성이든 이성이든 구분 없이 친구가 되어 서로 끌어안고 격려해주었고, 길을 걸을 때도 친하게 붙어 다녔다는 것이다.

"그 여자들이 본 건 사실이 아니에요. 그저 '저와 어떤 여자가 친한 모습'을 봤을 뿐이죠. 하지만 매번 다른 여자였다는 것, 그게 사실이에요. 다른 사람이 뭘 봤든 그건 그 사람들 사정이죠. 하지만 저는 친한 친구 사이에는 성별은 문제가 아니라고 생각해요."

류량은 왕커에게 말했다.

"내가 몇 번이나 이 학원에 같이 가자고 했잖아. 내가 저 여자들과 뭔가가 있었다면 당신에게 같이 가자고 했겠어?"

"여보, 미안해."

왕커는 자기 잘못을 인정했다.

'많은 사람이 같은 장면을 봤으니 사실 아니겠어?' 왕커는 그렇게 추측했다. 그러나 남편 쪽에 관한 정보가 부족했기에 그녀의 추리는 부분적인 사실에 기초할 수밖에 없었고, 그 과정에서 오해가 생겼다. 이런 상황을 피하려면 왕커는 그런 감정을 느꼈을 때 바로 남편과 대화해 그의 감정과 실제 상황을 자세히 알아봤어야 했다.

상대방이 어떻게 느끼는가가 중요하다

황자량은 타인의 상황을 바라볼 때 우리는 실체가 아닌 표상을 볼 뿐이라고 말한다. 진실을 알고 싶다면 반드시 상대방의 기분을 이해

왜 가족이 힘들게 할까

해야 한다. 그것이 가장 중요한 실체이기 때문이다.

갓 결혼한 부부가 있다. 결혼 전, 남편은 아내의 속옷은 물론 생리 대도 함께 사러 갔다. 아내가 좋아하는 속옷 브랜드는 물론 사이즈까지 속속들이 알고 있었다. 아내는 자신을 사랑하는 데다가 섬세하기까지 한 남자를 만났다면서 친구들에게 자주 자랑하곤 했다.

하지만 결혼하자마자 문제가 생겼다. 하루는 아내가 전화로 남편에게 속옷을 사다 달라고 부탁했고 남편은 알았다고 대답했다. 그러나 집에 오면서 남편은 속옷을 사 오지 않았다. 아내가 묻자, 그는 "미안해, 까먹었어"라고 대답했다. 다음 날도, 그다음 날도 마찬가지였다. 결국 아내는 화가 나서 남편에게 말했다.

"매번 그렇게 까먹을 거면, 내가 가서 사고 말겠네."

그러자 남편이 대꾸했다.

"그럼 직접 가서 사."

그 말에 아내는 화를 내고 짜증을 부렸다.

"사기 싫으면 진작 말하지 그랬어. 공연히 내 힘 빼지 말고."

"왜 꼭 내가 사다 줘야 해?"

"전에는 당신이 다 사다 줬잖아!"

"이런 생각은 안 해봤어? 남자인 내가 사러 가는 게 정말 좋았을까? 내가 언제 먼저 나서서 사다 준 적 있어?"

"그렇긴 하네. 다 내가 사다 달라고 했었지." 아내는 몹시 놀라며 물었다. "사러 가기 싫었으면 왜 말 안 했어?"

"당신이 기분 나빠 하고 화낼까 봐 그랬지."

황자량은 '무엇이 진실인가'를 설명하는 전형적인 사례라고 말했다. 남자친구가 여자친구의 속옷을 몇 년간 사다 주면 여자는 자동으로 남자가 '그 일을 좋아한다'라고 추론한다. 하지만 진실은 '여자친구가 기분 나빠 할까 봐' 사러 간다는 것이다.

황자량은 말한다.

"중요한 것은 무슨 일이 발생했는지가 아니라 상대방이 어떻게 느끼는가입니다. 우리는 평생 잊지 말아야 합니다. 친밀한 관계에서 가장 중요한 건 감정의 소통이란 걸 말이죠."

시대는 변했지만, 사랑하는 방식은 변하지 않았다. 과거에는 물질적으로 빈곤했기 때문에 상대방의 물질적 욕구를 채워주는 것이 사랑의 중요한 부분이었다. 하지만 현재는 물질적인 욕구보다는 심리적 욕구의 중요성이 날로 부각되고 있다. 이 점을 고려하여 배우자나 가족의 심리적 욕구를 중시하는 방향으로 사랑의 방식을 진화시켜야 한다.

심리적 욕구의 핵심은 감정이다. 친밀한 관계에서 중요한 가치 중 하나가 서로의 감정을 나누고 이해하고 받아들이는 것이다.

__4

집에서도
갑을 관계라니요

인간관계는 개인 영역과 사회 영역 두 가지로 나뉜다.

　개인 영역은 배우자, 가족, 지인을 아우르며 가장 전형적인 예가 가정이다. 사회 영역은 동료, 동창, 동향 사람 등을 포함하며 가장 전형적인 예는 직장이다.

　일터에서는 권력의 법칙이 작용한다. 권력은 경쟁과 협력, 통제와 정복에서 기능을 발휘한다. 가정에서의 법칙은 애정이며 서로를 이해하고 받아들이는 일이 이 법칙을 달성하는 방법이다. 가정과 일 영역의 경계를 구분하지 못하고 권력 법칙을 집으로 가져오면, '권력 오용'으로 많은 문제가 일어난다.

　현대 사회에서는 이런 문제가 더 쉽게 발생한다. 우리 사회에는 성공 숭배주의가 팽배하며 성공을 향해 가는 중요한 과정이 바로 권력 법칙을 장악하는 것이기 때문이다.

　이런 성공 숭배주의 탓에 성공한 인사든 일반인이든 애정 법칙은 소홀히 하고 권력 법칙만 신경 쓰면서 그것이 인생을 풀리게 할 주요한, 심지어 유일한 열쇠라고 믿는다.

어떤 면에서는 권력 법칙을 능숙하게 장악하고 과감하게 사용하는 것이 성공을 향해 더욱 빨리 달려가게 해줄 수도 있다. 그러나 일단 한 개인의 영역에 권력 법칙이 스며들면 대가를 지불해야만 한다. 친밀한 관계가 엉망진창이 되는 것이다. 그러므로 가정을 소중히 여긴다면 권력 법칙을 집으로 가져와서는 안 된다.

"가정은 일의 연장이 아니며 일을 보완하는 곳도 아닙니다." 심리 상담사 황자량의 말이다. "가정은 완전히 다른 곳입니다. 특별한 대우가 필요하죠. 일하는 데 효과적이었다고 해서 그 방법을 집에 적용해도 잘될 거라고 생각해선 절대 안 됩니다. 그렇게 생각하고 권력 법칙을 집으로 가져온다면 '왜 이렇게 집이 썰렁하고 엉망이지?' 하면서 답답해질 겁니다."

황자량은 권력 법칙을 집으로 가져오는 몇 가지 사례로 다음과 같은 경우를 들었다.

- 가정의 법칙과 일의 법칙을 동일시하며 집에서도 의식적으로 권력의 법칙을 사용하는 경우
- 가정과 일이 다르다는 것을 알지만 가정의 법칙을 이해하지 못하는 경우
- 가정의 법칙을 완전히 포기한 경우
- 권력 법칙에 익숙해져 권력 강박증 환자처럼 집에서도 권력을 내려놓지 못하는 경우

왜 가족이 힘들게 할까

집에서도 의식적으로 권력을 사용한 경우:
남편과 아들의 세계까지 집어삼킨 슈퍼우먼

마흔다섯 살의 바이리는 광저우에서 부동산 중개 회사를 운영하고 있으며 두 살 많은 남편 장안은 과학 연구 회사를 운영한다. 열다섯 살짜리 아들 장이는 속칭 '귀족 학교'에 다니는데 똑똑하고 영리하며 학업 성적도 매우 우수하다.

정상적이라면 남부럽지 않을 가정이다. 하지만 바이리는 황자량에게 남편과 몇 년째 문제가 지속되고 있다면서, 지금까지는 억지로 유지해왔지만 이제 폭발 직전의 화산 같아서 너무나도 두렵고 당황스럽다고 했다.

대체 무슨 일이 있었던 걸까? 바이리는 자신의 능력이 뛰어난 탓이라면서 쓴웃음을 지었다.

장안은 겸손한 군자 타입이라 학문을 하는 데는 별문제가 없었지만 사업 쪽은 울며 겨자 먹기로 해냈다. 2년 전 그가 다니던 회사가 파산 직전에 이르자, 장안이 다니던 작은 회사를 바이리의 큰 회사가 합병했다. 합병 후 장안이 사장을 맡고 바이리가 부사장을 맡았는데, 실제로 회사 일을 처리하는 사람은 바이리였다. 회사 실적은 금세 좋아져 1년 후 업계에서 손꼽히는 기업으로 성장했다.

이때부터 가정 내 전쟁은 최고조에 달했다. 장안은 바이리에게 몇 번이나 노발대발하면서 신경질적으로 고함쳤다.

"여긴 내 회사야! 내 영역이라고! 꺼져! 꺼져버리란 말이야!"

바이리는 눈물을 흘리며 말을 이어갔다.

"제가 얼마나 힘들었는지 아세요? 회사에서는 남편이 일을 못해서 제가 모든 걸 챙겨야 해요. 집에 와서도 손 놓고 아무것도 안 하니 제가 또 모든 걸 챙겨야 하죠. 제가 슈퍼우먼이긴 하지만 저도 여자예요. 남자의 보호를 받고 싶다고요. 하지만 이런 남편에게… 의지할 수 있겠어요?"

바이리는 자신이 남편을 '무능'해 보이게 해 그가 분노했다는 점은 이해한다고 했다.

"능력이 있으면 무능한 이미지를 바꾸면 되잖아요! 집에 돌아오면 아무도 상대하지 않고 서재에 처박혀 있어요. 집에서야 그렇다 쳐요. 근데 회사에서도 똑같아요. 사장이 사무실에 숨어 있으면서 누구와도 말을 안 하고 접대도 안 한다고요. 그렇게 무능해요. 제가 회사 일을 안 챙겼으면 벌써 망했을 거예요."

남편: 아내가 내 세상을 집어삼켰어요

장안은 가정 내 불화에 대해 다르게 이야기했다. 황자량이 장안에게 집에 대한 느낌을 설명해보라고 했을 때 그는 조금도 망설이지 않고 대답했다.

"싸늘해요. 얼음장처럼 차갑죠."

그는 아내가 능력도 좋고 집안일도 잘 처리한다는 점은 인정하지만 그것이 만족스럽지 않고 오히려 소외감이 느껴졌다고 말했다. 집안일도, 아들 교육도 아내 뜻대로만 했다. 어떤 면에서도 말로는 아내를 이길 수 없었던 그는 결국 집에 돌아오면 서재에 틀어박히게 됐다고 했다.

왜 가족이 힘들게 할까

"집에서 유일하게 내 구역이라고 할 수 있는 곳이에요."

집 밖에서도 처음에는 괜찮았다. 어차피 직장은 자신만의 무대였으니까. 하지만 회사가 합병된 후 그 무대마저도 아내에게 빼앗겼다.

두 사람은 회사 업무로도 자주 다퉜는데, 결과는 매번 똑같았다. 바이리는 고객에게 연락하고, 사회적인 관계를 맺고, 직원을 지휘하고 회사를 운영하는 일까지 모두 자신이 맡아서 하는 것으로 밀어붙였다. 그 결과 회사는 빠르게 활력을 되찾았다.

장안은 아내의 출중한 능력을 존경하면서도 한편으로는 견디기 힘들다고 했다.

"집에 있을 때와 같은 느낌이었죠. 난 필요 없었어요. 아내는 눈 깜짝할 새에 모든 걸 처리했죠. 내가 쓸모없는 사람처럼 느껴졌어요."

장안은 이미 몇 번이나 아내에게 이런 감정을 이야기했다고 한다. 처음에는 바이리도 주의하는 듯하더니 금세 자제하지 못하고 '모든 것을 처리'해버렸다. 그런 까닭에 장안은 참다못해 신경질적으로 고함치며 분노를 표출하게 된 것이다.

"겉보기에는 아내가 제 회사를 인수한 것일 뿐이지만, 꼭 제 세상이 집어삼켜진 기분이었어요." 장안은 덧붙였다. "물러나고, 또 물러났죠. 하지만 더는 물러날 곳이 없어요."

세 시간이 넘는 상담 중에 장안은 여러 차례 "무슨 말을 해도 소용없어요"라는 말을 했다. 마치 입버릇이 된 것처럼.

아들: 사랑하지만 원망스러운 엄마

아들 장이는 말한다.

"꼭 엄마밖에 없는 것 같아요. 아빠의 문은 늘 닫혀 있죠. 어릴 때부터 지금까지 아빠가 저를 데리고 놀러 나간 적은 다섯 번도 안 돼요. 아빠는 교과서에 나오는 과학자 같아요. 존경스럽지만 멀게 느껴지죠."

장이는 엄마에 대해서는 이렇게 표현했다.

"훌륭한 리더, 형편없는 아내, 독재자 엄마예요. 사랑하지만 무섭기도 하죠. 제가 의지할 수 있다는 점에선 사랑스럽지만, 자유가 없다는 점에선 원망스러워요."

장이는 어릴 때부터 엄마가 '자신의 머리부터 발끝까지 모든 것을 정해두었다'고 말했다.

현재 장이는 귀족 고등학교에 다니며 기숙사 생활을 하기 때문에 주말에나 집에 온다. 바이리는 처음에는 회사 기사를 보내 장이를 데려오게 했는데, 나중에는 자신이 직접 데려오면서 아들과 속마음을 터놓고 허심탄회하게 이야기를 나누고자 했다. 바이리는 황자량에게 아들이 가장 큰 위안이라고 했다.

"발전하려고 노력하고, 말도 잘 듣죠. 착한 아들이에요. 우리 사이엔 세대 차이도 없어요."

그런데 아들의 미래에 대해서는 이렇게 말했다.

"직접 선택하게는 했지만, 제가 미리 길을 닦아놨죠."

하지만 장이는 엄마의 말을 이렇게 이해했다.

"난(엄마) 민주적이야. 하지만 넌 내 말을 들어야 해. 넌 받아들이기

왜 가족이 힘들게 할까

만 하면 될 뿐 선택권은 없어."

장이는 "절 너무 걱정한 나머지 모든 걸 미리 준비해주시는 점은 고맙죠"라면서도 미간을 찌푸리며 말을 이었다. "엄마가 너무 강하다 보니 제 영역이 계속 침범당해요. 제게 남겨지는 공간이 점점 줄어들고 있어요."

심리상담사: 편치 않은 그녀의 일 처리 방식

바이리는 누구도 슈퍼우먼이 되길 바라지는 않는다면서 자신도 마찬가지라고 했다. 그녀는 '보통 사람이 돼 남편에게 의지하면서 아무 걱정 없이 남편 사랑을 받으며 사는 것'이 꿈이라고 했다.

황자량이 베이징을 떠나기 전, 바이리는 그를 점심 식사에 초대했다. 바이리가 정식으로 상담을 받는 내담자가 아니었기에 황자량도 그녀의 초대에 응했다. 그는 바이리와 유명한 식당에서 점심을 먹으면서 그녀의 행동 스타일을 확실히 깨달았다.

앉자마자 바이리는 종업원을 부르더니 눈 깜짝할 새에 주문을 끝냈다. 황자량에게는 의견을 묻지도 않았다. 모두 비싸고 이 식당의 특징적인 음식들이었지만, 광저우에서 자란 황자량으로선 좋아하지 않는 것들이 대부분이었다.

그 순간 황자량은 그녀의 남편과 아들이 느꼈을 감정을 보다 명확히 이해할 수 있었다. 바이리는 남편과 아들을 위해서 모든 일을 처리하지만, 대부분의 경우 부자가 원하지 않는 방향이었다. 왜 이렇게 됐을까?

황자량은 바이리가 '감정은 무시하고 문제만 해결'하는 것을 좌우

명으로 생각하기 때문이라고 봤다. 회사에서는 이런 방식으로 '복잡한 문제를 명쾌하게 처리'할 수 있다. 더욱이 일의 핵심은 이익이기에 이익만 얻어낼 수 있으면 그만이고, 감정은 별로 중요하지 않다.

그러나 가정은 완전히 다르다. 가족의 감정을 살펴야 한다. 서로의 감정을 이해하고 받아들이는 것이 가장 중요하며 이익은 그다음 문제다. 하지만 바이리는 두 영역의 경계를 구분하지 못한 채 직장에서 이익을 추구하던 방식대로 가정의 문제를 처리하면 될 거로 여겼다. 그 결과 여러 가지 문제가 생긴 것이다. 회사에는 강력한 힘을 가진 리더가 필요하며, 이익을 가져다주는 리더가 좋은 리더다. 그러나 가정에는 사랑이 필요하며 이해와 받아들임이 필요하다. 바이리는 자기도 모르게 자신을 '가정의 리더' 위치에 놓고 남편과 아들을 통제하며 그들을 위해 모든 일을 처리했다. 이는 명백히 권력 법칙을 집으로 가져온 사례.

가정의 애정 법칙을 모르는 경우: 돈으로 사랑을 표현한 알파맨

슈퍼우먼인 바이리는 가정에서 어떻게 해야 하는지 '알았지만' 방식이 잘못됐을 뿐이다. 그러나 알파맨인 자오페이는 가정 문제에 속수무책이었다.

쉰 살의 자오페이는 북방 출신으로 현재는 광저우에서 견실한 가업을 잇고 있다. 그러나 결혼 생활은 순조롭지 못해 두 차례 이혼했다. 올해 그는 세 번째 결혼을 했고, 아내 아옌은 스물두 살이었다.

왜 가족이 힘들게 할까

그러나 결혼 후 석 달 만에 아옌은 이혼하자고 아우성쳤다.

두 번의 결혼 실패는 이미 자오페이에게 심각한 트라우마를 남겼다. 그가 황자량을 만나자마자 꺼낸 첫마디는 "제게 심리적인 문제가 있는 건가요?"였다.

자오페이는 아옌을 무척 사랑했다. 두 사람은 3년 전 아옌이 광저우로 일하러 왔을 때 알게 됐다. 그는 아옌이 매우 용감하다고 생각했고, 그녀가 무척 마음에 들어서 여러모로 도와주었다. 아옌은 보답하고 싶은 마음에 그에게 결혼하자고 말했다. 자오페이는 아옌이 돈을 보고 결혼한 것은 아니라고, 그렇게 믿는다고 했다.

결혼 후 첫 번째 일어난 다툼은 매우 사소한 일이었다. 아옌이 함께 쇼핑하러 가자고 했는데 그가 거절한 것이다. 자오페이는 덩치도 산만 한 남자가 자그마한 아가씨를 따라가서 양말을 고르고 속옷을 사는 게 이상하다며 아옌에게 신용카드를 주고는 알아서 쇼핑하라고 했다. 아옌은 신용카드를 바닥에 내던지고 울며 말했다.

"난 그따위 돈 필요 없어요!"

아옌은 광저우 지역이 안전하지 않다고 했지만 자오페이는 광저우 판위현에 있는 별장을 사버렸다. 동네 관리도 잘되기에 두 사람은 대체로 거기에서 지냈다. 하지만 아옌은 계속 칭얼거리면서 모든 걸 팔고 고향으로 돌아가자고 했다.

"같이 작은 가게나 해요. 내가 당신 먹여 살릴게."

이런 일들 때문에 자오페이는 무척 곤혹스러웠다. 그는 물었다.

"대체 뭘 원하는 걸까요? 돈도 싫다, 이렇게 좋은 조건도 싫다. 대체 뭘 원하는 거죠?"

황자량은 자오페이에게 '돈과 조건'을 제외하고 다른 어떤 방식으로 사랑을 표현했는지 물었다. 자오페이는 잠시 생각하더니 그게 문제라고 말했다. 예를 들어 아옌이 집을 예쁘고 아늑하게 꾸며놓으면 무척 만족스러우면서도 입으로는 그저 "응" 하면서 고개를 끄덕일 뿐 아무 말도 하지 않았다는 것이다. 황자량은 또 물었다.

"당신이 아옌이라면 기분이 어떨 것 같으세요?"

"실망하겠죠. 좌절감을 느낄 거예요."

자오페이는 아옌의 감정을 이해하면서 왜 새로운 표현 방식을 배우려고 하지 않을까? 그는 이렇게 대답했다.

"감정을 표현해야 한다는 걸 알지만, 할 줄 몰라요! 그리고 저는 별 느낌이 없어요. 제가 여자들처럼 감정적이었다면 사업도 못 했을 거예요."

황자량은 그의 마지막 말에서 문제가 드러났다고 말했다. 그의 의식이 가정과 일을 똑같이 보고 있었던 것이다. 그는 일할 때처럼 집에서도 행동했다. 일을 할 때는 '감정적'이어서는 안 됐기에 집에서도 '감정적'으로 굴지 않았던 것이다. **하지만 집은 '감정적'이어도 되는 곳이다. 집이 따스한 이유는 가족 구성원이 서로의 시시콜콜한 감정을 이해하고 배려하기 때문이다.**

가정의 법칙을 완전히 포기한 경우: 결혼도 이익의 결합이라는 고위 임원

아무리 일이 중요하다고 해도 사람들은 여전히 가정의 중요성을 알고 있다. 바이리와 자오페이도 그랬다. 단지 두 사람은 가정과 일을 구분하지 못하고 가정을 소중히 여기는 법을 몰랐을 뿐이다. 이 문제를 해결하는 방법 중 하나는 가정과 일을 구분하는 것이다. 집에서는 애정 법칙을 행하고, 직장에서는 권력 법칙을 행하는 것이다. 이것이 가정과 일이라는, 삶의 중요한 두 가지 주제를 풀어내는 열쇠다.

그러나 이 두 가지 인생 법칙을 실행하기는 매우 힘들다. 그래서 극소수의 사람은 애정 법칙을 아예 포기하고 모든 곳에서 권력의 법칙을 실행하며 비할 데 없이 냉혹해진다.

서른다섯 살의 뤄성은 타이완 기업의 광둥 지사 사장으로 위기감으로 똘똘 뭉친 사람이다.

"일단 누군가가 제게 위협을 하면 선수를 쳐서 상대를 제압해요."

그래서 곁의 부사장은 주마등처럼 빈번하게 바뀌었지만, 그는 요지부동 자리를 지켰다. 본사에서는 그가 싸우기를 좋아하고 수단과 방법을 가리지 않는다는 걸 알면서도 실적이 좋기 때문에 내버려 두었다. 그리고 이것은 뤄성의 세계관에 바탕이 됐다.

그는 말한다.

"이익이 근본입니다. 천하가 즐거운 것도, 어지러운 것도 모두 이익 때문이라고 하잖아요. 이익은 밧줄이에요. 잘 사용하면 모든 사람을 손아귀에 쥘 수 있죠."

뤄성은 이익에 대한 관념을 집에도 적용했다. 그는 4년 전 결혼했는데, 아름다운 아내를 맞은 것을 두고 이렇게 생각했다.

"이익의 결합이죠. 내가 이 정도로 성공하지 않았다면 나한테 시집오지 않았을 거예요."

그런데 지금, '이익의 결합'이 무너지기 일보 직전이다. 그의 아내는 이렇게 말했다.

"집이 아니라 지옥이에요. 더는 여기서 살기 싫어요."

두 사람의 세 살배기 아들은 천성적으로 뤄성의 '투지'를 배웠는지 다른 아이들과 어울리지 못했고 툭하면 싸우곤 했다.

뤄성은 이혼하면 그만이라면서 아내에게 별 미련이 없다고 했다.

"제가 계집애처럼 징징거릴까 봐요? 이 세상 누구도 저를 다치게 할 순 없어요."

하지만 아들은 꼭 자기가 키우겠다고 고집했다. 천성적으로 투지를 타고난 것을 매우 자랑스러워하면서 큰일을 할 인물이라고 생각했기 때문이다.

하지만 뤄성만의 착각일지도 모른다. 사랑을 배우지 못한 아이는 심각한 심리적 문제가 생기기 쉽고 그로 인해 심리적 단절을 일으킬 수 있다.

권력 강박증의 포로가 된 경우: 아들에게 아빠로 인정받지 못한 노장군

위 사례들은 모두 극단적인 상황이다. 많은 사람이 따뜻한 가정을 바라지만 무의식중에 권력 법칙을 집에도 적용한다. 정부 고위 관리인 아버지는 직장에서 권세를 부리는 일이 몸에 배어 집에서도 관료티를 낸다. 흔히 볼 수 있는 '권력을 집으로 가져온' 사례다.

한 노장군은 신중국新中国(1949년 중화인민공화국이라는 국호로 새로 수립된 공산 정권-옮긴이)을 건설하는 데 혁혁한 공을 세웠다. 신중국 수립 후 그는 집을 전장으로 여겼다. 전에 쓰던 지도와 망원경 등의 물건을 집으로 가져와서 한가할 때마다 갖고 놀았다. 그리고 걸핏하면 아내와 자식들을 쥐락펴락하며 권세를 휘둘렀다. 그게 안 통하면 장군이라는 신분으로 가족을 억눌렀다. 그는 입버릇처럼 말했다.

"조직의 명령이다. 나는 군인이므로 군인의 기준으로 일을 처리한다. 너희는 군인의 아내와 자식이니 오직 복종해야 한다. 복종, 또 복종해라!"

장군의 아들은 성격이 강하고 고집이 센 사람으로, 어릴 때부터 아빠처럼 타인을 통제하고 영향력을 행사하기를 좋아했다.

장군은 아들이 대입 시험을 못 보게 막고 군대에 보내버렸다. 게다가 아들을 가장 힘들고 출세하기 어려운 위치에 배치하게 힘을 써 징계 등 갖은 고초를 겪게 했다. 아들을 단련해 강철 같은 의지를 갖게 하는 것이 장군의 꿈이었다. 하지만 그는 꿈에도 몰랐다. 아들이 이런 아버지를 증오하다 못해 의절까지 하리라는 걸 말이다.

흔한 권력 오용 사례다. 가정은 장군에게 전장의 보완재이자 연장선이었다. 그는 전장에서 실행하던 규칙을 그대로 집에까지 가져와 적용했고, 결국 친밀해야 할 가족 관계는 엉망진창이 됐다.

권력 법칙을 집으로 가져오기 쉬운 남자 유형

성공한 사람들만 권력 법칙을 집으로 가져오는 게 아니다. 직장에서 늘 통제당하고 수모를 당하는 사람일수록 권력에 더욱 연연한다. 그럴 경우 집에 돌아와 배우자나 자녀에게 화풀이를 하기 쉽고 극단적인 통제 욕구를 보일 수 있다. 이는 전형적인 심리 보상 기제로, 삶 곳곳에서 자주 볼 수 있다.

또 한 가지 흔한 오용 사례가 있다. 남자는 대개 여자가 자기보다 능력이 뛰어난 것을 견디지 못한다. 황자량은 많은 부부 사이에 결혼 전쟁이 존재한다고 했다. 연애할 때 서로를 얼마나 사랑했는지와 상관없이 일단 결혼하고 나면 의식적으로든 무의식적으로든 '유리한 고지'를 점령하려 하고, 상대에게 통제될까 봐 두려워하면서 상대를 통제하려고 한다는 것이다.

최근 나는 어느 감정 교류 모임에 참여했다. 한 남자 참석자는 집안일이 아내의 몫이라고 생각한다면서 그 이유는 남자가 여자보다 능력이 뛰어나기 때문이라고 했다. 자기가 집에 더 큰 가치를 가져오므로 아내가 집안일을 좀더 하는 것이 그 가치에 대한 보상이라는 얘기였다.

나는 그에게 한번 생각해보라고 했다. 남편의 월수입은 20만 위안이지만 상당히 여유로운 일이고, 아내는 월수입이 2,000위안이지만 매우 바쁘고 고된 일이다. 그리고 두 사람은 모두 자기 일을 사랑한다. 그렇다면 누가 집안일을 좀더 해야 할까? 그는 처음에는 "남자가 좀더 해야죠"라고 대답했다. 하지만 곧이어 덧붙였다. "근데 이런 상황은 일어날 수 없어요. 왜냐고요? 두 사람의 가치가 대등하지 않으니까요."

내가 '가치 불균형'의 실제 사례를 들자 어차피 본인은 자기보다 잘난 여자를 찾지 않을 거라고 대답했다.

이는 권력 법칙을 집에 적용한, 사소해 보이지만 보편적인 사례다. 이런 상황은 일반적으로 남자에게서 발생하는데 남자가 더 성공을 갈망하기 때문이다. 성공을 자신의 가치를 가늠하는 기준으로 삼고, 이를 잣대로 남들과 권력을 비교한다. 밖에서 끊임없이 남들과 비교하는 것만도 힘들 텐데, 집에서까지 아내와 비교해야 하는 걸까?

애정을 기본으로 삼을 것

어떻게 하면 권력 법칙을 집으로 가져오지 않을 수 있을까?

첫째, 의식적으로 일과 집을 구분해야 한다. 집과 직장은 두 개의 서로 다른 세계이며, 따라서 다른 방식으로 대할 필요가 있다고 스스로 되뇌자.

둘째, 집에서는 일할 때처럼 행동하지 말자. 집에 와서 일을 할 수는 있다. 그러나 일할 때의 분위기를 집으로 끌어들이면 안 된다.

셋째, 가정 내 체계를 평등하게 유지하자. 일할 때는 리더가 필요하다. 그러나 현대 가정에서는 다르다. 문제를 해결할 때는 가장이 필요할지 몰라도, 소통 과정에서는 서로를 존중해야 한다.

넷째, 애정을 가정의 기본으로 삼자. 직장에서는 이익을 내는 것이 주된 과제이고 문제를 해결하는 것이 목표다. 하지만 가정에서는 감정을 챙기는 일이 가장 중요하다. 서로를 이해하고 받아들이기 위해서다. 조금 더 이해하고, 조금 더 받아들이면 우리는 좀더 따뜻해지고 집은 더욱 집다워진다.

내가 아는 한 가정은 남편이 대기업 부사장이고 아내 역시 대기업 고위 임원이다. 일할 때는 두 사람 모두 리더십을 매우 중시한다. 그러나 집에 오면 일 얘기는 접고 사소한 일들만 이야기한다. "반드시 집과 회사를 구분해야 한다"라고 두 사람은 입을 모았다.

_5

언제나 부부가
1순위다

사랑과 이별은 삶의 두 가지 영원한 주제다. 건강한 가정은 사랑이 충만하며 이별도 제대로 할 줄 안다.

건강한 가정의 부모는 자녀를 깊이 사랑한다. 아이를 키우는 목적은 양육의 성취감을 자랑하거나 영원히 붙어 있기 위해서가 아니다. 내 아이를 집 밖으로, 더 넓은 세상으로 내보내 독립적이고 자주적인 생활을 할 수 있게 만들기 위해서다.

자녀도 머지않아 자기 짝을 찾고 아이를 낳을 것이다. 그리고 그 아이가 자라면 부모에게 보고 배운 대로 더 넓은 세상으로 내보낼 것이다.

사랑은 이런 순환의 과정에서 원가족family of origin(개인이 태어나 자라온 가정 또는 입양되어 자라온 가족-옮긴이)에서 새로운 생식가족family of procreation(두 사람의 성인이 결혼을 통하여 만든 가족-옮긴이)으로 끊임없이 전해진다.

가정은 부모에서 자녀로, 자녀에서 그다음 세대로 사랑을 전달하는 매개체다. 그러나 가정에서 최우선으로 해야 하는 관계는 부모-자녀 관계가 아니라 부부 관계다. 이에 관해 중국의 저명한 심리학자인 청치펑曾奇峰은 부부 관계를 '가정의 정해신침定海神针(《서유기》에서 손오공이 여의봉으로 사용한 용궁의 보물 – 옮긴이)'에 비유했다. 그러면서 시부모와 부부, 자녀 3세대가 함께 사는 경우 **'부부 관계가 가정의 핵심이 되고 가장 중요한 발언권을 갖는다면 이 가정은 반석처럼 안정적일 것'**이라고 했다.

그런데 부모-자녀 관계 또는 시부모와 남편, 남편과 자녀, 아내와 자녀 관계가 부부 관계를 능가하면 흔히 다음 두 가지 문제가 발생한다.

- 엉망인 시어머니와 며느리 관계
- 심각한 이오카스테 콤플렉스Jocasta complex(아내가 남편을 배척하고 아들에게 성적 애착을 느끼는 증상–옮긴이)

이 두 가지 문제는 서로 연관돼 있다. 생식가족에서 고부 관계가 엉망인 경우 시어머니의 이전 생식가족에서도 고부 관계가 엉망이었으리라고 추측할 수 있다. 그 엉망인 관계 때문에 시어머니는 아들과 매우 친밀한 관계를 맺었을 것이다. 시어머니에게는 남편이 아니라 아들이 가장 친밀한 사람이자 포기할 수 없는 사람이기 때문이다.

그러니 아들이 자신을 떠나 새로운 사랑을 찾고 자기 가정을 갖게 됐을 때 시어머니가 얼마나 슬펐겠는가. 자기 삶에서 가장 중요한 사

왜 가족이 힘들게 할까

람을 잃었으니 의식적으로든 무의식적으로든 아들과 며느리가 가장 친밀한 관계를 맺지 못하게 방해하는 것이다.

아들 역시 마찬가지다. 아들은 엄마에게 자신이 가장 중요한 사람이었다는 걸 안다. 엄마에게는 자신이 아빠보다도 더 중요한 사람이었다. 과거 자신이 그것에 만족했으므로 현재 어머니에게 보답하려고 한다. 그런 까닭에 차마 엄마를 배신하지 못하고 아내와 가장 친밀한 관계를 맺지 못한다. 많은 시어머니와 며느리가 서로 잘 지내지 못하는 심리의 비밀이다.

반대로 시어머니에게 가장 중요한 사람이 아들이 아니라 남편이었다면 아들과의 이별은 그리 힘들지 않다. 오히려 아들이 가장 사랑하는 사람을 찾고 자기만의 가정을 꾸리고 자기 인생을 갖게 됐음을 기쁘게 생각할 것이다. 이럴 경우 시어머니는 며느리도 아들과 함께 자신과 남편처럼 행복한 인생을 나아가길 축복해준다.

건강하지 않은 사례 1:
성가신 남편, 사랑스러운 아들

얼마 전, 베이징대 심리학 대학원 시절 동기가 광저우에 들렀다. 두 달 전 결혼했다기에 축하해주었고 대화 주제는 곧 고부 관계로 옮겨갔다.

친구도 이 문제로 곤란을 겪고 있었다. 고향에서 결혼식을 올린 뒤 집에서 며칠 지냈는데 그사이 엄마와 아내가 아주 사소한 일로 여러 차례 다투었다는 것이다.

그래도 심리학을 허투루 배우지는 않았는지 친구는 그 이유를 금세 깨달았다.

"아내는 내가 자기를 가장 사랑한다고 생각하고 엄마는 내가 자기 삶에 가장 중요한 사람이었으니 당연히 현 상황을 못 받아들이는 거지. 그래서 두 사람은 싸울 수밖에 없어. 누가 이기든 난 전리품이야."

당연히 계속 싸우게 둘 수 없었기에 그가 선택한 방법은 '사라지기'였다. 그는 엄마와 아내에게 계속 싸우라고 하고, 자신은 좀 나가 있겠다고 말했다.

"두 사람의 목표는 나야. 그러니 내가 사라지면 싸울 수가 없지."

친구는 이 싸움의 주요 동력이 엄마에게서 나온다는 걸 알고 있었다. 어릴 때부터 지금까지 그는 어머니가 가장 애지중지하던 사람이었으니까.

"엄마에게 나는 아빠보다도 더 중요한 사람이야."

어릴 때는 엄마의 관심이 집중되는 게 만족스러웠지만, 커가면서 그 관심이 스트레스가 됐다. 예를 들어 그의 엄마는 아들과 떨어지기 싫어서 대입 시험을 볼 때도 절대 외지의 대학에 지원하지 말라고 당부했다. 그는 일단 알았다고 했지만 결국에는 매몰차게도 외지에 있는 대학에 지원했다.

"옳은 선택이었어." 내가 말했다.

"그땐 이유도 모르고 무의식중에 꼭 외지로 가야겠다고 생각했어." 그가 말했다.

이미 물은 엎질러졌으니 그의 엄마도 받아들일 수밖에 없었다. 그녀는 집에(사실상 자신에게) 자주 전화하라고 했다. 이미 베이징에 집을 산 지금까지도 그의 엄마는 여러 차례 함께 살 것을 요구했다.

"절대 동의할 수 없어. 하지만 부드럽게 잘 설득해봐야지. 가정에서 제일은 부부 관계야. 가정의 제1 법칙이지. 이제야 진짜 이해했어." 그는 덧붙였다. "애초에 엄마가 아들보다 남편을 더 사랑했다면 나에게서 못 떨어지지도 않았을 거고 며느리를 못살게 굴지도 않았을 거야."

건강하지 않은 사례 2:
남편은 안중에도 없고 아들만 사랑한 여자

내 친구의 엄마는 비교적 강한 부류다. 성실하고 점잖은 편인 남편을 내내 불만족스러워하면서 중요한 감정을 아들에게 다 쏟아부었다. 결국 아들을 기존의 가정에서 분리하지 못하고 며느리를 질투하게 됐다.

고부 관계에서 비교적 흔히 볼 수 있는 잘못된 관계 모델이다. 또 하나 흔히 볼 수 있는 모델은 현재 시어머니가 며느리였을 때 시어머니에게 심각한 따돌림을 당해서 그 가정에 녹아들지 못한 경우다. 그녀와 남편의 관계가 2순위나 3순위, 심지어 가정 내 가장 끝 순위로 밀려나면서 더욱 고독감을 느낀다. 아들이 태어나면 그녀는 아들이 유일하게 의지할 곳이라고 생각하고 자연스럽게 아들과 가장 친밀한 관계를 형성한다. 남편은 그녀 마음속에 있어도 그만 없어도 그만인 사람이 된다. 이런 상황에서는 아들과의 분리를 받아들이기가 더 힘들다.

아충이라는 친구가 있는데 아이가 생긴 후 엄마를 모셔 와 아이를 돌보게 했다. 그런데 뜻밖에도 나름대로 괜찮았던 고부 관계가 급속도로 악화됐다. 아충은 다툼의 구체적인 상황을 설명했다. 역시나 아충과 아내 그리고 그의 어머니는 삼각관계 경향이 매우 두드러졌다.

예를 들어 그의 어머니는 아들과 며느리가 산책하러 나가려고 하면 꼭 같이 가려고 했다. 한두 번이야 괜찮지만, 매번 그러는 통에 세 사람이 함께 살기 시작한 후로는 아충과 아내가 둘이서만 산책하러 갈 기회가 없어졌다.

TV를 볼 때도 아들과 며느리가 소파에 나란히 앉아 있으면 자기도 소파에 와서 앉았다. 심지어 아충을 가운데 두고 양쪽으로 그의 어머니와 아내가 앉는 꼴이었다.

이런 특수한 상황 외에도 엉망인 고부 관계에서 흔히 볼 수 있는 문제들이 있었다. 두 사람은 사소한 일로 끊임없이 다퉜다. 그럴 때면 아충은 너무 곤란했다. 한쪽은 가장 가까운 아내이고 한쪽은 가장 공경하는 엄마였다. 그는 중간에 끼어 이러지도 저러지도 못했다.

원래 아충의 고향은 매우 전통적이고 남존여비가 심각한 곳이었다. 그의 엄마가 시집왔을 때는 대가족이 함께 살던 시절이었다. 집안에서 그녀의 지위는 내내 가장 낮았고 남편은 아내보다 부모를 항상 우선했다. 모두 친절했고 괴롭히지도 않았으나, 충분히 존중해주지도 않았다. 무척 외로웠던 그녀는 아충에게 말했다. 그가 태어난 후 외롭지 않아졌고 계속 살아갈 힘이 생겼다고. 나중에 그녀의 가족은 분가해 따로 살게 됐다. 그때부터 남편은 그녀에게 점점 더 잘해주었지만, 그녀는 시댁에서 살면서 당했던 억울함이 생각나 남편을 미워했고 부부 관계는 좋아지지 않았다. 그녀의 마음속에 가장 중요한 사람은 여전히 아들이었다.

애기 끝에 아충이 내게 물었다.

"아내와 엄마의 관계를 개선하려면 어떻게 해야 할까?"

나는 되물었다.

"두 사람의 관계? 세 사람의 관계를 개선하는 게 아니고?"

아충은 한참 생각하더니 대답했다.

"그 말은…."

설명하자면 이렇다. 절대다수의 경우, 고부 관계의 핵심은 두 사람이 아니라 가운데 낀 아들이자 남편이다. 중간에 낀 아들은 아내가 시어머니를 좀더 공경하면 귀염받을 것이니 문제가 해결되리라 생각할 뿐 문제 해결의 열쇠가 본인이라고는 생각하지 않는다. 고부 관계를 잘 처리하고 싶다면 반드시 본인이 책임지고 삼각관계를 조정하려고 노력해야 한다.

모든 문제를 해결할 수 있는 묘약은 없다. 한 번 이야기한다고 영험하게 먹히는 비결 따위도 없다. 따라서 이 난제는 머리를 써서 지혜롭게 해결해야 한다.

건강하지 않은 사례 3:
지나친 효심으로 아내를 가볍게 여긴 남자

중간에 낀 남자를 무시하고 시어머니와 며느리 사이에만 집중하는 것은 고부 관계를 대할 때 흔히 범하는 실수다.

텐야자탄에 '올해는 망했어'라는 닉네임을 쓰는 한 네티즌이 '아내와 부모님의 불화가 이혼을 초래했다. 답답하다'라는 글을 올리며 자기에게 일어난 문제를 자세하게 묘사했다.

그는 아내를 무척 사랑했으며, 젊은이는 부모를 공경해야 한다는 생각도 강했다. 그래서 아내와 가족(주로 부모)이 충돌했을 때 어떻게 해야 할지 알 수가 없었다. 이 글이 게시된 후 두 달 만에 조회 수가 100만이 넘었고 답글이 70여 페이지에 달하면서 순식간에 베스트 게시글이 됐다. 그런데 거의 모든 댓글이 금년폭망과 그의 가족을 비난했다.

그가 묘사한 대로 놓고 봤을 때 그의 가족에게 문제가 있긴 했다. 몇 가지 예를 들면 이런 것이다.

- 결혼 전 남자의 부모는 예물을 해주기가 싫었다. 더욱이 다달이 받던 아들의 월급을 며느리에게 넘겨주기 싫었다.
- 결혼식 날 남자의 엄마가 축의금을 달라고 했고, 거절당하자 현장에서 분노하며 까무러쳤다.
- 신혼 첫날, 신랑의 부모가 집에 가는 데는 한 시간밖에 안 걸리는데도 그의 여동생은 갈 길이 너무 머니 부모님을 신혼집에서 묵게 해야겠다고 말했다.

장장 6만여 자에 이르는 글에는 이런 사례가 부지기수였다. 누가 봐도 남자 쪽 가족의 행동이 부당했다. 그런데 이 내용들보다 더 네

왜 가족이 힘들게 할까

티즌의 분노를 부채질한 건 글의 마지막 문장이었다. "왜 젊은이들은 어른을 공경할 줄 모르는 거죠?"

이것은 일종의 분열 현상으로 그의 잠재의식과 의식이 분열을 일으킨 것이다. 사건들을 서술하면서는 잠재의식이 발현했다. 그는 아내의 편에 서서 아내가 부당한 처사를 당했고 부모에게 잘못이 있다고 여겼다. 그런데 결론을 쓸 때는 의식이 작용했다. 그는 부모의 편에 서서 아내가 무조건 어른을 공경해야 한다고 여겼다.

다시 말해 그도 아내가 억울한 일을 당했음을 인지했지만, 맹목적인 효 관념 때문에 부모에게 '안 된다'라고는 입도 뻥긋하지 못했던 것이다. 무의식상에서는 부모가 부당했음을 알았지만, 감히 부모에게 덤빌 수 없었던 그는 아내도 그렇게 해주기를 바랐다. 그러나 아내는 어릴 때부터 민주적인 분위기가 강한 가정에서 사랑을 듬뿍 받으며 자랐기에 남편의 이런 논리를 받아들일 수 없었다.

게다가 자신은 아내와 가족 간의 갈등에 끼어 입장이 난처한 상황이라고 여긴다는 점이 글에서도 드러났다. 그래서 가족들 앞에서는 아내가 잘못한 것처럼, 아내 앞에서는 가족들이 지나친 것처럼 행동했다. 실상 아무것도 하지 못한 것이다.

그는 아내와 가족을 이어주는 연결고리이자 아내와 가족이 쟁탈해야 하는 대상으로, 이 갈등을 없앨 수 있는 근간이다. 그런 그가 책임을 회피하면서 양쪽을 만족시키려고만 한다면, 이 갈등은 계속될 수밖에 없다.

결정권은 당신에게 있다

앞에 나온 네티즌의 사례가 가장 전형적인 고부 관계 문제라고 할 수는 없다. 글을 보면 그의 엄마가 포기하지 못하는 사람은 그가 아니다. 그의 엄마가 하는 모든 행동은 그의 여동생에게 더 많은 이득을 가져다주려는 것으로 보인다. 마찬가지로 그가 가장 연연하는 사람도 엄마가 아니다. 그저 효심과 책임질 용기가 없는 탓에 계속 갈등을 겪을 뿐이다.

대학 동기와 아충은 전형적인 사례다. 금년폭망의 사례 이면에는 이익을 둘러싼 분쟁이 숨어 있는 반면, 내 친구의 사례는 순수한 사랑의 경쟁이다. 시어머니와 며느리가 한 남자의 사랑을 쟁탈하려는 경쟁 말이다. 하지만 이 안에도 분명히 다른 점은 있다. 내 친구의 엄마는 남편이 우월하지 않아서 아들에게 마음을 쏟은 것이고, 아충의 엄마는 부득이하게 아들을 자기 삶의 가장 중요한 심리적 지지자로 삼은 것이다.

그러나 이 세 가지 사례 모두 **'건강한 가정의 제1 법칙: 부부 관계가 가정의 최우선이 되어야 한다'**를 위반했다.

금년폭망도 이 법칙을 알았다면 이해했을 것이다. 그의 원가족에서는 부모님이 가장 중요하며 가장 발언권이 있지만, 자신의 가정에서는 본인과 아내가 가장 중요하며 그의 부모가 지나치게 간섭해서는 안 된다는 걸 말이다. 이 점을 몰랐기 때문에 그는 부모가 자신의 가족을 마음대로 하게 내버려 두었고 아이를 갖는 문제나 집 인테리어 문제 등을 아내와 상의하지도 않고 부모의 지시에 따랐다. 아내

입장에서는 자기 가정이라는 느낌을 받을 수 없었을 테니 결국 이 가정을 끝내는 수밖에 없었다.

대학 동기의 엄마는 본인이 이 법칙을 저버렸다. 무능한 남편에게 불만을 갖고 자기 마음속에서 아들을 가장 '포기할 수 없는 사람'으로 삼아버렸다. 그러나 아들은 언젠가 그녀를 떠나 자기만의 삶을 살아야 한다. 그녀로서는 심리적으로 의지할 수 있는 가장 중요한 사람을 잃는 것이니 당연히 받아들이기 힘들 것이다. 그래서 자기도 모르게 아들의 가정에 간섭해 아들과 며느리의 관계를 2순위로 미루고 자신과 아들의 관계를 여전히 1순위로 두려 했다.

아충의 엄마는 등 떠밀려 이 법칙을 저버리게 된 경우다. 남편이 부모를 더 중시하고 시댁에서는 늘 무시당하는 그녀였다. 자연히 다른 경로로 가장 사랑하는 사람을 찾아야 했고 엄마로서 아들이 첫 번째 선택지였을 것이다. 하지만 이도 오래갈 수 없는 것이 아들도 결국에는 자기 가정을 꾸려야 하기에 그녀는 가장 사랑하는 사람을 또 잃을 수밖에 없었다. 끝내 그녀는 이를 받아들일 수 없어 비합리적이고 이상한 행동을 한 것이다.

아들과 며느리만 산책하러 가지 못하게 하는 것은 그리 어이없는 일도 아니다. 몇 해 전, 〈충칭조간重庆晨报〉에 이상한 사건이 보도됐다. 아들의 신혼 첫날밤에 어머니가 몇 차례나 신방에 난입해 결국 아들과 며느리는 그녀와 함께 새벽 세 시까지 앉아 있었다고 한다. 이런 기괴한 관계가 계속된 지 10년이 지났고, 며느리는 이혼을 원했다. 그러자 아들이 신문사에 하소연을 한 것이다.

분리해야만 하는 것을
가장 사랑하는 것으로 만들지 말자

건강한 가정 체계를 만들려면 부부 관계를 가장 중요한 위치에 두어야 한다. 그러나 우리의 전통문화는 편향적으로 부모-자녀 관계를 부부 관계보다 더 중시한다. 마치 부부 관계를 대를 잇기 위한, 또는 웃어른들을 모시기 위한 도구로 여기는 듯하다.

하지만 자녀가 부모를 얼마나 공경하든 언젠가는 부모를 떠나 자기 삶을 살아야 하며, 부모가 자녀를 얼마나 사랑하든 자녀는 독립해 자기 생활을 꾸려나가야 한다. 배우자야말로 진정으로 당신과 평생을 함께할 사람이다.

또한 부모와의 건강한 관계를 위해서 자녀는 부모와 나의 관계가 부부 관계를 뛰어넘는다고 여기지 않도록 부모 한쪽을 편애하면 안된다. 자녀의 건강한 관계를 위해서 부모도 마찬가지 생각을 가져야한다. 부모-자녀 관계가 부부 관계를 뛰어넘는다고 여기지 않도록아이에게 너무 연연해서는 안 된다. 가장 사랑하는 사람과 헤어지기어려운 건 인지상정이므로, 끊어내야만 하는 사람이라면 가장 사랑하는 대상으로 만들어선 안 된다.

물론 그렇다고 해서 모든 자원을 배우자에게 쏟아부으란 말은 아니다. 오히려 웃어른과 자녀들을 돌봐야 할 때는 그들에게 더 많은자원을 주어야 한다. 다만 배우자가 인생의 진정한 동반자이자 가장중요한 정신적 지주임을 알아야 할 것이다.

아들이라면 자신에게 이렇게 말하자. "엄마가 가장 사랑하는 사람은 아빠이지 내가 아니다."

딸이라면 자신에게 이렇게 말하자. "아빠가 가장 사랑하는 사람은 엄마이지 내가 아니다."

아빠라면 딸에게 이렇게 말하자. "널 사랑하지만, 아빠와 평생을 함께할 사람은 엄마야."

엄마라면 아들에게 이렇게 말하자. "널 사랑하지만, 엄마와 평생 함께할 사람은 아빠야."

이것이 건강한 가정을 이루는 방법이다. 부부 관계가 최우선이 되는 것, 건강한 가정의 제1 법칙이다.

PART 2

우리집엔 따뜻한
무관심이 필요하다

엄마는 아이의
거울이다

세상 만물은 우리의 거울이다. 그것들이 우리를 반사하므로 우리는 자신을 볼 수 있다. 바꾸어 말해도 마찬가지다. 우리가 사물을 보는 순간, 우리가 주목함으로써 그 사물도 존재하게 된다.

엄마는 우리 삶의 첫 번째 거울이다. 세상에 갓 태어났을 때, 엄마가 아이에게 주목함으로써 아이는 엄마라는 거울을 통해 자기 존재를 본다.

엄마가 아이를 계속 주목하면 아이도 자신이 항상 존재한다고 느낀다. 엄마가 아이를 보면서 공감하고 있는 그대로 받아들이며 기쁘게 여긴다면, 아이는 자기 존재가 가치 있다고 느낀다. 좋은 엄마는 아이에게 자신의 거울을 기꺼이 열어 보인다.

때로는 엄마 쪽 거울에 빛이 없어 아이를 비추지 못할 때가 있다. 그러면 아이는 자기가 존재하지 않는다고 여긴다. 이 거울에 가끔만 빛이 들면 아이도 그 순간에만 일정한 자아를 형성한다. 그런데 이는

왜 가족이 힘들게 할까

조각난 자아일 뿐이다. 누군가는 '내면 아이와 만나는 연습'을 할 때, 온전한 아이가 보이지 않는다고 말하기도 하는데, 바로 이 때문이다.

거울 속의 아이

조용히 눈을 감고 5분 동안 내 몸을 느껴보자. 긴장이 충분히 풀렸다면, 곁에 아이 하나가 있다고 생각해보자. 아이는 어디에 있으며 어떤 모습, 어떤 표정을 하고 있는가? 아이는 당신과 어떤 관계를 맺을 것 같은가?

그 아이가 바로 당신의 내면 아이, 즉 아이였던 당신이 자신의 마음속에 남긴 형상이다.

엄마의 거울이 아이에게 자주 열리지 않으면, 아이는 거울이 열릴 때 엄마 눈에 들려고 필사적으로 애쓰게 된다. 그렇게 자란 아이는 '남의 반응에 극도로 신경 쓰는 사람'이 된다.

일본 소설가 다자이 오사무太宰治는 《인간 실격》에 이렇게 썼다.

"타인의 몇 마디 질책이 내게는 청천벽력과도 같다."

한 내담자는 남들이 아무렇게나 내뱉는 지적에 순간적으로 자기가 산산조각 나는 것 같다고 했다. 또 다른 내담자는 이런 이미지를 떠올렸다. 작은 공 하나가 쉴 새 없이 큰 공을 쫓아 허겁지겁 굴러간다. 잠시라도 한눈을 팔았다가는 큰 공이 사라질까 봐서다. 여기서 커다란 공은 그의 엄마이고 작은 공은 자기 자신이다.

이들의 이야기는 사람이 타인의 반응에 극도로 신경 쓰는 이유를 잘 보여준다. 상대가 긍정적인 반응을 보이면 잠시나마 존재감을 느끼고, 부정적인 반응을 보이면 순간적으로 존재감이 무너지는 것이다.

감정적으로 취약한 사람은 어릴 적에 사랑과 관심을 받지 못한 경우가 많다. 소위 '문제아'를 두고 사회는 단순히 그 이유를 부모가 아이에게 과도한 사랑을 주며 응석받이로 키운 데서 찾는다. 그러나 더 큰 이유는 부모가 아이를 봐주지 않았다는 데 있다.

보통 중국 엄마들의 거울이 열릴지 말지는 아이가 엄마의 거울을 기쁘게 할 수 있느냐 아니냐에 달렸다. 중국의 엄마들은 첫째, 아이의 감정을 존중하는 인식이 부족하다. 그리고 둘째, 이 점을 인식하더라도 자신의 감정과 연결 짓는 능력이 부족해 아이의 감정을 확인해주기 어렵다. 이 확인은 머리 대 머리, 언어 대 언어가 아니라 반드시 신체 대 신체, 마음 대 마음으로 이루어져야 한다.

아이들은 모든 노력을 기울여 엄마의 거울을 기쁘게 하려고 한다. 이 거울이 열려야 자신이 존재할 수 있기 때문에 아이들에게는 모든 것을 걸 만한 가치가 있다. 중국 역사 속 많은 천재는 나이가 몇 살도 되지 않는 어린아이일 때 벌써 효도가 올바른 도리라는 걸 깨우쳤다. 그 이유는 어쩌면, 엄마라는 거울을 기쁘게 해 그것이 열려야만 자기 존재감을 확인할 수 있다는 것을 알았기 때문일지도 모른다. 이런 경험을 통해 사람은 거울을 기쁘게 해 그것이 열렸을 때만 존재하는 거라고 추론하게 된 것이다.

그러므로 자녀가 심리적으로 건강하기를 바란다면 유아기일 때부터 엄마가 아이와 기쁜 마음으로 많이 소통하고 관심을 가져주는 것이 매우 중요하다.

그러나 효 관념의 형성이라는 측면에서 역설적인 부분도 있다. 일

왜 가족이 힘들게 할까

단 아이가 충분한 사랑을 받아 건강한 자아를 형성하면 자연스럽게 부모의 뜻대로 움직이지 않는다. 아이가 부모의 뜻에 순종하는 최적의 전제 조건은 아이의 존재감이 결핍돼 자기가치self-worth가 부모와 사회의 인정에 달려 있다고 여기는 것이다. 이와 반대로, 건강한 자아를 가진 사람은 부모를 매우 사랑한다. 다만, 어떤 일을 처리할 때 부모의 말을 무작정 따르지 않고 일단 자기가 느끼는 감정에서 출발한다. 그러니 아이가 효도하기를 바란다면, 부모는 단호하고 절대적인 거울이 되어야 할 것이다.

"우리는 거울이자, 거울 속의 얼굴이다."

페르시아 시인 루미Rumi[1]의 말이다. 해석하자면 나라는 거울이 너를 비출 때, 그 순간 나는 네가 된다는 뜻이다. 많은 철학가가 같은 관점을 반복해 이야기했다. '네가 존재함으로써 나도 존재한다.'

루미는 또 다른 시에서 이렇게 썼다.

내 안에는 하나의 원형이 있습니다

그것은 하나의 거울, 당신이라는 거울입니다

당신이 기쁘면, 나도 기쁩니다

당신이 괴로우면, 나도 괴롭습니다

나는 푸른 잔디 위의 측백나무 그림자처럼

측백나무와 잠시도 떨어질 수 없습니다

나는 장미의 그림자처럼

영원히 장미 곁을 지킬 것입니다

엄마-아이 관계만이 아니라 어떤 관계에서든 내 감정이 받아들여지면, 그 순간에 내가 존재하며 상대도 존재한다. 바로 이것이 사랑이다.

쉽게 무력감에 빠지는 여성 내담자가 있었다. 원인은 단순했다. 원가족과 생활할 때 엄마는 물론 모든 가족이 그녀에게 관심을 두지 않았던 것이다. 그래서 그녀는 누구에게도 맞설 힘이 없었다. 내게 상담하러 온 것도 현재 가정에서 자신의 의견을 분명히 내놓을 수 없다고 느꼈기 때문이다. 남편과 시어머니 등 시댁 식구들은 성격이 매우 완고하고 강압적이었으며 늘 그녀의 의견을 무시했다.

그런데 그녀의 남편은 극도의 남성우월주의자인 척 행동했지만 속으로는 줄곧 무력감을 느꼈다. 그녀는 남편의 무력감을 알면서도 내내 공감하려고 하지 않았다. 자신은 그보다 더한 고통을 겪었기 때문에 고작 그 정도로 무력해지는 남편이 우스워 보이고 이해되지 않았던 것이다.

상담 중 자기가 남편을 업신여기고 있다는 사실을 깨달은 그녀는 다음 날 이런 마음가짐을 버리고 남편의 무력감을 마음 깊이 느껴봤다. 그 결과 남편을 깊이 이해하고 받아들일 수 있게 됐다. 이후 그녀는 빠르게 단단해져 갔다. 남편과 시어머니, 시댁 식구들에게 힘껏 맞서기 시작한 것이다. 전에는 그녀가 의견을 제시하면 시댁 식구가 모두 연합해 공격하곤 했다. 그러나 지금은 일단 남편부터 가부장적 태도를 버리고 그녀에게 의지했으며, 다른 식구들도 한두 마디 받아친 후에는 자신의 잘못된 의견을 포기하고 그녀를 존중해주었다.

여기서 알 수 있는 사실은 그녀가 남편의 무력감을 마주했을 때,

자신의 무력감과도 마주했다는 것이다. 그 후로 그녀는 단절되어 있던 자기 내면과 연결됐고, 남편과도 연결고리가 생겼다. 내면과의 연결이 그녀를 강해지게 했고, 남편과의 연결은 부부 사이에 사랑과 이해가 생겨나게 했다.

너를 보면 내가 보여

더 아름다운 이야기도 있다. 직장에 다니는 한 젊은 엄마가 있다. 그녀에겐 1년 6개월 된 딸이 있는데 시부모가 돌봐주었다. 그런데 아이가 어느 날부터 목욕을 안 하려고 했다. 원래는 목욕할 때 말을 잘 들었는데, 며칠간 할아버지와 할머니가 씻기려고 하자 있는 대로 몸부림을 쳤다.

할아버지와 할머니는 제 엄마가 너무 오냐오냐한 탓에 아이가 말을 안 듣는 거라고 생각했다. 그러나 다른 이유가 있을 거라고 생각한 엄마는 시부모의 태도를 보며 혹시나 아이가 학대받는 것은 아닐지 의심했다.

그날 저녁, 온몸으로 목욕을 거부하는 아이를 보며 엄마는 무척 속상했다. 그런데 그 순간, 딸의 속상함이 느껴지면서 마음속 목소리가 전해졌다.

'분명 어딘가 잘못됐어. 아픈 건 아닐까?'

나흘째 되던 날, 그녀는 아이를 데리고 병원에 갔다. 검사해보니 역시나 아이는 아팠다. 놀랍게도, 그녀가 의사에게서 진단서를 받는 순간 딸이 울음을 그치고 조용해졌다. 딸의 눈을 보면서 엄마는 문득

'내 딸이 아프다는 사실을 알리려고 울고불고했던 것이구나' 하고 이해하게 됐다. 이해가 된 순간 그녀와 딸 사이에는 신기한 연결고리가 생겼다.

닷새째 되던 날, 그녀는 출근해야 했다. 그녀가 출근할 때마다 딸이 다시는 못 만날 것처럼 울고불고 난리를 치곤 했기에 이번에도 그럴까 봐 매우 걱정했다. 그러나 뜻밖에도 딸이 어른스럽게 말했다.

"엄마, 다녀오세요!"

아이의 깔끔한 작별 인사에 하마터면 그녀는 눈물을 흘릴 뻔했다. 그리고 깨달았다. 아이가 자신을 이해하고 있다는 것을. 그녀가 딸을 이해하자, 딸도 그녀에게 이해로 보답했다.

동정심에는 두 종류가 있다. 하나는 약자에 대한 연민이다. 그러나 내면에는 연민과 함께 매우 강한 나르시시즘이 동시에 존재한다. 다른 하나는 공감이다. 상대의 감정을 깊이 느끼면 우리는 그의 세계로 들어가게 되며, 상대가 느끼고 생각하는 대로 나도 느끼고 생각하게 된다.

공감 능력은 서로를 감지하고 대면할 수 있는 엄마와 아이의 관계에서부터 구축된다. 이를 기초로 엄마는 아이의 감정을 볼 수 있다.

"우리는 거울이자, 거울 속의 얼굴이다."

루미의 이 말을 확장해서 생각해보면 이렇게 설명할 수 있다. '세상은 당신의 눈 속에 있다. 당신의 눈에 비치는 세상은 세상 자체만이 아니라 나아가 우리 자신이다.'

예를 들어 팡저우즈方舟子(중국의 과학 저술가인데 논문 표절을 폭로하는 전문가로 더 유명하다-옮긴이)가 편집적으로 표절을 폭로하는 행위는 우리 사회를 반영하는 모습일 뿐만 아니라 그의 자화상이기도 하다.

'우리가 곧 거울이자 거울에 비친 상'이라는 것을 깨달으면 다른 사람은 물론 자기 자신의 전체 모습을 볼 수 있다. **세상 만물을 어떻게 바라보는지가 곧 당신의 가장 근원적인 실재다.**

좋은 엄마와 나쁜 엄마, 좋은 아이와 나쁜 아이

프로이트의 가장 영향력 있는 제자인 영국의 정신분석학자 멜라니 클라인Melanie Klein[2]은 생후 3개월 이전의 유아는 모순을 처리할 능력이 없기 때문에 편집-분열 상태에 있다고 봤다. 이 시기 아이의 눈에 비치는 엄마는 좋을 때도 있고 나쁠 때도 있다. 자신의 감정을 민감하게 포착하고 만족시켜주면서 교류하는 엄마는 좋은 엄마다. 반대로 만족시키지 못하고 무시하며 학대하는 엄마는 나쁜 엄마다.

그렇다면 아이들은 어떻게 할까? 분열하는 방법을 택한다. 즉 엄마의 형상을 좋은 엄마와 나쁜 엄마 두 가지로 구분하는 것이다. 좋은 엄마는 진심으로 자기를 돌봐주는 사람이며, 나쁜 엄마는 기괴한 형상으로 비친다. 좋은 엄마와 나쁜 엄마는 절대로 같이 존재할 수 없다. 좋은 엄마는 절대적으로 좋으며, 나쁜 엄마는 절대적으로 나쁘다.

〈백설공주〉와 〈신데렐라〉는 이런 분열 심리를 반영한 이야기의 전형이다. 완벽하게 좋은 엄마는 세상을 떠나고 계모와 그녀의 딸들은 매우 무서우며 절대적인 악이다.

여자 주인공은 반드시 좋은 사람이어야 한다. 아이들이 이런 이야기를 좋아하는 이유는 동화 내용이 아름다워서가 아니라(잘 생각해보면 별로 아름답지 않다는 것을 알 수 있다) 자신의 내면을 반영하고 있기 때문이다. 이런 동화를 접하면서 아이들은 자기 내면을 밖으로 투사하고 끊임없이 고쳐나간다.

제대로 보살핌을 받고 엄마와 교류를 잘 하면, 즉 좋은 엄마 부분이 충족되면 3개월이 됐을 때 아이는 초기 단계의 통합 능력을 갖추게 된다. 마음은 아플지라도 '진짜 엄마는 좋은 면도 있고 나쁜 면도 있다'는 기본적인 사실을 받아들일 수 있게 된다. 이런 통합이 관용의 출발점이다.

이와 동시에 엄마 거울의 작용으로 아이는 자신을 '좋은 아이'와 '나쁜 아이'로 분열한다. 좋은 아이는 절대적으로 착하며 나쁜 아이는 절대적으로 못됐다. 좋은 아이는 엄마를 절대적으로 사랑하며, 나쁜 아이는 엄마를 무섭게 공격하기 때문에 엄마에게 받아들여지지 않는다.

아이가 유두를 깨물거나 머리카락을 잡아당기는 등 공격을 할 때 엄마가 반격하지 않고 가볍게 제지만 하면서 한결같은 사랑을 주면, 아이는 나쁜 아이도 엄마에게 받아들여졌다고 생각하고 좋은 아이와 나쁜 아이를 하나로 통합해간다.

한 네티즌이 내 SNS에 댓글을 남겼다. 깜깜한 방에서 아들을 재우는데 아들이 중얼거렸단다.

"이 아치는 침대에 있고 화난 아치는 바닥에 있지."

침대에서 엄마와 함께 있는 아치는 좋은 아이이며 화난 아치는 나쁜 아이다.

왜 가족이 힘들게 할까

여기에서 알 수 있는 점 한 가지가 있다. 중국인은 세 살 이하의 어린아이는 아무것도 모르니까 어떻게 대해도 상관없다고 생각하는 경향이 있는데 이는 엄청난 착오라는 것이다. 아이가 어릴수록 어른, 특히 엄마는 세심하게 돌보고 관심을 가져야 한다.

_2

세상을 어떻게 탐색할지는
아이의 자유

'자기 자신이 되라.'

내가 독자나 친구들의 요청으로 책에 사인을 할 때 자주 남기는 말이다. '자기가 된 사람'이란 미국 심리학자 매슬로Abraham H. Maslow (5단계 욕구설을 바탕으로 한 동기 이론 주창자-옮긴이)가 말한 '자아실현자'다. 그는 자아실현자들에게 많은 장점이 있음을 발견했다. 예를 들면 다음과 같은 것들이다.

- 너그러우면서도 나쁜 일에는 엄격하다.
- 자신의 모든 경험을 기쁘게 받아들인다.
- 감정에 휘둘리지 않고 문제를 중심으로 생각한다.
- 초연하고 독립적인 성격이며 권위를 맹신하지 않는다.
- 싫증 내는 법이 없다.
- 모호한 상태를 용인하며 고도의 창의력이 있다.

왜 가족이 힘들게 할까

그렇다면 아이는 '자기 자신'이 될 수 없을까? 나는 '부모는 아이의 답안이 아니다'라는 주제로 강연을 자주 한다. 강연의 핵심은 부모가 결정자 역할을 하려고 하지 말고 아이에게 독립적으로 탐색할 자유를 주라는 것이다. 그래야 아이 역시 '자기 자신'이 될 수 있기 때문이다.

안타깝게도 그동안의 강연에서는 '자기를 실현한 아이'가 어떤 모습인지 생생한 예시를 제시하지 못했다. 그러던 어느 날, 한 친구와 그녀의 재미있는 아들에 대해 이야기를 나누기 시작했다. 여덟 살 난 요 녀석은 '자기를 실현한 사람'이라고 불려도 손색이 없었다.

일단 몇 가지 이야기를 해보겠다.

- 이야기 1

  얼마 전, 아들과 엄마가 어느 모임에 나갔다. 식사 자리에서 한 아저씨가 놀리면서 이렇게 말했다.

  "꼬마야, 술 마실래?"

  그러자 아이는 이렇게 대답했다.

  "아이에게 술을 주는 건 불법이에요. 제가 고발하면 아저씨는 경찰에게 잡혀가서 벌을 받게 될 거예요."

- 이야기 2

  맥도날드에서 주문을 하는데 옆 테이블에서 한 엄마가 자기 아이를 재촉하고 있었다.

  "빨리 먹어! 왜 이렇게 돼지처럼 꾸물대며 먹는담! 이러다 수업에 늦겠어!"

그러자 그녀의 아들이 토라져서 빽 소리쳤다.

"안 먹어! 그냥 가!"

그 말에 아이의 엄마는 신경질적으로 변해 노발대발하면서 듣기 거북한 말로 아들을 꾸짖었다. 그러자 보다 못한 내 친구의 일곱 살짜리 아들이 나서서 그 아이 엄마에게 이렇게 말했다.

"아줌마, 왜 자기 아이한테 함부로 대해요? 진짜 엄마 맞아요?"

아이의 말에 깜짝 놀란 그녀는 꼼짝 못 하고 멍하니 서 있다가 정신을 차리고는 자기 아들의 팔을 잡아채 밖으로 나가버렸다.

- 이야기 3

녀석이 말도 제대로 하지 못하던 서너 살 때였다. 친구가 아이를 데리고 산책하러 나갔는데 강아지 한 마리가 다가왔다. 꼬질꼬질한 것이 오랫동안 관리받지 못한 유기견으로 보였다. 친구는 별생각 없이 "강아지가 정말 못생겼네"라고 말했다.

아이는 그 후로 친구가 한 말을 꼬투리 잡아 써먹었다. 엄마가 예의 바르게 행동해야 한다고 가르칠 때면 이렇게 말했던 것.

"엄마는 왜 강아지한테 무례하게 대했어요? 개도 개 나름의 생김새가 있는 거예요. 엄마 눈에 못생겼을지 몰라도 강아지들은 그렇게 생각 안 할 수도 있어요."

그녀에게 이 세 가지 이야기를 들은 나는 너무 놀란 나머지 순간적으로 무슨 말을 해야 할지 몰랐다. 잠시 후, 나는 그녀와 함께 박장

왜 가족이 힘들게 할까

대소했다. 나는 친구에게 이렇게 말했다.

"네 아들 정말 대단하다. 어린 나이에 철학가다운 면모가 있네. 역지사지로 동물의 입장에서 생각한 거잖아."

나는 진심이었다. 그녀도 당시에는 무척 놀랐다고 했다. 자기도 동정심이 많은 편이라고 생각했는데, '만물은 평등하다'라는 아들의 생각과 비교하면 부족해도 너무 부족했다는 것이다. 그녀의 말에 나는 감격하며 말해주었다.

"네 아들은 네가 가르친 게 아니야."

'부모는 아이의 답안이 아니다'라는 내 강연을 들은 적이 있는 친구라 저 말에 담긴 의미를 이해하며 감격한 목소리로 대답했다.

"내가 안 가르친 게 맞아. 스스로 저렇게 컸지. 내가 가르치려 들면 바로 망가질 거야."

이 아이는 비록 나이는 어리지만, 이미 '자기를 실현한 사람'이었다.

자발적으로 반장에서 사퇴한 여덟 살 아이

모든 아이가 처음에는 자기 자신 그 자체다. 하지만 양육자가 자기 뜻대로 아이를 만들려고 하면서 아이의 의지는 억눌리고, 정도는 다르지만 끝내 정체성을 잃고 만다.

앞서 말한 내 친구의 아들은 초등학교 1학년 때 반장 후보로 나섰다. 대부분 부모나 다른 가족들이 반장 선거 공약을 이렇게 말해라 저렇게 말해라 코치하겠지만 내 친구는 이런 일을 해주지 않았다. 다만 이렇게 말했을 뿐이다. "네가 하고 싶은 말을 하렴."

반장 선거 출마는 처음이라 뭐라 말해야 할지 몰랐던 아이는 자신이 맨 마지막에 하겠다고 했다. 그래야 다른 아이들이 뭐라고 하는지 들어볼 수 있으니까. 다른 아이들이 '어른들이 써준 근사하지만 실상 매우 식상하며 길기만 한 공약'을 읽은 후 친구 아들의 차례가 됐다. 아이는 앞에 나가 단 세 문장으로 말했다. "나는 ○○○이야. 나를 반장으로 뽑아줘. 그럼 너희를 위해 최선을 다해 일할게."

투표 결과 친구의 아들은 높은 득표수로 반장에 당선됐다. 그러나 재미있게도, 얼마 지나지 않아 아이는 담임 선생님에게 찾아가 더는 반장을 하기 싫다고 말했다. 반장 자리가 불편하다고 생각했는지도 모르겠다. 담임은 매우 놀랐다. 수년간 아이들을 가르쳐왔지만 반장을 하기 싫다는 아이는 처음 봤기 때문이다. 게다가 부모님과 상의 후에 사퇴하겠다고 말한 것도 아니었으니, 상식적으로 이해하기 어려운 상황이었다.

선생님들은 대체로 내 친구 아들을 싫어했다. 상벌이라는 수단이 이 아이에게는 먹히지 않았기 때문이다. 칭찬을 해도 소용없고 벌을 줘도 소용없었으며, 자신의 궤도에서 쉽게 벗어나지 않았다. 하지만 이 아이는 문제아가 될 리 없다. 내면에서 자기가 갈망하는 길로 이끌기 때문인데, 이런 경우 잘못될 가능성은 매우 작다.

대부분 아이는 선생님을 좋아하면 그가 가르치는 과목도 좋아하고, 선생님을 싫어하면 그가 가르치는 과목도 싫어하는 경향을 보인다. 선생님에 따라 과목을 좋아하게 되는 아이들은 선생님이 싫어지면 과목에 대한 흥미도 잃는다. 그러나 내 친구의 아들에겐 이런 문제가 없다. 이 아이가 어떤 과목을 좋아하는 이유는 선생님이 칭찬해

왜 가족이 힘들게 할까

서가 아니라 자신의 선택이며, 싫어하는 과목 역시 선생님이 벌을 줘서가 아니라 자신의 선택이었다.

내가 학교 다닐 때를 떠올려봤다. 기억하기로 나는 공부를 싫어한 적도 땡땡이를 친 적도 없으며, 땡땡이를 칠 생각조차도 해본 적이 없다. 게다가 싫어하는 선생님이 몇 명이든 모든 과목의 성적이 꽤 좋았다. 당시 내 마음이 구체적으로 어땠는지는 모르겠으나, 한 가지 확신할 수 있는 것은 공부의 원동력이 부모님이나 선생님의 칭찬은 아니었다는 것이다. 나는 지식을 습득하고 호기심을 충족했을 때 느끼는 '있는 그대로의 즐거움'에 이끌렸다.

성적이 항상 5등 이내였음에도(14등까지 떨어진 적이 딱 한 번 있다) 말썽을 일으키는 일도 거의 없고, 소선대('소년선봉대'의 약자로 중국의 아동·청소년들이 사회주의와 공산주의를 배우는 단체-옮긴이)에 들어가지도 않았다. 나처럼 성적이 좋은 아이들에게는 극히 드문 일이었다. 지금 생각해보면 쉽게 이해된다. 선생님들이 학생을 칭찬하고 벌하는 도구로 소선대를 이용했는데, 남의 칭찬을 받는 데 큰 관심이 없었던 나는 애써 자신을 드러내 보이려고 하지 않았던 것이다. 아무리 성적이 좋고 말썽을 안 부려도 선생님들은 나 같은 아이를 좋아하지 않는다. 통제하기 힘들기 때문이다. 그래서 내게는 칭찬도 별로 하지 않았다.

상과 벌이라는 도구를 자주 사용하는 부모와 선생님은 아이를 통제하려는 마음이 강해서 아이를 본인들의 의지대로 성장시키고 변화시킨다. 그러면 아이는 어른들 의지의 산물이자 작품이 된다.

저명한 유아교육 전문가 쑨루이쉐孙瑞雪가 쓴 책《사랑과 자유爱和

自由》의 대략적인 관점은 이렇다. **"부모의 임무는 사랑으로 아이에게 안전한 환경을 제공하는 것이다. 그러나 세상을 어떻게 탐색할지는 아이의 자유다."**

사랑과 자유, 둘 중 어느 것도 빠져서는 안 된다. 충분한 사랑을 얻고 충분한 자유도 얻었다면 아이는 처음부터 '자기다운 사람'이 될 수 있을뿐더러 마침내 자아를 실현하는 사람이 된다.

모든 아이에게는 정신적 태아가 있다

마리아 몬테소리Maria Montessori(이탈리아의 교육자. 자유스럽고 개성을 발전시키는 유아교육을 주장했다-옮긴이)는 모든 아이가 정신적 태아를 갖고 태어난다고 봤다. 이 관점대로라면 유아는 백지도, 빈 병도 아니다. 부모를 비롯한 어른들이 아이를 왜곡해 삐뚤빼뚤한 나무로 자라게 할 수는 있지만, 백양나무로 자라게 할지 아니면 버드나무로 자라게 할지는 결정할 수 없다. 설령 부모가 백양나무인 아이를 다듬어 버드나무처럼 만들더라도 아이의 내면은 본래 모습대로 살기를 갈망한다.

정신적 태아는 다른 것이 아니라 아이의 감각으로 자라난다. 감각은 아이가 무언가를 만지는 순간에 생겨나며, 이런 감각이 정신적 태아가 발달하는 데 자양분이 된다. 꼭 기억하자. 지식도, 가르침도 아니다. 감각이다.

스티브 잡스는 스탠퍼드대 강연에서 이렇게 말했다.

"타인의 관점에서 떠드는 시끄러운 이야기에 내면의 소리가 묻히지 않게 하세요. 내면의 소리와 직감을 존중하는 것이 무엇보다 중요

합니다. 당신의 마음과 직감은 당신이 무엇이 되고 싶어 하는지 이미 알고 있습니다. 다른 것은 부차적인 문제들일 뿐입니다."

'정신적 태아는 이미 자기가 어떤 사람이 되고 싶은지 알고 있다' 는 몬테소리의 관점과도 일맥상통한다. 다시 말하면 모든 아이는 천성적으로 자기만의 사명을 갖는다. 부모가 아이의 운명을 바꾸려고 하는 것은 곧 아이의 운명을 망치는 일이다.

모든 아이는 엄마와
세 번 이별한다

우리 일생은 끊임없는 분리의 연속이다.

　우렁찬 울음을 터트리며 태어나는 순간부터 아이는 비할 데 없이 고통스러운 첫 번째 분리를 겪는다. 세상 어디보다 편안한 엄마의 자궁을 떠나 질을 통과해서 이 세상에 나온 아이는 차가운 바람과 시끄러운 소리, 방금 경험한 고통에 목 놓아 운다.

　그러나 아이는 여전히 엄마와 자신이 한몸이라고 여긴다. 배가 고프면 엄마가 먹을 것을 주고, 추우면 품에 꼭 안아주리라고 생각한다. 임무를 맡은 엄마는 누구보다 민감하고 빠르다. 아이가 원하는 것이 무엇인지, 필요한 것이 무엇인지 대번에 알아채고 만족시켜준다. 그러나 아이는 곧 엄마와 자신이 분리된 두 사람이라는 것을 깨닫는다. 이 심리적인 이별은 탄생 과정보다 더 고통스럽다. 아이는 자기가 이 세상은 물론 엄마마저도 마음대로 휘두를 수 없다는 것을 깨닫고 끊임없이 엉엉 운다.

서서히 아이는 '엄마는 엄마, 나는 나'라는 개념을 받아들이기 시작한다. 그러나 여전히 엄마가 일이나 공부 또는 그 밖의 무언가를 하기 위해 자신을 떠나야 한다는 사실을 받아들이지 못한다. 엄마와 다른 주요 가족들과 이별할 때마다 아이는 고통스러워하며, 자기가 버려질까 봐 두려워한다. 곧이어 엄마나 가족 없이 혼자서 세상에 뛰어들어야 하는데 이는 아이들에게 매우 지난하고 고통스러운 과정이다. 유치원에 갈 나이가 되어 난생처음 온전히 집을 떠나는 아이들은 눈물바다를 이룬다. 마음이 아파서다. 이별이 가져다주는 고통이 실제로 너무나도 크기 때문이다.

이어 초등학교, 중학교, 고등학교 등을 지나 종국에는 집에서 완전히 독립하게 된다. 그리고 자신의 가정을 꾸리고 아이도 낳는다. 그리고 그 아이에게 분리를 경험하게 하고 배우게 한다. 분리되는 과정이 얼마나 고통스럽든 우리는 반드시 이별해야 한다. **이별과 사랑은 똑같이 중요하다. 삶에서 가장 중요한 이 두 가지 주제는 늘 함께 작용하면서 우리를 성장시키고 자기 자신이 되게 한다.**

심리상담사 룽웨이링은 "분리되기를 거절하는 것은 성장하기를 거부하는 것과 같습니다"라면서 "두 사람이 아무리 가까워도 결국엔 두 사람이죠. 분리를 이해하지 못하면 친밀한 두 사람은 하나로 들러붙게 되는데, 이것은 인생에서 많은 비극을 불러옵니다"라고 말한다.

미국 심리학자 스캇 펙Scott Peck[3]은 분리를 이해하는 사랑을 '진짜 사랑'이라고 불렀다. 왜냐하면 부모가 반드시 자발적으로 아이와 떨어져야 아이의 인격 성장을 촉진할 수 있으며, 마침내 아이가 독립된 인격을 가진 인간이 될 수 있기 때문이다. 부모-자녀 관계는 물론 사제 관계, 연인 관계 등 모든 친밀한 관계가 그렇다.

분리를 거부하면 사랑도 '가짜 사랑'이 된다. 분리를 이해하지 못하는 두 사람이 함께 있으면 서로의 공간을 간섭하고 침범하게 되기에 둘 다 제대로 성장할 수 없다.

룽웨이링은 말한다. "분리는 인생의 숙제예요. 인생의 매 단계에서 우리는 중요한 분리를 마주하게 됩니다."

그녀는 분리를 처리하는 방식에서 세 가지 결과가 나타날 수 있다고 말한다.

1. **성숙한 분리** 아이나 연인에게 사랑을 주면서 한편으로는 확고하게 말한다. '너는 너고 나는 나'라고. 그러면 여전히 가까운 관계 안에서 두 사람은 독립적이고 건강한 인격을 가질 수 있다.

2. **분리 거부** 이런 관계는 반드시 친밀하지 않을 수 있으며, 심각할 정도로 사이가 안 좋을 수도 있다. 그러나 관계 안에서 두 사람은 필연적으로 붙어 있다. 마치 손발을 척척 맞춰 사랑과 증오를 연기하는 것 같은 모양새다.

3. **단순 분리** 명목상 가족 또는 연인이라고는 하지만, 사랑과 친밀함을 거부하는 관계다. 두 사람 모두 성인이라면 이런 관계는 유지되기 힘들며, 부모-자녀 관계라면 자녀가 돌이킬 수 없는 상처를 입게 된다. 분리되지 않으면 아이는 성인이 될 수 없고, 사랑이 없어도 아이는 성장할 수 없다.

왜 가족이 힘들게 할까

첫 번째 분리: 자궁과의 이별

출생은 인간이 경험하는 첫 번째 중요한 분리다. 룽웨이링은 이렇게 설명한다.

"생각해보세요. 엄마의 자궁은 얼마나 편안한가요. 따뜻한 데다 영양도 섭취할 수 있는, 어떤 걱정도 고통도 없는 요람이란 말이에요. 그런데 지금, 완벽한 요람에서 쫓겨나게 생긴 거예요. 상당히 커진 몸집으로 비좁은 통로로 들어가야 하고 그 고통스러운 과정은 한참이 지나서야 끝나요. 그런데 그 끝에서 끔찍한 결과를 마주하게 돼요. 알몸으로 차갑고 시끄럽고 낯설며 혼자서는 아무것도 할 수 없는 세상에 나오게 된 거죠. 이보다 더 끔찍한 결과가 어디 있겠어요? 하지만 이건 겨우 인생의 시작일 뿐이죠."

분만은 아이뿐만 아니라 엄마에게도 무척 고통스러운 과정이다. 그래서 둘의 고통을 덜기 위해 현대인들은 점점 제왕절개를 선호하게 됐다. 처음에는 다들 제왕절개가 좋을 것이라고만 생각했다. 머리가 눌리는 일이 없을 테니 아이의 두상이 예쁠 것이며 당연히 더 똑똑하리라고 생각했다.

그러나 점점 많은 학자가 제왕절개에 의문을 품기 시작했다. 연구 결과, 자연분만으로 태어난 아이들에 비해 제왕절개로 태어난 아이들은 역경지수Adversity Quotient(역경과 고난에 굴하지 않고 합리적인 판단으로 목표를 성취하는 능력을 지수화한 것-옮긴이)가 현저하게 낮아 좌절을 받아들이기 어려워한다는 사실이 밝혀졌다.

심리학자들은 자연분만의 고통을 엄마-아이 간 애정의 절정이라고 봤다. 이 고통을 직접 겪지 않으면 생명에 대한 본능적인 감각이 떨어져 마치 의사가 출산을 대신했다고 여기게 되어 제왕절개를 한 엄마들은 산후에 고독과 우울감에 상대적으로 쉽게 빠진다는 것이다. 엄마로서 자신의 능력을 의심하고 아이를 책임지고 싶어 하지 않거나, 심한 경우 아이를 거부하기도 한다. 이런 상황이면 엄마-아이 관계는 시작부터 단절된다.

물론 자연분만이 산모나 아이에게 위험해서 제왕절개가 최선의 선택인 상황도 있으므로 절대적인 결론은 아니다.

분만을 통한 분리의 유형

1. **성숙한 분리** 분만의 과정이 끝나고 신생아를 품에 안을 때 엄마의 애정은 정점에 도달한다. 비록 한 사람이 두 사람으로 나뉘는 순간이기는 하나 고통스러운 시련을 겪은 후 맞는 달콤한 애정의 순간은 두 사람이 다시 하나가 된 것처럼 느끼게 한다. 또한 태어나면서부터 고통을 경험했기 때문에 자연분만으로 태어난 아이들은 역경지수가 높다.

2. **분리 거부** 난산은 분리를 거부하기 때문에 발생한다. 물론 누구도 기대하지 않았던 분리 거부 현상이다. 나타哪吒(중국 신화 속 인물로, 용맹한 무신-옮긴이)는 엄마의 배 속에서 3년 6개월이나 있다가 태어났다. 이 전설은 엄마의 완벽한 자궁에서 조금 더 시간을 보내면 더욱 강해질 것으로 여기는 사람들의 생각이 반영된 듯하다. 많은 이에게 알려진 이 전설은 엄마의 자궁과 분리되길 거부하는 인간의 갈망을 대변한다.

왜 가족이 힘들게 할까

3. **단순 분리** 제왕절개로 아이를 예정일보다 일찍 낳는 엄마들도 있다. 그 외에도 어떤 엄마들은 여러 가지 이유로 배 속의 작은 생명을 사랑하지 않을 뿐만 아니라 분만을 그저 고통스러운 임신 과정의 끝이라고 생각하기도 한다.

두 번째 분리: 엄마와의 이별

엄마와의 심리적인 분리는 일생에서 가장 관건이 되는 이별이다. 이 분리 과정이 제대로 이루어지면 아이는 성숙한 분리를 배울 수 있다. 친밀함을 누리는 동시에 거리감을 즐기며 탄탄한 심리 기반을 닦는 것이다. 친밀함이나 거리 두기를 두려워하는 성인은 백이면 백 엄마와의 심리적 분리에서 문제의 원인을 찾을 수 있다.

저명한 심리학자 마거릿 말러Margaret S. Mahler[4]는 다수의 사례를 세밀하게 관찰해 세 살 이전의 신생아를 세 단계로 구분했다.

1. **정상적 자폐기** 태어나고 한 달 동안 신생아는 대부분 잠을 잔다. 여전히 돌봄의 손길이 필요하지만 자기만의 단순한 세상에 잠긴 채로 살아간다.
2. **정상적 공생기** 2개월에서부터 6개월까지의 신생아는 엄마와 자신을 단일체로 여긴다.
3. **분리-개별화기** 6개월에서 36개월까지의 신생아는 점점 엄마는 엄마이고 자신은 자신임을 깨닫게 된다.

자신감 있는 단계에서 모순적인 의존 단계에 이르기까지의 영아

분리는 미묘하고 복잡하며 변화가 잦은 심리 과정이다. 말러는 '분리-개별화기'를 네 개의 하위 단계, 즉 '분화기, 연습기, 화해·재접근기, 개체성 공고화기'로 다시 구분했다.

1. **분화기**(6~10개월) 영아가 신체적으로 엄마와 자기가 다른 존재임을 의식하는 단계다.

2. **연습기**(10~16개월) 영아는 기거나 걸어 다니면서 주변 세상을 열정적으로 탐구하고 자기를 사랑하기 시작한다. 이 시기 영아는 자기가 매우 강하다고 느끼며 엄마에게 크게 미련을 갖지 않는다. 영아가 엄마와의 친밀한 관계를 '배반'하는, 일종의 배반기다.

3. **화해·재접근기**(16~24개월) 연습기의 마지막에 유아(영아는 보통 12개월 미만의 아이를 가리키며 유아는 두서너 살의 아이를 가리킨다)는 좌절을 경험한다. 자기가 약하다는 걸 깨닫고 엄마를 다시 그리워하며 전보다 더 연연한다. 연습기에 비해 유아는 겁이 많아진다. 아무것도 두려울 게 없던 상태에서 모든 것을 두려워하는 상태로 변하는 것이다. 낯선 사람을 겁내고 탐색을 두려워한다. 이 시기 아이들에게 엄마는 우상이다. 그들의 눈에 엄마가 강해 보이기 때문이다. 그들은 점점 엄마가 자신과는 다른 존재임을 깨닫게 된다. 그러나 이와 동시에 엄마 없이는 자기가 홀로 설 수 없다는 것도 깨닫는다. 이것은 가장 기초적인 모순으로, 말러는 이를 '화해기의 갈등'이라고 칭했다.

이런 심리적 갈등 때문에 이 단계의 아이들은 상처받기 쉽다. 엄마가 무조건적인 사랑을 주고 아이가 배우는 새로운 기술과 경험을 함께 나누며 진심으로 이해하고 받아들인다면, 연습기 끝에 받은 좌절감이 점점 사라지면서 아이는 다시 자신감을 얻게 된다. '이상적인 엄마'의 작용은 하나의 안전한 섬에 비유할 수 있다. 심리적인 안전지대를 가진 유아는 마음 놓고 어디든 탐색할 수 있다. 새로운 좌절을 겪게 되더라도 강한 엄마가 나타나 주리라고 굳게 믿기 때문이다.

그러나 유아의 자립성도 함께 성장한다. 아이는 점점 결정권을 쥐려고 하며 엄마에게 크고 작은 반항을 하면서 자립성을 키워간다. 예를 들어 엄마 뒤를 따라다니며 계속 엄마의 행동을 주시한다. 그러다가도 갑자기 사라져 엄마가 자기를 쫓아와 다시 품에 안아주기를 바란다. 이런 흔한 패턴으로 사랑과 이별을 구현한다.

이 단계에서 엄마는 아이에게 관심을 갖고 아이를 지켜줘야 한다. 하지만 아이가 해야 할 일을 대신 해주어서는 안 된다. 그 적정선을 파악하기는 까다롭다. 유아는 자기 혼자 환경에 대응할 수 없다는 것을 알지만, 동시에 이를 인정하기 싫어하는 모순된 심리 탓에 쉽게 상처받기 때문이다.

이때 엄마가 아이의 감정을 민첩하게 알아채는 것이 매우 중요하다. 이를 통해 아이는 엄마가 자기를 사랑하며 자신의 자립성을 이해한다는 걸 느낄 수 있다. 그러면서 엄마의 행동을 이해하고 따라 한다. 그렇다고 해도 유아들은 종종 짧은 분리를 감행하는데, 이는 새로운 것을 배우고 새로운 영역에 도전하려 한다는 것을 의미한다.

이 단계에서 엄마가 아이를 방치하거나 반대로 자주적인 탐색을 허락하지 않으면 아이는 큰 충격을 받는다. 그래서 결국 '난 안 돼. 아무도 날 사랑하지 않아'라고 생각하게 된다.

아이가 다칠까 봐 너무 두려운 마음에 엄마가 뭐든 대신 해주려고 하면 아이는 오히려 자립성에 상처를 입게 되며, 끝내는 부정적인 생각을 하게 된다. 예를 들어, '뭐든 날 대신해서 해결해줄 사람이 있어'라든가 '엄마는 뭐든 잘하는데 나는 아무것도 못 해' 같은 생각들이다.

4. **개체성 공고화기**(24~36개월) 엄마가 아이의 탐색 욕구를 존중하고 그 이미지를 유지하면 아이는 엄마에게 공감하며 마음속에 '적극적인 엄마'를 갖게 된다.

이미 내면에서 엄마와 자신이 분리되어 있지만, 이 시기가 되어서야 '엄마는 엄마이고, 나는 나'라는 사실, 엄마와 나 사이에 또렷한 경계가 있음을 완벽하게 인지한다. 그러나 실제로 아이 내면의 '나'는 내재화된 엄마다.

엄마의 사랑이 아이에게 '자기 자신'을 찾게 한다고 볼 수도 있다. 내재화된 엄마가 곧 아이의 본질이기 때문이다. 그러나 분리만이 유아를 '자기 자신'으로 만들 수 있다.

아빠와의 애정과 분리, 부모의 대체 인물(조부모, 외조부모 같은 중요한 가족)과의 애정과 분리도 중요한 문제다. 아이를 가장 사랑하는 사람이 누구냐에 따라 그 사람과 사랑하고 분리되는 과정이 더욱 중요해진다. 그러나 여전히 엄마, 아빠와의 애정과 분리가 가장 중요하다.

유아와 엄마의 심리적 분리 유형

1. **성숙한 분리** 유아는 엄마의 이미지를 내재화하면서 자기를 갖게 된다. 그러나 자립성이 생기면 아이는 능동적이고 적극적인 성향을 띠게 된다.

2. **분리 거부** 엄마가 아이와의 분리를 원치 않거나 아이를 대신해 모든 것을 결정하려고 하면, 아이는 심리적인 분리 과정에 방해를 받아 의존적으로 변한다. 당장은 엄마에게 상당히 의존하지만, 후에는 아빠나 다른 가족들에게도 의존하게 되며 다 커서도 타인에게 의존하려고 한다.

3. **단순 분리** 엄마가 아이의 바람을 이해하려고도 하지 않고 아이가 세상을 탐색한 느낌과 체험을 나누는 것도 거절하면 아이는 심리적 어려움을 겪게 된다. 극도의 나르시시즘에 빠지거나 자폐증을 앓게 될 수도 있다.

세 번째 분리: 가정과의 이별

이 과정은 어린이집에 다니는 시기부터 시작해 어른이 되어서야 끝이 난다.

룽웨이링은 "가정과의 분리는 길고도 쉽지 않은 과정"이라면서 "유치원부터 시작해 성인이 되어서야 끝나며 일부는 평생 끝내지 못하기도 합니다"라고 말했다. 이 과정에서는 초기에 형성된 부모-자녀 관계 모델이 위력을 발휘한다.

베이징에 있을 때 전화로 심리상담을 하면서 한 직장인을 알게 됐다. 그는 중학교 때까지 엄마와 한 침대에서 잤다. 그 학교 학생들은 모두 기숙사 생활을 했는데 유일하게 그만 예외였다. 그가 살던 마을에서 학교까지는 2.5킬로미터나 됐는데 매일 저녁 걸어서 집으로 돌아갔다가 아침에 다시 걸어서 등교했다. 그래서 친구들에게 자주 놀림을 받았고 결국 자퇴했다고 한다.

신체 건장한 청년이 되자 그의 엄마는 아들과 한 침대에서 자기를 거부했지만, 때는 너무 늦어버렸다. 엄마에 대한 아들의 의존도가 병적으로 심각해진 상태였다. 그는 엄마가 보고 싶다며 날마다 울었고 매주 세 번 이상 엄마와 통화를 해야만 했다. 한 침대에서 자지 않으려고 엄마가 그를 몇 번이나 쫓아 보냈으나, 그래도 계속 매달리면 엄마는 마음이 약해졌다고 털어놓았다.

아이가 엄마와의 분리를 원치 않는 상황이지만, 달리 보면 엄마가 아이와의 분리를 완성해내지 못하고 심지어 자발적으로 분리를 망친 경우다.

스캇 펙은 《거짓의 사람들》에서 한 가지 이야기를 소개했다.

안젤라의 엄마는 안젤라의 자립성을 받아들이지 못했다. 안젤라는 평생 방문을 잠글 수 없었으며, 엄마는 언제든 딸의 방에 들어갈 수 있었다. 그녀가 열한 살 때, 갑자기 무슨 생각이 들었는지 엄마가 안젤라의 머리칼을 금발로 염색하려고 했다. 자신의 새카

왜 가족이 힘들게 할까

만 머리칼이 좋았던 안젤라는 염색을 하기가 싫었다. 그러나 아무리 반항해도 소용없었다. 끝내 엄마는 딸의 머리칼을 금발로 염색했다.

안젤라는 이야기를 할 때도, 엄마가 언제 입을 다물라고 할지 몰라 불안했다. 엄마는 입을 다물라고 하다가도 불현듯 안젤라가 무슨 생각을 하는지 속내를 캐내려고 애를 쓰기도 했다.

결국, 서른이 된 안젤라는 말을 할 수 없게 됐다. 원래 유창하게 수업하는 선생님이었지만, 어느 날부터 갑자기 말이 나오지 않았다.

스캇 펙은 엄마와의 관계가 안젤라에게 잠재의식 모델을 형성했다고 분석했다. 관계가 가까워질수록 점점 그녀의 사적 영역은 없어졌고 지킬 수 있는 유일한 방법이 '말하지 않기'가 된 것이다. 아무리 엄마가 안젤라의 영역을 침범하더라도 그녀가 입을 열지 않으면 엄마도 어쩔 도리가 없기 때문이다.

이런 잠재의식의 영향 때문에 안젤라는 일상에서 어떤 관계를 맺든 그 사람과 점점 가까워지면 실어증을 앓게 됐다. 이는 안젤라에게 사적 영역을 지키는 행위인 것이다.

놀랍게도 이런 부모들이 결코 적지 않다. 스캇 펙은 부모의 이런 행동이 자식을 사람이 아닌 '물건'으로 여기기 때문이라고 했다. 자기가 낳고 기른 '물건'이기에 지배할 권리가 있다고 생각하는 것이다. 부모의 관심이 선의든 악의든, 이런 상황이라면 아이의 자립성은 존중받지 못한다.

그러나 부모가 어떻든 아이들은 자라면서 어릴 때처럼 부모에게 들러붙지 않는다. 왜냐하면 아이들의 마음속에서 '무소불위의 신'이었던 부모가 어느새 '결점 많은 보통 사람'으로 변했기 때문이다. 이때 아이들에게는 새로운 '신'이 필요하다. 그들은 새로운 우상을 찾아 공감하고 우상의 인격에서 자양분을 흡수하며 자기 자신이 되어간다. 우상은 선생님이나 친구와 같은 주변 사람이 될 수도 있고, 닿을 수 없이 까마득한 곳에 있는 스타나 과학자, 정치가 등의 유명 인물일 수도 있다.

이때 분리 거부 유형의 아이들은 상처받기 쉽다. 자기가 동일시하는 대상이 대체로 자신과 다르기 때문이다. 동일시하는 대상이 단순 분리 유형이라면 그 대상이 먼저 거리를 둔다. 동일시하는 대상이 자신처럼 분리 거부 유형이라면 두 사람은 내내 같이 붙어 있지만 행복하지는 않다. 친밀함 때문에 두 사람의 성장 속도가 더뎌진 탓이다. 새로 맺은 친밀한 관계가 성장을 촉진하기는커녕 성가신 존재가 되고 만다.

인생의 구원자는 손님처럼 찾아온다

가정과의 지난한 분리 과정에서 우리는 운 좋게 구원자를 만날 수도 있다. 여기서 구원자란 당신이 매우 중요하다고 여기는 사람으로, 당신을 매우 좋아해 주며 무조건적으로 존중해주지만 늘 함께 있지는 않은 사람이다. 이런 사람은 우리 삶에 한순간만 나타나도 치유작용을 일으킨다. 그들은 우리가 살면서 실수한 것들을 지우고 성숙한 분리를 할 수 있도록 이끈다.

내가 중학교 2학년 때 반에 임시 수학 교사가 왔었다. 1학기 첫 모의고사 수학 시간, 문제를 다 푼 나는 빨리 답을 써내려고 서둘렀다. 그런데 그 선생님이 조용히 다가와 말했다.

"꼼꼼히 보렴. 내 눈엔 틀린 게 몇 개나 보이는걸?"

시험이 끝나고 나는 선생님에게 왜 그러셨느냐면서 시험 규칙에 어긋난 행동 같다고 말했다. 그러자 선생님이 대답했다.

"넌 가장 우수한 학생이잖니. 네가 실수하는 걸 볼 수가 없었어."

나는 감동했지만, 이상하다는 생각에 또 물었다.

"저는 반에서 겨우 7~8등 하는걸요?"

"난 네가 가장 우수하다고 믿어. 지금은 아닐지라도 말이야."

선생님의 말에 나는 완전히 감동했다. 그 후로 선생님은 내 우상이 됐다. 나중에 나는 선생님의 기대를 저버리지 않고 성적이 가장 뛰어난 학생이 됐다.

얼마 지나지 않아 선생님은 학교를 떠났고 그녀에게 배운 시간은 길지 않았다. 그 선생님과 나의 관계는 별것 아닌 듯 보이겠지만 나는 안다. 그 선생님을 만난 시기가 내 삶에서 가장 중요한 순간 중 하나라는 것을.

지금의 나는 그때 선생님이 내게 무조건적인 사랑을 주었다는 걸 안다. 성적이 좋아서 나를 좋아한 것도 아니었고 성적이 안 좋다고 나를 멀리하지도 않았다. 이유가 없는 사랑이었다. 이런 사랑은 우리 삶에 촛불과도 같다. 평소 우리는 촛불의 존재를 주의 깊게 보지 않는다. 하지만 어둠이 닥쳐 우리가 부정적인 생각과 절망감에 빠진 순간, 촛불은 밝게 빛나며 따뜻함을 전해준다.

이런 촛불을 밝히는 사람은 우리 마음속에서 중요한 자리를 차지하려고 하지도 않을뿐더러 우리를 통제하려 하지도 않는다. 그들은 와서, 촛불을 밝히고, 떠난다. 우리 삶을 스쳐 지나가는 손님처럼 말이다. 이런 나그네 같은 손님은 우리에게 온기를 남겨준다. 자신에게 확신을 심어줌과 동시에 타인을 믿을 수 있게 해준다. 관계를 더욱 믿고 자신을 더욱 믿게 한다.

나는 이런 손님을 삶의 구원자라고 부른다. 우리가 원래 따뜻한 사람이었다면 그들은 우리를 더욱 따뜻한 사람이 되게 해준다. 우리가 원래 차가운 사람이었다면 그들의 온기에 우리 마음속 두꺼운 얼음이 녹아내린다.

배우자보다 아이와 더 친밀할 때
생기는 부작용

남자아이는 태아기와 아동기 초기에 주로 엄마의 영향을 받는다. 이런 영향력을 뛰어넘지 못하면 아이의 몸과 마음은 엄마의 영향으로 가득해져서 엄마의 역량과 중요성을 크게 생각하게 된다. 엄마의 영향으로 아이는 훗날 감정을 속이는 사람이 되거나 연애의 고수가 될 가능성이 크다. 동시에 진심으로 여성을 귀하게 여기지 않기에 장기적인 연애 관계를 유지하지 못한다. 좋은 아빠가 되지도, 평등한 남녀 관계를 유지하지도 못한다. 남자아이는 가장 원초적이고 친밀한 엄마에게 의존하는 관계를 벗어나 아빠의 영향을 받아야 한다.

_독일 심리치료사, 버트 헬링거Bert Hellinger[5]

아이들이 별 문제 없이 어른 남자, 어른 여자가 되는 것은 보통 부모들의 자연스러운 기대이자 바람이다. 이를 실현하기 위해서는 세 살부터 여섯 살까지가 매우 중요하다.

정신분석 이론에서는 이 나이 때를 '오이디푸스 시기'라고 한다. 보통 이 시기의 남아는 엄마를 사랑하고 아빠를 질투한다. 여아는 아빠를 사랑하고 엄마를 질투한다. 아이들은 동성의 부모를 대신해 이성인 부모와 유일한 관계를 맺고 싶어 한다.

이 시기 부모가 의식적으로든 무의식적으로든 아이의 바람에 응하면, 아이들은 '오이디푸스 콤플렉스'로 발전하게 된다. 다시 말해 엄마가 아들과 누구보다 친밀한 관계를 맺고 아들에게 아빠보다 자신을 더 신경 쓴다고 생각하게 한다거나, 아빠가 딸과 매우 가까워지면서 엄마보다 자신을 더 사랑한다고 믿게 하는 경우에 그렇다. 이런 아이들에게는 몇 가지 문제가 발생한다. 예를 들어 이성 친구만 사귀거나 동성 무리에 끼지 못할 수도 있고, 때로는 동성애로 발전할 가능성도 있다.

심리상담사 후선즈胡愼之는 "오이디푸스 시기를 순조롭게 지나가려면 부부 관계가 화목하고 평등해야 합니다"라고 말한다.

"부모 모두가 아이를 사랑하지만 그와 동시에 부부가 서로를 깊이 사랑해야 합니다. 아이 때문에 배우자와의 사랑에 소홀해서는 안 되죠. 그래야 아이도 깨달아요. 이성 부모가 자기를 아무리 사랑한다고 해도 막강한 동성 부모가 이성 부모의 가장 좋은 반려자이며 자기는 자식일 뿐이라는 걸 말이죠. 이를 통해 아이들은 안심하고 '아이'가 되고 강한 부모가 주는 사랑을 누릴 수 있어요. 동시에 아이들은 동성 부모에게 가까워지려고 노력하며, 그래야 이성 부모에게 더 많은 사랑을 얻을 수 있음을 알게 됩니다."

왜 가족이 힘들게 할까

그는 "이런 심리적 변화가 남자아이를 남자 어른으로, 여자아이를 여자 어른으로 만드는 기본 동력이 됩니다"라고 강조했다.

부부 사이가 우선이다

후선즈는 36개월 이전의 아이들은 성별 의식이 없다고 말한다. 일반적으로 남아든 여아든 엄마와의 관계가 가장 가깝기 때문이다. 그러나 36개월 전후로 성별 의식이 생기면서 점점 이성 부모와 가까워지기를 갈망한다. 다섯 살쯤 되면 이 갈망은 최고조에 이른다. 부모의 관계가 안정적이고 화목하면, 이성 부모에 대한 아이의 갈망은 점점 사그라지고 마침내 동성 부모와 더 가까워지려고 행동하게 된다.

"남아는 아빠가, 여아는 엄마가 맡아야 한다."

가족 심리치료의 대가인 버트 헬링거는 이렇게 요약했다. 아이들은 먼저 이성 부모에게 다가가 이성의 매력을 받아들이고 자신이 이성에게 느끼는 매력과 이성이 자신에게 느끼는 매력을 경험해야 한다. 그리고 남아는 남성의 세계로 돌아가 남자 어른이 되고 여아는 여성의 세계로 돌아가 여자 어른이 되어야 한다. 그래야 심리적으로 더 건강해지고 세상도 더욱 조화로워진다.

그래서 헬링거는 **"가정에서는 남편과 아내의 관계가 우선되어야 한다. 부모로서 아이를 사랑한다고 해서 절대 배우자를 등한시해서는 안 된다"**라고 강조했다. 실제로 아이는 자신에게 와 사랑을 다투는 것보다는 부모가 서로 사랑하는 모습을 더 좋아한다. 부모가 서로 사랑하면, 아이는 이성 부모와 결혼하겠다는 망상을 하며 나이에 맞지 않는 행동을 하는 것이 아니라 마음 편하게 즐거운 아이로 지낼 수 있다.

아빠가 없는 아이는 아빠를 만들어낸다

아주 어릴 때는 한 사람만 자기를 좋아해줘도 만족한다. 그러나 세 살쯤 되는 아이들은 부모의 완전한 사랑을 얻기를 갈망한다. 다시 말해 동성 부모의 사랑뿐만 아니라 이성 부모의 사랑까지도 간절히 바라는 것이다. 후선즈는 "어느 한쪽이 부족하면 아이들은 그 이미지를 만들어냅니다"라고 말한다.

심리상담사 위둥후이于东辉는 '아빠는 달에서 나무를 베지요'라는 글에서 실제 있었던 이야기를 들려줬다.

어린 남자아이가 엄마에게 물었다.

"아빠는 어디 있어요? 왜 집에 오지 않아요?"

엄마는 아이를 위로하며 말했다.

"아빠는 달에 올라가셨어. 지금 그곳에서 나무를 베고 계시단다."

아이의 아빠는 몇 년 전에 세상을 떠났다. 그녀는 차마 사실을 말해줄 수 없어서 아름다운 거짓말을 꾸며냈다.

이 거짓말에 아이의 눈은 반짝였다. 지붕이 새는 낡은 집에서 고달프게 살았지만 아이는 밤마다 미소를 지으며 달을 봤고 가끔은 혼자 중얼거리기도 했다. 아이는 엄마의 말을 믿었다. 아빠가 달에서 나무를 베고 있으니 나중에 돌아와 아름답고 물이 새지 않는 커다란 집을 지어줄 거라고.

몇 년 후, 엄마도 세상을 떠났다. 그래도 혼자 남은 아이는 굳세게 살아나갔다. 엄마가 꾸며낸 아름다운 거짓말이었다는 사실을 아는 나이가 됐지만, 아이는 고난과 좌절을 겪을 때마다 고개를 들어 달을 보면 마음이 따뜻해지는 기분이 들었다. 저 높디높은 하늘에서 자상한 눈빛이 절절하게 자기를 바라보고 있는 것 같았다. 몇십 년이 더 흐른 뒤, 그 아이는 대형 건설 업체의 사장이 돼 수많은 고층빌딩을 지었다.

앞의 이야기는 부모가 얼마나 성공했느냐 또는 얼마나 강하냐가 그리 중요하진 않다는 것을 보여준다. 실제로 세 살에서 여섯 살 아이들 눈에 부모는 모두 강대하다. 관계의 균형은 외적인 잣대가 아니라 내재한 감정에 달려 있다. 이 나이 아이들에게 외부의 평가 체계 따위는 존재하지 않는다. 아이들은 얼마나 많은 재산을 가졌는지는 개의치 않으며 이런 것들로 부모의 가치를 가늠하지 않는다.

만약 이 연령대의 아이가 다른 아이들과 물질적인 조건을 비교하기 시작한다면 부모가 가르친 것이 틀림없다. 예를 들어 엄마가 아들 앞에서 남편을 무능하며 돈도 많이 못 번다고 자주 질책하면 아들은 돈을 얼마나 버는지를 두고 한 사람의 가치를 평가하게 된다. 더욱 기가 막힌 점은 아들조차 엄마를 따라 아빠를 비웃게 될 수도 있다는 것이다. 이는 아빠에게 상처를 주는 일일 뿐만 아니라 아들에게도 좋지 않다. 아빠를 무시함으로써 아빠와 동일시하기를 거부하고, 나아가 남성과의 동일시를 원하지 않게 될 수도 있다. 그러면 성장 과정에서 여러 문제를 겪을 수 있다.

같은 이치로 아빠가 딸 앞에서 아내가 바보 같고 집안일도 못한다고 비웃으면, 딸은 엄마를 업신여기게 된다. 그리고 엄마와 동일시하기를 거부하며 여성과의 동일시 또한 원하지 않게 된다.

표면적으로는 엄마와 친하지만, 실제로는 아빠를 보고 배우는 아들

아이들은 자기가 아빠와 엄마의 결정체라는 사실을 자연스럽게 안다. 그래서 본능적으로 아빠와 엄마의 관계를 보호하려는 경향이 있다. 오이디푸스 시기에 이성 부모와 가까워지기를 갈망하고 동성 부모를 질투한다고 하더라도 말이다. 하지만 이성 부모가 무심코 이런 심리적인 특징을 이용해 아이와 친밀한 관계를 맺고 아이 눈에 동성 부모와 관계가 멀어진 것처럼 보이게 행동해도, 아이는 무의식적으로 동성 부모의 일부 특징을 배운다든가 하는 방식으로 여전히 자신이 동성 부모의 자식임을 드러낸다.

우리 문화에서 나타나는 가장 전형적인 현상은 이렇다. 엄마가 아빠보다 기가 센 가정에서 아들은 표면적으로 엄마를 따르고 아빠를 거부하지만, 속으로는 아빠를 흉내 낸다. 하지만 자기가 그렇게 하고 있다는 것을 의식하지 못한다.

팡팡의 아빠는 술고래였는데, 엄마는 이를 극도로 싫어했다. 이혼 후 팡팡의 엄마는 전남편이 아들을 못 만나게 했다. 이유는 아들이 남편을 닮아 술을 좋아하게 될까 봐서였다. 팡팡은 엄마 의견에 동의하며 아빠를 아주 가끔만 만났고 아빠를 매우 싫어하고 무시하는 것처럼 행동했다. 그러나 대학에 진학한 뒤 팡팡은 술에 저도 모르게 매력을 느꼈다. 결국 술을 마시고 싶은 충동을 억제하지 못해 곤드레만드레 취할 때까지 마시곤 했다. 엄마가 꾸짖을 때마다 팡팡은 후회했지만, 어떻게 해도 통제할 수가 없었다.

심리상담사는 상담을 통해 팡팡이 술을 좋아하는 원인을 찾았다. 그는 내면에서 아빠와의 동일시를 갈망했는데 아빠의 가장 두드러진 특징이 술이었기에 술을 즐겨 마심으로써 여전히 자기가 아빠의 아들임을 드러낸 것이다. 심리상담사는 팡팡의 엄마에게 아빠와의 교류를 막으면 안 된다고 말했다. 이는 팡팡에게 아빠의 아들이 아니라고 믿게 만드는 행위이기 때문이다. 모든 심리 문제는 이처럼 왜곡된 진실에서 비롯된다. 부모-자녀 관계에서도 예외는 없다. 팡팡은 의식적으로는 계속 아빠를 부정하면서 잠재의식에서는 점점 아빠와 동일시해나갈 것이다.

결국 팡팡의 엄마는 아빠와 아들이 만나는 것을 허락했다. 심리상담사는 팡팡에게 우선 아빠가 술고래라는 사실을 받아들여야 한다고, 또한 아빠가 술을 즐기는 것은 아빠의 문제이니 상관할 필요 없지만 팡팡 자신은 조절할 수 있다고 이해시켰다. 이를 진정으로 깨우치면, 팡팡은 자연스럽게 술을 마시지 않게 될 것이다.

아빠와 가까운 아들이
엄마를 더욱 존중하고 사랑한다

서른 살 아장은 어릴 때부터 엄마와 사이가 좋았다. 그런데 아장의 엄마는 자기보다 나약한 남편을 무시했고, 자연스럽게 아장도 엄마가 그랬듯 아빠를 무시했다. 하지만 똑똑하고 능력 있는 아장은 엄마가 가장 싫어하는 아빠의 특징을 물려받았는데 바로 '꾸물대기'다. 팡팡처럼 아장도 이런 방식으로 아빠에 대한 충성을 드러냈다.

이 역시 일종의 도피다. 사실 아들의 오이디푸스 갈망에 영합해 아들과 매우 친밀한 관계를 맺은 엄마는 의존하는 아들을 무척 필요로 한다. 그녀는 자신에 대한 아들의 충성심을 이용해 아들과 아빠의 관계를 망칠 뿐만 아니라 아들이 미래의 반려와 관계를 맺는 것도 방해한다.

광둥성 잔장시에 사는 장 여사는 편지로 자신의 고충을 이야기했다. 결혼 14년 차로 전에는 부부 사이가 좋았으나 시댁으로 들어간 후 부부 관계가 나날이 악화됐다. 장 여사의 시어머니는 며느리가 자신을 깔본다며 아들 왕평을 부추겼다. 이 방법이 먹히지 않자 장 여사의 부모가 사위를 무시한다고 말했다. 장기간에 걸친 시어머니의 충동질 끝에 처음엔 반신반의하던 왕평도 점점 장 여사에게 호통치고 손찌검을 하게 됐으며, 급기야 바람을 피우고 집에 들어오지 않았다.

고부 관계는 어쩌면 문화적 특징에서 초래된 난제일지도 모른다. 전통적인 가족 문화에서 부부 관계의 중요성은 생식가족에서 부모-

자녀 관계보다는 물론 원가족의 엄마-아빠 관계보다도 못하다. 그래서 사회와 문화의 부추김 속에 엄마가 아들과 가장 친밀한 관계를 맺고 남편을 무시하는 일이 지극히 당연해진다. 이런 상황에서 아들은 일단 아빠에게 친밀감을 느끼지 못하며, 나아가 자기 아내와도 좋은 관계를 맺기 어려워진다.

이에 대해 헬링거는 이렇게 설명했다.

"딸은 쉽게 돌아올 수 있습니다. 그러나 아들은 자기 힘만으로는 엄마를 완전히 떠나지 못해요. 똑똑하고 매력적이며 매우 중요한 존재인 엄마를 마주할 때, 자기가 매우 약한 존재이며 엄마를 떠날 수 없다고 느끼기 때문이죠. 하지만 어린 시절을 마무리하고 어른 남자가 되고 싶다면 반드시 아버지와 할아버지, 그리고 남자들의 세계로 들어가야 합니다. 그곳에서만이 엄마의 영향에서 벗어날 힘을 얻을 수 있어요."

아들과 엄마가 지나치게 가까워져 버리면 누구에게도 이로운 결과가 나올 수 없다. 표면적으로는 엄마와 가장 가까워 보이지만, 실제로는 반드시 엄마를 배신하는 여러 가지 이상 행위를 한다. 팡팡은 술에 빠졌고, 아장은 꾸물댔으며, 왕평은 불륜을 저지르고 집에 들어오지 않음으로써 엄마에게서 도망쳤다. 오이디푸스 콤플렉스에서 승자는 아무도 없다.

헬링거는 또 이렇게 강조했다.

"남아가 아빠의 영향을 받고 여아가 엄마의 영향을 받을 때, 균형 잡힌 관계가 형성될 수 있습니다. 현실에서도 아빠의 영향을 받은 아들이 단순히 엄마에게 애착을 가진 아들보다 훨씬 더 엄마를 존중하고 사랑한다는 것을 알 수 있어요. 같은 이치로 여아가 아빠에 대한 애착을 버리고 엄마 곁으로 돌아갈 때, 아이와 아빠의 관계가 끊어지는 것이 아닙니다. 오히려 딸은 아빠를 더욱 존중하고 사랑하게 됩니다."

동성애 징후를 유도하는 오이디푸스 콤플렉스

남아는 아빠가, 여아는 엄마가 맡는 것이 오이디푸스 시기 아이들에게 최적의 상황이다. 아이가 크면 남아는 남아의 세계에, 여아는 여아의 세계에 들어가도록 해야지, 그러지 않으면 쉽게 문제가 발생한다.

광저우에 사는 열여섯 살의 아젠은 자기가 동성애자가 아닌지 의심했다. 그는 후선즈에게 학교 친구 중 남자아이들만 좋고 여자아이들에게는 관심이 없다고 말했다. 알고 보니 아젠이 어렸을 때 아빠가 세상을 떠나자 그의 엄마는 아들이 다른 남자애들에게 괴롭힘을 당할까 봐 남자아이들과는 못 놀게 하고 여자아이들만 사귀게 했던 것이다. 내내 여자들과만 놀다 보니 아젠은 남성과의 성별 동일시에 문제가 생겼다.

후선즈는 이렇게 말한다.

"성 역할은 단순히 성과 심리만이 아닌, 온 세상을 의미합니다. 남아는 반드시 남자들의 세계에 들어가야 하고, 여아는 반드시 여자들의 세계에 들어가야 하죠. 부모나 가정 내에서 뿐만 아니라 거대한 삶의 흐름 안에서도 성별을 온전하게 인식해야 합니다."

왜 가족이 힘들게 할까

이런 가정도 있다. 아빠는 매우 성공한 사람이고 사회적 영향력도 막강한데, 아들은 엄마와 관계가 지나치게 가까워 오이디푸스 시기에 자기가 아빠보다 더 뛰어나다고 여겼다. 그러나 성장할수록 이런 생각은 현실에 의해 무참히 부서지고 아들은 거대한 두려움에 휩싸였다. 아빠를 뛰어넘기를 강렬하게 바라지만 어떻게 해도 불가능한 일이라는 걸 깨달은 것이다.

열다섯 살 소년 미아가 그런 경우였다. 부잣집에서 태어난 그는 아버지가 모 그룹 대표였다. 어릴 때부터 늘 그를 돌봤던 엄마는 자주 아빠 얘기를 하면서 그의 우스꽝스러운 실수부터 추문까지 낱낱이 폭로했다. 그래서 미아는 무의식중에 자기가 아빠보다 엄마의 짝으로 더 적합하다고 여겼다. 다시 말해 자기가 아빠보다 더 우월하다고 생각한 것이다.

그러나 성장한 미아는 아빠가 얼마나 대단한 사람인지 알게 됐다. 아빠는 수만 명의 직원을 관리하는 자리에 있고, 두뇌도 언변도 수준급이었으며, 어떤 어려운 문제가 주어져도 매우 침착하게 풀어냈다. 또한 어디를 가든 아빠를 숭배하는 사람들을 만날 수 있었다.

그 후 미아도 아빠 숭배자가 됐다. 처음에는 엄마를 미워했고, 적대적으로 대했다. 엄마가 아빠의 험담을 하면 최선을 다해 아빠를 변호했다. 필사적으로 아빠의 일거수일투족을 모방하며 아빠보다 더 '아빠처럼' 변해갔다. 아빠가 그룹의 고위 임원들을 나무라는 모습을 보고 배워 그대로 따라 했고 심지어 몇 번이나 집에서 돈을 훔쳐 투자를 하기도 했다.

그러던 미아는 자신의 성 정체성에 문제가 있다고 느껴 심리상담사를 찾았다. 그는 후선즈에게 솔직하게 고백했다. 어릴 때부터 많은 여자를 사귀어봤지만 여자에게는 흥분되지 않으며 반대로 일부 남성을 봤을 때 알 수 없는 흥분감이 일었다고 말이다. 자신을 여성과 동일시했거나 '남자 중의 남자'인 양 연기한 것이다.

후선즈는 미아가 이렇게 된 주요 원인이 오이디푸스 시기의 갈등을 제대로 처리하지 못해서라고 봤다. 미아는 그 시기에 엄마와 지나치게 가까웠고 엄마는 그 앞에서 아빠의 험담을 늘어놓았다. 마침 오이디푸스 콤플렉스를 겪는 아들에게 엄마가 영합한 결과 미아는 자기가 아빠보다 더 대단하다고 느낀 것이다. 그러나 사춘기에 접어들면서 미아의 환상은 금세 무너졌다. 아빠는 너무나도 강해 보였고 자기가 아무리 노력해도 뛰어넘을 수 없을 것 같았다.

"오이디푸스 콤플렉스가 심한 사람은 무의식중에 자기를 아빠보다 뛰어나다고 여깁니다. 만약 아빠가 충분히 강하지 못하다면 이런 환상은 큰 문제를 일으키지 않죠. 하지만 실제 아빠가 무척 강한 사람이라면 환상이 무너지면서 자녀는 엄청난 고통을 느끼게 됩니다."

후선즈는 "미아는 여자들과 빈번하게 연애를 했는데 그 과정을 즐긴 것이 아니라 사실상 이성을 하나하나 정복해가는 과장된 방식으로 자기가 정말 대단한 남자임을 드러내 보인 것"이라고 분석했다. 그가 아빠처럼 그룹의 고위 임원을 꾸짖고, 돈을 훔쳐 투자를 한 것 역시 자기가 아빠를 뛰어넘을 수 있음을 보여주기 위함이었다. 그러나 아무리 노력해도 자신보다 월등히 뛰어난 아빠는 태산처럼 꿈쩍도 하지 않았다.

왜 가족이 힘들게 할까

후선즈는 또한 "아빠를 넘어서는 일도, 남자가 되는 일도 너무 어려워지자 미아는 자신을 여자와 동일시하게 됐고 그것이 동성애 성향을 의심하게 된 심리적 동기일 것"이라고 설명했다.

그러나 이 또한 사춘기의 가성假性 동성애일 수 있다. 미아는 끝내 더욱 극단적인 방식으로 아빠를 뛰어넘으려고 할 수도 있다. 바로 극도의 남성적 성향을 가진 남자가 되는 것이다.

후선즈는 "여성스러웠던 남자아이들은 나중에 다른 남자들보다 더 남자답게 변합니다"라면서 "이런 행위는 꾸며낸 것이며 그들의 심리적 실체가 아닙니다. 다른 사람들에게 자신이 뛰어난 남자임을, 자기 아빠보다 더 대단한 남자임을 인정받으려는 거죠"라고 설명했다.

오이디푸스 시기는 성별과의 동일시라는 측면에서 아주 중요하다. 이 단계에서 남아는 자기가 아빠보다 못하다는 것을 인정하고, 아빠를 모방하는 방식으로 남성에 대한 동일시를 실현하며 남성이라는 성별을 인식한다. 이것이 가장 자연스럽다. 만약 여섯 살 이후, 심지어 사춘기에 가서 아들이 아빠를 동일시하려는 경우에 실제로 그의 아빠가 무척 강한 사람이라면 아들은 비할 데 없는 고통을 겪게 된다.

여아도 비슷하다. 아빠가 딸을 편애하고 아내를 등한시하지만 아내가 실제로는 매우 뛰어난 사람이라면, 딸은 사춘기에 접어들었을 때 엄마가 자기보다 훨씬 대단하다는 사실을 깨닫고 고통스러워할 것이다. 나아가 성별 인식에 문제를 겪을 수도 있다.

남아는 남자의 세계에, 여아는 여자의 세계에 들어가기

어떻게 하면 아이가 탈 없이 오이디푸스 시기를 보낼 수 있을까? 관건은 부모가 배우자와의 관계를 중시하고, 가정에서 자녀가 아닌 배우자를 최우선에 두는 것이다.

우리 문화에서 이것은 하나의 도전이다. 중국에서는 가정의 중심에 아이를 두는 것이 익숙하기 때문이다. 그러나 심리학적 관점에서 보면 이는 현명한 일이 아니다. 헬링거는 아이가 자신을 희생해 부모 사이의 균형을 맞추려는 경향을 타고난다면서 아이를 '가정의 구원자'라고 칭했다.

다정하고 화목한 부부가 아이를 사랑하면 아이는 자연스럽게 건강한 아이로 자라 부모를 사랑하고 자랑스러워하게 된다. 그런데 부부 사이에 치우침이 있다면, 자녀는 상상할 수 없는 일들을 벌이며 관계의 균형을 맞추려고 할 것이다. 그러면 표면적인 가족 관계와 실제가 다른 양상을 띨 수 있다. 반드시 기억해야 한다. **부부 관계는 자녀 정신건강의 원형이자, 훗날 아이가 사회에 진출해 타인과 맺는 관계에서도 원형이 된다.**

배우자와 서로 사랑하고 아이를 사랑하자. 동시에 아이에게는 배우자가 자기에게 가장 적합한 짝이며, 부부란 서로 사랑할 뿐 아니라 삶의 많은 어려움을 함께 해결할 수 있는 사이임을 알려주어야 한다. 예를 들어, 자녀에게 아빠(엄마)를 닮은 부분을 크게 칭찬해주면서 어서 아빠(엄마)처럼 되라고 말해주는 것이다. 그럴 때 아이는 부모가 무조건적으로 자신을 사랑할 뿐만 아니라 자기는 아직 다 크려면 한

왜 가족이 힘들게 할까

참 남은 아이라는 것을 이해하게 된다. 또한 책임은 부모의 몫이며 자신은 마음 편하게 즐거운 아이로 지내면 된다는 것도 깨닫는다.

아이만 사랑하고 배우자를 사랑하지 않으면, 게다가 아이가 배우자를 사랑하지 못하게 막으면 아이에게는 다양한 문제가 발생한다. 그때는 어떤 노력을 기울여도 소용이 없다.

남아가 남성이 되고, 여아가 여성이 되는 것은 기나긴 과정이다. 오이디푸스 시기에 기초를 닦아두어야 한다. 남아가 매력적인 남성이 되고, 여아가 매력적인 여성이 되려면 동성 부모의 세계에 들어가야 할 뿐만 아니라 동성의 커다란 세상에 발을 들여야 한다. 우리는 끊임없이 이성과의 세계로 돌아가지만, 우선 동성 세계에 발을 담그고 동성과 교류해야 한다. 차를 마시며 수다를 떨거나 클럽에 가서 술 마시고 춤을 추거나 하는 식으로 충전하는 법을 배워 남성은 남성 에너지를 보충하고 여성은 여성 에너지를 보충해야 한다. 이렇게 함으로써 남성적·여성적 매력을 유지할 수 있다. 이것이야말로 가장 조화롭고 건강한 관계 모델이다.

반대로 남성이 늘 여성의 세계에 머물고 여성이 늘 남성의 세계에만 머문다면, 구체적으로 어떤 일이 벌어지는가와 상관없이 문제가 있다는 것을 의미한다.

과보호하는 부모의
진짜 속마음

표면적으로 과보호는 대단해 보인다. 현상만 놓고 보면 부모가 자기를 희생해 어떻게든 아이의 욕구를 채워주기 때문이다. 하지만 실제로 과보호는 부모의 자기애에서 비롯된다. 과보호하는 부모는 아이가 성장하는 데 필요한 진짜 욕구를 무시하고 아이를 또 다른 '나'로 여기며 지나치게 만족한다. 아이에게 무한정 베푸는 것이 사실상은 자신에게 무한정 베푸는 것이다.

심리상담사 룽웨이링은 말한다.

"모두의 마음속에는 두 개의 '나'가 숨어 있어요. 그중 하나는 '내면 부모'예요. 우리의 현실 부모와 이상적인 부모를 내재화한 것인데, 우리가 부모가 됐을 때 이 내면 부모가 바로 우리 자신이 되는 거죠. 다른 하나는 '내면 아이'예요. 어린 시절 경험한 것과 이상적이라고 생각하는 아이의 모습이 내재화된 것이죠."

그녀는 단언했다.

왜 가족이 힘들게 할까

"과보호의 원인은 다양해요. 그중 부모가 자신의 내면 아이를 외부로 투영하는 것이 가장 큰 원인이죠. 과보호하는 부모는 자신의 내면 아이를 현실 속 자녀에게 투영해 무절제하게 베풀어요. 하지만 실제로는 무절제한 자기만족일 뿐입니다."

누구를 위해 케이크를 산 거지?

룽웨이링은 자신이 겪은 두 가지 일로 깨달은 바가 있다고 했다. 자기도 아이가 생기면 과보호하는 엄마가 될 듯하다는 것이다.

한번은 인터뷰 때문에 카페에서 기자를 기다리고 있었다. 그녀는 제법 비싼 케이크를 샀다. 하지만 사고 나서야 자기를 위해서가 아니라 다른 사람을 위해서 샀다는 사실을 깨달았다. 그 다른 사람은 누구일까? 잠시 고민하던 그녀는 답을 찾았다. 바로 동료의 아홉 살짜리 아들이었다.

당시 자녀가 없던 룽웨이링은 그 아이를 무척 좋아했다. 그녀는 집에 상자를 마련해두고 달콤한 과자류를 늘 담아두었는데, 자기가 먹은 적은 한 번도 없고 모두 동료의 아들이나 다른 아이들에게 나눠주었다. 최근 몇 주간 일에 쫓기느라 피곤했던 그녀는 퇴근 후에 과자 상자를 열었다. 그러나 순간 머릿속에 이런 생각이 떠올랐다. '이렇게 맛있는 과자를 내가 먹는 건 낭비야.' 결국 가게에 가서 값싼 과자를 사 먹으며 자신을 위로했다고 한다.

"그 과자들은 그 아이를 위해 남겨둔 거였고, 카페에서 산 케이크도 마찬가지였죠. 그런데 문득 나 자신에게 묻게 됐어요. 그 아이가 이 케이크를 좋아할까? 대답은 '모른다'였어요. 하지만 제가 가장 좋아하는 맛의 케이크라는 건 알 수 있었죠. 그 순간 깨달았어요. 이 케이크는 나의 내면 아이를 위해 샀다는 걸 말이죠."

그 사실을 깨달은 룽웨이링은 자기를 위해서도 무언가 해야 한다는 걸 깨닫고 케이크를 먹어 치웠다. 하지만 마음속에는 여전히 죄책감이 남았다.

"이 죄책감은 나의 내면 아이가 불러일으키는 거예요. 다 큰 어른이 이런 데 버릇 들이면 안 된다고요. 과보호하는 부모도 마찬가지예요. 내면 부모가 자기애는 잘못된 거라고 속삭여요. 그러니 죽기 살기로 아이들을 대신 사랑할 수밖에요."

문제는 부모들이 아이를 과보호할 때 아이가 진짜 필요로 하는 부분, 특히 성장 욕구를 무시하기 쉽다는 것이다. 과보호하는 부모들은 자식이 영원히 크지 않고 평생 자기 내면 아이의 투사 대상이 되기를 바란다. 그게 되지 않으면 뭔가를 잃어버린 것처럼 상실감을 느낀다.

룽웨이링은 딸이 있다면 사탕 가게나 과자 가게 등에 자주 데리고 가서 좋아하는 것들을 실컷 먹게 해주고 자기는 딸아이가 먹는 모습을 보는 것만으로도 만족하는 미래를 동경해왔다고 했다. 하지만 실상 그것은 "내면 아이의 만족"일 뿐이라고 덧붙였다.

"제가 훌륭한 심리상담사라고 자부하더라도, 이성적으로 과보호가 좋지 않다는 것을 알고 그렇게 수많은 사람을 상담해왔다고 해도, 이 사실을 깨닫지 못했다면 저 역시 주체하지 못하고 과보호하는 엄마가 됐을 거예요."

왜 가족이 힘들게 할까

독단적 과보호는 부모를 위해 사는 아이로 만든다

심리상담사 위안룽친袁榮親은 과보호를 나태하고 무책임한 사랑이라고 여겼다. 과보호에 상대되는 말은 '참사랑'이다. 참사랑은 아이의 독립을 존중하는 사랑이다. 아이를 정말 사랑하는 부모는 아이가 각기 다른 성장 단계에서 필요로 하는 각기 다른 욕구를 채워줄 줄 안다. 이런 부모들은 아이를 내버려둘 줄 알며 아이의 자아가 독립하고 성장하는 것을 받아들이고 즐겁게 지켜본다.

"하나의 도전이죠. 부모는 먼저 한 가지 사실을 인정해야 합니다. 아이는 독립된 인간이지 나의 부속품이 아니라는 걸 말이죠. 그러나 인정하기가 쉽지 않은 까닭에 많은 부모가 과보호를 선택합니다."

위안룽친은 과보호를 독단적 과보호와 방임형 과보호 두 가지로 정리했다. 독단적으로 과보호하는 부모는 아이의 모든 것을 자신이 미리 준비해놓는다. 아이는 손 하나 까딱하지 않고도 모든 것을 얻을 수 있다. 그들은 아이가 직접 문제를 해결하도록 격려하지 않을뿐더러 그러는 걸 좋아하지도 않는다. 방임형 과보호의 부모는 아이가 원하는 것은 다 들어준다. 아무리 사소하고 불합리한 요구일지라도 최선을 다해 만족시켜준다.

열여덟 살 전까지 우리는 한 가지 질문에 답을 찾기 위해 애쓴다. 바로, '나는 누구인가?'라는 것이다. 이 탐색 과정은 태어난 지 얼마 되지 않아서부터 시작된다. 그러다가 18~36개월이 되면 첫 번째 절정기를 맞는다. 이 단계에서 부모가 아이의 자아 탐색을 격려하면 아이는 자기감정, 자기 능력, 자기 사상을 형성하고 이 모든 것이 종합적으로 어우러져 자신이 누구인지를 알게 된다.

퍼트리샤 에반스Patricia Evans[6]는 저서《통제하려는 사람들Controlling People》에서 이렇게 밝혔다.

"내 친구는 두 살 때 자기를 제대로 봤다고 했어요. 어느 날 친구의 엄마가 그와 누나만 몇 시간을 놔뒀는데 그때 친구는 일종의 안전감을 느꼈고 자신을 제대로 보게 됐다면서, 그때부터 대부분의 시간에 자아의 존재를 느끼게 됐다고 해요."

그가 이렇게 느낄 수 있었던 이유는 분명 부모 중 최소 한 사람, 또는 두 사람 모두 자식에게 자신의 내면 아이를 투영하지 않고 아이만의 독립성과 자아 감각을 존중해줘서다.

이런 사람은 행운아다. 아주 어릴 때부터 명확한 자아의식이 있었던 까닭에 성장한 후에도 자기에게 뚜렷한 개성과 강렬한 호기심, 고도의 창의력이 있음을 의심하지 않는다. 아인슈타인이나 뉴턴, 니체 등 이른바 천재들은 다 그랬다.

우리는 자주적인 탐색을 통해서만 자아를 형성할 수 있으며 자기가 누구인지, 이 사회에서 적합한 자기 위치는 어디인지 알 수 있다. 그로 인해 강렬한 책임감도 생긴다. 이 모든 것이 스스로 한 선택이기 때문이다.

그러나 독단적으로 과보호하는 부모는 아이가 자아를 탐색할 기회를 빼앗는다. 자신의 의도대로 아이를 만드는 데만 집중할 뿐 아이의 독립된 인격을 존중해야 한다는 사실을 알지 못한다. 그러면 부모가 아무리 완벽하게 삶을 꾸려준다고 하더라도 아이는 자신을 위해 산다는 느낌을 받지 못한다.

스물여덟 살의 한 피아니스트 예를 보자. 피아노만 23년을 쳤고 상도 많이 받았다. 어느 날 그녀는 문득 깨달았다. 평생 남을 위해서만 피아노를 쳤지 자신을 위해 쳐본 적은 없다는 것을. 그녀는 28년을 헛산 것 같았고 삶이 무너지는 듯한 느낌을 받았다고 했다.

이런 사례는 매우 흔하다. 독단적으로 과보호를 받은 아이 중 일부는 성공을 하더라도 이 피아니스트처럼 자기를 위해서 산다는 느낌은 못 받는다. 더욱이 대부분은 성공에 이르지 못하며, 평생 부모를 떠나 독립적으로 살지도 못한다.

'엄마가 내게 이렇게 잘해주는데, 어떻게 화를 낼 수 있겠어!'

독단적으로 과보호하는 중국 부모들은 '좋은 성적'이라는 고난도의 조건을 요구한다. 다시 말해, 독단적 과보호는 교환을 전제로 한다. 부모가 아이를 위해 모든 것을 제공하면 아이는 좋은 성적으로 보답해야 하는 것이다.

광저우에 사는 스물다섯 살의 여성 원원이 이렇게 자랐다. 원원은 업무 성과도 뛰어나고 상사들에게도 인정받는 직원이다. 다니는 회사의 분위기도 상당히 부드럽고 편안했다. 하지만 그녀는 자기가 제대로 못 할까 봐 늘 두려웠고, 결국 심리상담사를 찾았다.

원원에게는 오빠가 둘 있었고 자신이 막내였다. 부모는 막내인 그녀를 어릴 때부터 애지중지하며 키웠다. 그녀가 원하는 것을 말만 하면 바로 대령했다. 그뿐만이 아니었다. 엘리트인 부모는 유치원부터 직장까지 그녀의 인생 여정을 모두 만들어주면서 단 한 가지, 공부를 잘할 것만 요구했다.

원원은 최선을 다해 노력했다. 최고의 유치원, 명문 초 · 중 · 고를 나와 일류대에서 그것도 최고의 인기 학과인 금융을 전공할 때까지 그녀는 언제나 최우수 모범생이었다. 대학 졸업 후 원원은 부모가 시키는 대로 광저우로 돌아와 유럽계 투자 기업에 입사했다. 업무 성과도 탁월해 3년 동안 몇 번이나 승진을 했다.

몇 차례의 상담 중 그녀는 위안룽친에게 자신의 유일한 문제가 '긴장'이라고 했고, 부모에 대해서는 "원망하지 않아요. 완벽한 부모님이신걸요"라고 말했다.

연애 이야기를 하면서 그녀는 엄마에 대해 약간의 불만을 털어놨다. 대학 졸업 후 3년 동안, 그녀의 엄마는 원원의 결혼을 준비하면서 적지 않은 남자들을 소개했다.

"조건은 좋은데 저는 다 맘에 안 들어요. 훌륭한 남자들이란 건 알지만, 그 사람들이 싫어요. 어쩌면 부모님의 이런 방식이 맘에 안 드는 거겠죠."

그녀의 엄마는 아무리 원원을 설득해도 소용없자 결혼 얘기만 나오면 한숨부터 내쉬었고, 몇 번은 친척들 앞에서 울기까지 했다. 원원은 엄마가 처음 울었을 때는 살짝 화가 났지만, 이내 '내게 이렇게 잘해주는 엄마한테 어떻게 화를 낼 수 있어!'라고 생각했다.

위안룽친은 '어떻게 화를 낼 수 있어'가 원원의 자동적 사고라는 것을 알았다. 이런 사고는 그녀가 느끼는 진짜 감정을 왜곡할 수 있다. 그는 원원에게 이와 같은 자동적인 사고를 내려놓고 진짜 감정을 경험하게 하려고 했다.

"엄마가 처음 울었을 때는 좀 오래전이니까 최근에 있었던 상황을 재연해보죠."

위안룽친은 상담실에 의자 두 개를 갖다 놓았다. A의자는 엄마를, B의자는 원원을 상징했다.

원원은 먼저 의자 A에 앉아 자기가 엄마라고 상상했다. 그녀는 B의자에 대고 울며불며 딸이 시집 못 갈까 봐 엄마로서 얼마나 걱정이 되는지 하소연했다. 그런 다음에는 B의자로 옮겨 앉아 자기 역할을 연기하며 A의자에 대고 말했다. 물론, 머릿속에 자동으로 연상되는 '어떻게 엄마한테 화를 낼 수 있어'라는 생각은 버렸다.

그 결과, 엄마에 대한 분노가 폭발했다. 그녀는 대성통곡하면서 말했다.

"엄마랑 아빠가 시키는 대로 하는 데 질렸어요! 내 생각대로 하고 싶어요. 내가 결정하고 싶다고요! 대체 언제쯤 내 감정을 생각해주실 건데요? 숨 막혀요. 숨이 막힌다고요!"

감정이 폭발해버린 원원은 한참 동안 진정하지 못하고 펑펑 울었다. 그녀는 끝으로 이렇게 말했다.

"부모님의 지나친 사랑에 질식할 것 같아요. 이제야 알았어요. 난 늘 부모님을 위해 살았지, 날 위해 살지 않았다는 걸요."

모든 사람은 자기를 위해 살 때 가장 힘이 있다. 원원의 부모는 딸을 위해 모든 것을 '완벽하게' 마련해주었지만, 그건 원원이 원하던 바가 아니었다. 원원도 처음에는 부모를 위해 사는 것이 싫어서 속으로는 반항하고 싶다는 충동이 수도 없이 일었을 것이다. 그러나 부모가 이토록 자신을 사랑하며 희생하는데 어떻게 반항할 수 있겠는가. 그러니 자주적이고 싶다는 충동을 억누를 수밖에 없었을 것이다.

하지만 이런 충동을 영원히 억누를 순 없다. 그녀가 직장에서 긴장한 것도 회사의 '사람 중심' 관리 스타일이 내면 깊은 곳에 있던 '주도적 결정'이라는 충동을 자극한 까닭이다. 그러나 자동으로 떠오르는 '어떻게 엄마를 화나게 할 수 있어', '어떻게 부모님 말씀을 안들을 수 있어'와 같은 생각들이 그 충동을 받아들일 수 없게 했을 것이다.

상담 끝에 원원은 지금 자기가 해야 할 일이 무엇인지 깨달았다. 바로 자주적이고 싶다는 충동을 억누르지 않고 자기를 위해 사는 것이다.

과보호는 온화한 함정이다

원원은 행운아인 편이다. 독단적 과보호 탓에 망가지지는 않았으니 말이다. 위안룽친은 "그녀가 줄곧 공부를 잘해 부모의 과보호와 높은 기대치 사이에서 균형을 유지했기 때문"이라면서 "대부분은 이렇게 운이 좋은 편이 아니며 결국 독단적 과보호의 희생양이 됩니다"라고 덧붙였다. 미국의 월리스 워틀스Wallace Wattles는 《부모 다이어리: 훌륭한 아이로 키우는 백한 가지 방법A collection of parenting wisdom》에서 이런 사례를 언급했다.

한 어머니가 자식 때문에 너무 속상한 나머지 어쩔 수 없이 심리 문제 전문가를 찾아갔다.
전문가가 물었다.

"아이가 처음 신발 끈을 묶었을 때 풀 수 없는 매듭을 묶자 다음부터는 끈이 있는 신발은 안 사주셨죠?"

부인은 고개를 끄덕였다. 전문가는 또 물었다.

"아이가 처음 설거지를 했을 때 그릇을 하나 깬 후로는 싱크대 근처에도 못 가게 하셨죠?"

부인은 그렇다고 대답했다. 전문가는 말을 이어갔다.

"아이가 처음 침대를 정리할 때, 두 시간이나 걸렸다면서 굼뜨다고 뭐라고 하셨겠죠?"

부인은 경악한 듯 전문가를 쳐다봤다.

"아이가 대학 졸업하고 직장을 구할 때, 어머님의 인맥과 힘을 이용해 남들이 부러워할 만한 직장을 찾아주셨을 테고요?"

소스라치게 놀란 부인은 자리에서 일어나 전문가에게 다가갔다.

"어떻게 아셨어요?"

전문가는 대답했다. 신발 끈에서부터 알 수 있었다고. 부인이 앞으로 어떻게 해야 할지 묻자 전문가는 이렇게 대답했다.

"아프면 병원에 데려가시고, 결혼할 때는 가장 좋은 집을 사주세요. 돈이 없다고 하면 돈을 부쳐주시고요. 이게 부인이 할 수 있는 최선입니다. 저도 달리 방법이 없네요."

덕질: 더욱 전지전능한 부모를 상상하다

많은 아이들이 연예인을 쫓아다녀 본 경험이 있을 것이다. 개중에는 간혹 극단적인 경우도 있는데, 과거 류더화刘德华(홍콩의 영화배우 겸 제작자)를 광적으로 쫓아다니던 양리쥐안杨丽娟이 실제 사례다.[7] 양리쥐안은 어쩌면 독단적 과보호의 희생양일지도 모른다. 그녀는 학교나 일상에서 좌절을 경험했지만, 혼자 해결할 수 없었을 것이고 부모도 전처럼 도와주지 못했을 것이다. 결국 그녀는 세상을 탐색하는 즐거움과 책임, 좌절에서 도망쳐 환상과 백일몽 속에 숨어버렸다.

위안룽친은 18개월 이전 아이에게는 안전감을, 18~36개월 아이에게는 스스로 해내는 능력을 길러주는 것이 가장 중요하다고 말한다. 하지만 안타깝게도 독단적 과보호 양상을 띠는 많은 부모가 자식이 영아 때 모든 것을 해결해주던 습관이 들어 그 후에도 아이의 모든 것을 독단적으로 처리한다. 예를 들어 아이가 10미터 떨어진 곳의 장난감을 가지러 가려고 하면 비틀거리며 걸음마를 배우는 모습을 못 견디고 성큼성큼 걸어가 장난감을 가져다준다. 아이를 사랑해서 좋은 일을 한 것처럼 보이지만, 실제로는 아이가 스스로 탐색할 기회를 빼앗은 것이다.

월리스는 과보호를 자녀의 성장 여정에 존재하는 '온화한 함정'이라 칭하며 이렇게 묘사했다.

"아이를 지나치게 싸고도는 부모들이 사서 고생하며 파낸 함정이다. 여기에 빠진 아이들은 실수하고 실수를 바로잡을 권리를 빼앗겨 어른으로 성장할 기회를 잃는다."

18~36개월 시기의 아이에게 부모는 전지전능한 존재다. 아이가 바라는 것이 무엇이든 그들은 어렵지 않게 충족시켜준다. 그러나 열여섯 살 소녀의 바람은 부모가 충족시키기 힘들다. 대신 공부를 해줄 수도 없고, 반 친구들과의 인간관계도 대신 맺어줄 수 없으며 새로운 능력을 개발해줄 수도 없다. 과보호에 길든 소녀는 너무 많은 문

제를 스스로 해결할 수 없다는 사실에 당황하고, 감당할 수 없는 열등감에 빠져든다. 그러면서 더 전지전능하고 새로운 '부모'를 꿈꾸며 그 존재가 자신을 돌봐주고 삶의 모든 문제를 해결해주기를 바란다. 18~36개월 때 부모가 모든 어려움을 해결해주었던 것처럼 말이다.

양리쥐안이 류더화에게 12년이나 빠지게 된 심리적 기제 역시 이랬을 가능성이 크다.

사랑이란 이름으로 아이의 감정을 파괴하는 부모

독단적으로 과보호하는 부모들은 아이가 스스로 탐색할 기회를 빼앗을 뿐만 아니라 아이가 느끼는 실제 감정에 무관심할 때가 많다. 자기감정을 아이에게 투영하는 것이 습관화된 탓에 그것이 아이의 진짜 감정이라고 착각한다. 이로 인해 아이는 자기감정을 믿지 못하게 되며, 스스로 자아를 알아가려 하지 않고 타인이 내린 정의 안에서 답을 찾으려 한다. 그 결과 자아를 잃게 된다.

"자아를 배신하는 것은 천성을 배신하는 것이다."

퍼트리샤 에반스는 《통제하려는 사람들》에서 이렇게 썼다.

"남들이 자신에 대해 내린 정의를 받아들이다 보면 그 평가가 진실이라고 믿게 된다. 남들의 시각을 통해 자아를 알아가는 행위, 즉 외재적인 요인을 통해 거꾸로 자아를 알아가는 방식은 자아에 대한 인식을 더욱 모호하게 할 뿐이다."

에반스는 책에서 다음과 같은 사례를 들었다.

하루는 친구와 카페에서 커피를 마시고 있었는데 베티 여사와 일곱 살쯤 돼 보이는 딸 수지가 들어왔다. 그녀는 쇼케이스 안의 각종 아이스크림을 보고 있었다. 베티가 딸에게 물었다.

"어떤 맛 먹을래?"

"바닐라 맛이요."

"초콜릿도 있는데."

"아뇨, 바닐라 맛 먹을래요."

"엄마는 초콜릿 맛이 더 좋을 것 같은데."

"싫어요. 바닐라로 할래요."

"바닐라 맛 고르면 안 돼. 넌 초콜릿 맛을 좋아하잖아. 엄마는 알아."

"지금은 바닐라 맛 먹고 싶어요."

"왜 이렇게 고집을 부린담. 이상하네."

이 대화에서 엄마는 내내 딸의 감정과 판단을 부정했고 자신의 판단을 강요했다. 무의식적으로 '네 내면의 생각, 너의 선택과 판단'이 틀렸다고 말하는 셈이다. 베티가 말하는 '고집'의 의미는 '넌 네 감정을 몰라. 나만 네 감정을 알 수 있는데, 너는 그걸 인정하지 않는구나'로 해석할 수 있다.

엄마의 이런 행동은 사실상 자신의 내면 아이를 딸에게 투사한 것이다. 딸을 많이 사랑하는 듯 보이지만(아이스크림을 먹게 해주었으니), 실제로는 딸의 존재를 무시하는 행위다.

내 감정을 누가 나보다 더 잘 알까?

룽웨이링은 자기도 동료의 아들에게 이런 식이었다고 말했다. 아이에게 뭘 좋아하는지 물어보긴 했지만, 과자를 살 때마다 자기가 좋아하는 것을 사곤 했다. 가상의 딸을 가게에 데리고 가서 과자와 사탕을 실컷 먹게 하고 그 모습을 보면서 만족스러워하고 싶었다는 것 역시 전형적인 심리 투사다. 실제로 가상의 딸은 룽웨이링의 내면 아이, 즉 자기 자신이다.

이런 사례는 매우 흔하다. 과보호하는 부모는 아이의 입장에 서있지 않다. 그들은 아이가 진짜로 원하는 것이 무엇인지 모르며 아이의 성장에 정말로 필요한 것이 무엇인지에 관심 갖지 않는다. 아이의 진짜 감정과 진짜 생각을 이해하려고 하지도 않는다. 그들은 그저 아이를 자기 마음속 자녀의 이미지대로 만들겠다는 생각뿐이며, 이로 인해 진짜 자녀는 자아를 상실하고 만다. 이런 사랑은 아이들에게 숨막히는 족쇄가 된다. 원원의 사례가 이를 입증한다.

베티의 사례에서 딸 수지는 계속 자기 의견을 고집했다. 수지가 그렇게 할 수 있었던 데는 아마도 곁에서 누군가(아빠 또는 다른 중요한 가족)가 수지의 진짜 감정을 알아보고 받아주면서 자기 판단을 유지할 수 있게 격려해주었기 때문일 가능성이 크다. 그렇지 않았다면 수지는 진즉 진짜 자신을 포기하고 엄마가 시키는 대로, 그러니까 바닐라 아이스크림을 포기하고 엄마가 제안한 초콜릿 아이스크림을 선택했을 것이다.

본인이 진짜로 느낀 감정이 아니라 남이 말한 자기감정을 진짜로 여기다니 황당하지 않은가? 누가 내 감정을 나보다 더 잘 알 수 있단 말인가?

그러나 독단적 과보호 습관이 든 부모들은 자녀가 자기감정을 모른다고, 오직 자기만 자녀의 감정을 알 수 있다고 생각한다. 한 엄마가 딸에게 10년 동안이나 피아노를 배우게 했다. 그런데 딸은 고등학교 진학 후 피아노를 포기하면서 엄마에게 피아노 배우기도 싫고, 선생님도 싫다고 말했다. 그러나 이 엄마는 딸이 피아노를 좋아하는 게 틀림없다면서, 아니라면 어떻게 10년이나 배웠겠느냐고 생각했다. 게다가 딸이 선생님을 좋아하지 않았다면 선생님이 왜 딸을 좋아했겠느냐면서 딸 역시 선생님을 좋아하는 게 분명하다고 생각했다.

아이를 제외한 모든 사람이 아이에 대해 잘 알지만, 정작 아이는 자기가 누구인지 모른다. 이는 많은 가정에서 볼 수 있는 흔한 모순이다.

참사랑과 과보호

한 사람의 성장 과정은 자기가 되어가는 과정이다. 사랑은 그 과정에서 가장 중요한 요소다. **우리가 자녀에게 어떤 사랑을 주느냐에 따라 아이는 그 사랑의 방식에 적응해 성장한다.**

참사랑은 아이의 성장 욕구를 핵심으로 생각하며 성장 단계별로 적합한 방식의 사랑을 주는 것이다. 18개월 때까지는 무조건적인 사랑을 주고, 18~36개월 때는 아이의 자립과 탐색을 존중하면서 도움이 필요할 때는 곁에 나타나 주어야 한다. 아이의 성장 욕구를 중심

왜 가족이 힘들게 할까

으로 하는 참사랑은 자기를 사랑하고, 타인을 사랑하며, 뚜렷한 자아의식이 있고, 건강한 자아 인격을 가지며 고도의 창의력을 지닌 아이로 자라게 한다.

참사랑에 대응하는 말은 과보호다. **자기를 희생하는 사랑처럼 보이지만, 사실은 게으른 사랑이다.**

18개월까지는 부모가 아이를 가장 중요하게 여기기 때문에 어떤 방식으로 사랑해도 거의 틀릴 일이 없다. 그런데 부모는 아이가 18개월이 지나 36개월이 됐을 때도 그 방식을 고수한다. 심지어 성인이 될 때까지도 여전히 같은 방식으로 자식을 사랑해 치명적인 결과를 부른다. 과보호 아래 자란 아이들은 자아가 부족하다. 그들은 독단적인 부모의 보잘것없는 복제품일 뿐이다. 설령 그들의 자아가 무한하게 자란다고 해도, 내면에는 자기 자신뿐이고 타인은 존재하지 않아서 종국에는 타인의 악몽이 되고 만다.

특히 과보호는 종종 강요가 된다. 부모는 자신의 의지를 아이에게 강요하면서 그것을 사랑이라 여긴다. 아이의 감정을 부정하면서도 그 사실을 명백하게 인지하지 못한다. 부모는 물론 다른 사람들도 그것이 사랑이라고 생각하는 탓이다. 예를 들어 아이가 배부르다고 하면 어른은 말한다.

"한창 클 때니까 더 먹어."

배부르다는 느낌은 좋지만 체할 것 같다는 느낌은 좋지 않은 법이다. 과보호를 '사랑이 넘쳐서'라고 여기는 우리 사회에서 아이는 자아가 매우 강해야만 실은 자기가 상처받았다는 사실을 깨달을 수 있다.

과보호는 함정이다. 자녀를 과보호하는 부모는 실제로 자기 욕구를 충족하는 것이다. 그런데도 이런 과보호가 '아이를 위해서'라는 방패를 입고 비난을 피해 간다.

6

집에서는 과보호,
밖에서는 좌절 교육?

"널 아프게 한 건 너무 사랑해서 그런 거야."

이런 논리를 종종 접한다. 마치 사랑이 극도로 위험한 물건이라 우리를 자주 다치게 하며, 점점 더 쉽게 상처를 입히는 것이라는 말처럼 들린다. 그러나 진정한 이치는 단순한 법이다. 그중 가장 단순한 이치는 바로 **사랑은 좋은 결과만을 낳을 뿐 상처를 입히지 않으며 상처를 입히면 사랑이 아니라는 것이다.**

우리는 상투적으로 과보호를 '지나친 사랑'이라고 이해한다. 그야말로 아찔한 해석이 아닐 수 없다. 일부 부모는 당황스럽기도 할 것이다. 심리학에서는 아이가 어릴 때 보살핌이 적을수록 아이의 상처가 커진다고 한다. 그러면서 사랑이 넘치면 과보호라고 하며, 이 또한 수많은 나쁜 결과를 만든다고 한다. 대체 어떻게 하라는 걸까?

나도 원래는 과보호가 지나친 사랑이라고 생각했다. 그러나 과보호 사례들을 깊이 이해한 후, 그 설명에 의구심이 생겼다. 과보호 속에 자란 사람들은 다음과 같은 연쇄 반응을 보이기 쉽다.

- 역경지수가 낮다. 일단 실패를 경험하면 집 안에 틀어박혀 밖으로 나가지 않는 등 심각한 도피 경향을 보인다.
- 집에 틀어박힌 이들은 성격이 불같아 부모에게 쉽게 화를 내며 심한 경우 발길질과 주먹질을 하기도 한다.

양리쥐안이 과보호의 대표적인 사례이긴 하지만, 그녀의 행동이 제정신이 아니라고 할 정도는 아니다.

그야말로 미쳤다고 할 만한 사례들은 중국의 포털 사이트 시나닷컴의 사회 뉴스 란에서 자주 볼 수 있으며, 대체로 한 가지 패턴을 나타낸다. 과보호 속에 자란 아이들은 대체로 불효를 하며 부모에게 늘 무언가를 받아내려 한다. 만약 부모가 응하지 않으면 폭력을 행사하고 그러다 자식이 부모를 혹은 부모가 자식을 때려죽이는 결과를 초래한다.

인터넷에 한 영상이 퍼졌다. 남자아이가 엄마에게 장난감을 사달라고 했지만, 엄마가 들어주지 않자 엄마의 머리카락을 꽉 붙잡았다. 이때 스물 남짓한 여자가 다가와 도와주려 했지만 아이는 "꺼져!"라고 소리쳤다. 이후 아이의 반응은 더욱 격해져 엄마의 목을 졸랐고 결국 엄마는 장난감을 사주고 말았다.

넘치게 사랑을 줬던 아이가 적이 되는 부모-자녀 관계의 이 이야기는 많은 사람의 심기를 건드렸고, '아이는 배은망덕한 녀석'이라는 비난을 받았다. 그런데 아이의 그런 분노는 언제 심어졌을까?

왜 가족이 힘들게 할까

아이가 겪는 고통은 아이의 문제

이 문제에 대답하기 위해 먼저 다음 예시를 보자.

비틀거리며 걸음마를 배우는 아이가 10미터 떨어진 곳에 있는 공을 주우려고 한다. 어른은 아이의 의도를 깨닫고 급히 달려가 공을 주워 아이에게 가져다준다. 어른이 이렇게 할 때, 아이는 어떤 기분일까?

어쩌다 있는 일이라면 기뻐하겠지만, 매번 이런 식이라면 아이의 마음속엔 분노의 감정이 싹틀 것이다. 왜냐하면 아이에게는 공을 손에 쥐는 것보다 이 과정을 홀로 완수해내는 것이 더 중요한 욕구이기 때문이다. 비틀비틀, 뒤뚱뒤뚱 공을 향해 걸어가면서 아이의 손과 발, 몸은 여러 감각을 느끼고 체험한다. 자기가 노력하고, 움직이고, 느끼는 것을 스스로 지각한다. 이것이 바로 자아의 성장 과정이다. 그렇게 해서 마침내 공을 손에 쥐면 아이는 기뻐하며 자기가 성장했음을 느끼고 자기 몸과 영혼이 가진 역량을 절감한다.

가끔은 넘어지고 다치면서 좌절도 할 것이다. 그러나 어쨌든 자아 탐색의 과정을 홀로 완수함으로써 아이는 좌절을 겪더라도 자기 힘으로 목표를 실현할 수 있다는 신념을 갖게 된다.

이렇게 자란 아이는 역경지수가 높아져서 집을 떠나 학교에 가거나 사회에 진출했을 때 실패하더라도 심각하게 좌절하지 않는다. 자기 힘으로 문제를 해결할 수 있다고 믿기 때문이다.

그러나 어른이 매번 공을 주워다 준다면 아이는 이런 감정을 느낄 수 있다.

'어른은 강하고 나는 약해.'

'문제가 생기면 누군가가 나서서 도와주네.'

'나 스스로 탐색할 길이 막혀서 화가 나.'

아이들은 자주 "내가 할래요"라고 말한다. 수저를 들고 스스로 밥을 먹고, 혼자 옷을 입고, 물을 마시고 싶어 한다. 엄마가 청소하는 것도 돕고 싶어 한다. 참사랑을 이해하는 부모는 대신 뭔가를 해주려고 하지 않고 아이 나름의 독립된 선택을 존중한다. 과보호가 습관이 된 부모나 아이가 힘들어하는 모습을 못 보는 부모, 아이가 말썽을 일으키기를 원치 않는 부모는 아이에게 스스로 탐색할 기회를 주지 않는다. 대신 자기가 별의별 일을 다 한다.

일반적으로 아이가 힘들어하는 모습을 못 보는 부모는 힘들게 자란 사람이기 쉽다. 자기가 어렸을 때 힘들었기 때문에 아이가 생기면 필사적으로 보살피며 고생시키지 않겠다고 다짐한다. 현실의 자식을 고생시키지 않으려는 부모들의 이런 행동은 사실상 자신의 내면 아이를 고생시키지 않으려는 것이다.

부모가 자기 내면 아이를 투영하면 진짜 자녀의 성장 욕구는 무시되기 쉽다. 아이가 매번 "내가 할래요"라고 나서도 그들은 아이의 독립된 선택을 거부하며 줄곧 아이를 대신해 모든 일을 처리한다. 자녀의 욕망을 실현하는 도구가 되어주는 것처럼 보이나 실제로는 아이를 자신의 대체자로 생각한다.

과보호 속에 자란 아이들은 부모가 뭘 하는지 이성적으로는 몰라도 느낄 수는 있다. 부모가 진짜 자기 존재를 보지 못하고 자신들의 바람을 강요한다는 것을 말이다. 그래서 **부모가 과보호할수록 아이**

왜 가족이 힘들게 할까

는 점점 숨이 막힌다고 느끼는 상황이 발생한다.

과보호는 오히려 원망을 키운다

심각한 과보호 속에 자란 아이는 집을 떠나면 반드시 큰 문제에 부딪힌다. 집에 있을 때는 늘 누군가가 대신 해주었으니 시키면 그만이었으나, 집 밖을 나가면 자신이 부리는 대로 기꺼이 해줄 사람이 거의 없으니 뭐든 스스로 해야만 한다. 그런데도 어린 시절의 경험이 자꾸 그에게 '넌 약해서 아무것도 못 해. 하고 싶은 일이 있다면 부모님의 도움을 받아야만 해'라고 말한다. 하지만 부모가 친구를 대신 사귀어줄 수 있나? 안 된다! 부모가 대신 공부해줄 수 있나? 안 된다! 부모가 연애를 대신 해줄 수 있나? 더더욱 안 된다!

결국 아이는 깊은 좌절을 맛보게 된다. 좌절감이 생기는 것은 정상적인 일이다. 모든 사람이 매일 크고 작은 좌절을 겪으니까. 정상적으로 성장한 아이는 어떤 좌절이 닥치더라도 혼자 힘으로 꿈을 이룰 수 있다고 굳게 믿는다. 그러나 과보호 속에 자란 아이는 습관적으로 남에게 의지해 꿈을 이루려고 한다. 이런 일은 집 밖에서는 불가능하다. 그러니 과보호에 길든 아이들은 학교와 사회에서 혼자 힘으로 꿈을 이루지 못한다. 단순히 좌절을 경험하는 문제가 아니라 자기 목표를 실현할 수 없는 것이다.

이때 아이들은 간절하게 집으로 도망치고 싶어 한다. 집에는 기꺼이 자기 대신 해줄 사람이 있으니까. 그러나 웬만큼 큰 아이의 바람과 영아의 바람은 달라서 부모는 자녀의 바람을 대신 이뤄줄 수 없다. 걸음마를 배우는 16개월짜리 아이에게 10미터 밖의 공을 가져다주는 것은 식은 죽 먹기지만, 열여섯 살 소년이 친구를 사귀고 공부하고 연애하는 것은 부모가 대신 해주기 어려운 일이다. 스물여섯 또는 서른여섯 살의 다 큰 자녀가 진정한 가치를 실현하려는 일 역시 어떤 부모도 대신 해줄 수 없다.

이때 다 자란 아이의 세상은 무너진다. 일단 무너지고 나면 부모에게 크나큰 원망이 생긴다. 이 원망은 이제 막 생긴 것이 아니라 어렸을 때부터 쌓여왔다. 부모가 밥을 먹여주려 하고, 옷을 입혀주려 하고, 안전을 이유로 활동 반경을 제한했을 때…, 그때 이미 이런 원망이 생겨났다. 근본적으로 터무니없는 원망이 아니다. 이들이 좌절을 견디지 못하고 학교와 사회 등 집 밖의 환경에 적응하지 못하게 된 고통의 뿌리가 부모의 심각한 과보호이기 때문이다.

스무 살의 샤오옌은 교수의 비평을 견디지 못하고 자퇴했다. 집에 돌아온 샤오옌은 성격이 매우 난폭해졌다. 자주 부모에게 화를 냈으며 손찌검을 하기도 했다. 그러고는 늘 자책했다. 목 놓아 울며 부모에게 용서를 구하고 다시는 그러지 않겠다고 맹세했다. 그러나 자신을 통제하지 못하고 얼마 안 가 또 화를 내고 부모를 때렸다.

그녀가 이런 행동을 하게 된 이유는 잠재의식 깊은 곳에서 현재 자기가 좌절을 견디지 못하게 된 가장 큰 원인이 과보호에 있다는 걸 알게 됐기 때문이다. 부모를 괴롭히는 행동은 사실 이런 의미다.

'왜 지금은 날 도와서 문제를 해결해주지 않는 거예요?'

과거에 그녀는 어려움이 생기면 부모를 찾았다. 어릴수록 맞닥뜨리는 어려움이 크지 않기에 부모가 문제를 해결해줄 가능성이 크다.

왜 가족이 힘들게 할까

그러나 샤오옌이 커가면서 도전의 난도는 점점 높아졌고, 부모가 해결해줄 가능성은 점점 줄어들었다.

'아무것도 하지 않는 것'이 사랑이다

과보호는 아이에게 큰 상처를 주는 양육 방식이다. 그러나 오랫동안 우리는 '넘치는 사랑의 표현'이라는 데 초점을 맞추고 과보호를 미화해왔다. 부모의 방식을 도덕적으로 옳은 위치에 두는 이런 관점을 일부 부모는 합리화에 이용하기도 한다. "과보호가 나쁘다는 건 알지만, 아이를 너무 사랑하는걸요"라면서.

참사랑에는 '지나치게'나 '너무'란 말이 존재하지 않는다. 제대로 사랑하면, 부모가 어디까지 도와주든 아이는 문제를 일으키지 않는다. 오히려 사랑이 클수록 아이는 더욱 건강하게 성장한다.

그렇다면 참사랑이란 무엇일까? **있는 그대로의 아이를 보고, 아이의 진짜 욕구를 발견하고, 그 욕구를 실현할 수 있도록 도와주는 것이다.**

예를 들어 걸음마를 배우는 아이가 10미터 밖의 공을 가지러 가려고 할 때, 참사랑은 아이를 대신해 공을 가져다주는 것이 아니라 아이가 홀로 임무를 완성하도록 곁에서 지켜보는 것이다. 물론 진짜 위험이 닥쳤을 때는 해결해주기도 하면서 말이다.

또한, 아이가 "내가 할래요"라고 분명하게 말할 때 아이의 진짜 욕구는 혼자 해내고 싶다는 것이다. 인내심을 가지고 아이가 욕구를 충족하도록 기다려준 뒤 어수선해진 자리를 치우는 것이 참사랑이다.

이는 문제를 대신 해결해주는 것보다 훨씬 어려운 일이다.

우리는 늘 '무엇을 해주는 것'을 사랑으로 여긴다. 그러나 대체로 부모가 '아무것도 하지 않는 것'이 아이에겐 사랑이다. 부모는 스스로 각성하고 아이의 행동에 간섭하려는 충동을 자제해야 한다. 사실상 불필요한 간섭이 너무 많다. 아이가 천사라면, 부모는 하느님이 아니라 천사의 수호자일 뿐이다.

부모는 또 한 가지를 기억해야 한다. 아이가 16개월 때 겪는 좌절을 해결하는 일은 열여섯이나 스물여섯 또는 서른여섯 살에 겪는 좌절을 해결하는 것보다 훨씬 쉽다. 16개월 된 아이가 넘어져 엉엉 울 때의 고통은 스물여섯 살짜리가 직장을 찾고 친구를 사귀고 연애를 할 때 겪는 좌절의 고통보다 훨씬 가볍다. 그러니 **어린아이가 좌절할 권리를 존중해주자.**

아이는 성장하는 과정에서 자연스럽게 많은 좌절을 겪는다. 어른이 아이에게 스스로 해결할 기회를 주기만 하면, 아이들은 알아서 역경지수가 높은 어른으로 자란다. 별도의 '좌절 교육'이 필요 없다는 얘기다.

나는 좌절 교육이라는 논리가 정말 싫다. 집에서는 아이를 과보호해 온실 속의 화초로 키우면서 집 밖에서는 시련을 이겨낼 수 있도록 아픔을 강요한다니. 이런 교육으로는 아이가 괴로움을 당할 뿐이다. 집에서는 과보호를 하고 밖에서는 아픔을 강요하는 행위는 부모가 자기 하고 싶은 대로 하는 것에 지나지 않는다.

왜 가족이 힘들게 할까

자기 효능감은 능력이 아니라 연습이다

과보호는 아이의 자기 효능감self efficacy을 심각하게 해칠 수 있다. 자기 효능감은 심리학자 앨버트 밴듀라Albert Bandura[8]가 제시한 개념으로, 인간이 어떤 행동을 실행할 능력이 있는지를 판단하고 추측하여 얻는 기대 또는 신념이다.

밴듀라는 자기 효능감을 자기 신념과 연결 지어 "인간이 자기가 가진 능력으로 어떤 일을 완성할 수 있는지에 대한 신념의 정도"라고 설명했다. 자기 효능감이 높은 사람은 어떤 목표를 추구할 때 흔들리지 않는 믿음을 가지며, 자기가 반드시 이 일을 해낼 수 있다고 생각한다.

자기 효능감을 형성하는 데에는 많은 요소가 영향을 준다. 가장 중요한 것은 성공과 실패의 경험이다. 성인은 아이의 일을 사소하다고 생각할 수 있지만, 어린아이들에게는 자신이 시도해야 할 많은 일이 매우 중대한 문제다. 그 임무들을 완성해내려면 머리, 몸, 마음 등 많은 부분을 동원해야 한다. 자기가 중대하다고 여긴 시도를 해낼 때마다 아이는 '나 혼자서도 할 수 있다'라고 느끼며, 이런 경험이 반복되면서 강한 자기 효능감을 형성한다.

부모가 아이를 과보호하며 매번 어려운 일을 '도와'주는 것은 아이가 스스로 탐색하고 자기 효능감을 형성하는 과정을 망가뜨리는 일이다. 아이의 머릿속에 다음과 같은 논리가 형성되기 때문이다.

'내가 어떤 일을 실현할 수 있느냐 아니냐는 어른이 도와주느냐 아니냐에 달렸구나.'

그러므로 **아이가 홀로 탐색하게 두는 것이 무엇보다 중요하다.** 어른의 눈에 아이의 세상은 매우 작겠지만, 아이의 눈에는 그것이 온 세상이다. 아이들은 그 세상에서 자기 역량을 증명해야 충분한 자신감을 얻고 더 큰 세상에 나아가 자기를 증명할 수 있다.

아이패드와
테디 베어

상하이에서는 여중생이 집단 원조교제를 했다.[9] 가장 어리게는 열네 살부터 많게는 열여덟 살까지 있었다.

안후이에서는 열일곱 살짜리 남학생이 최신형 아이패드를 사려고 자기 신장을 팔았다.

인터넷에서 90년대생 여학생이 자신의 첫 경험과 새 아이폰을 교환하자면서 SNS에 사진과 전화번호를 남겼다.

광저우에서는 열여섯 살 소녀가 아이패드를 사려고 욕설을 퍼부으며 엄마를 구타하다가 엄마의 실수로 질식사했다.

정말 무서운 이야기들이다. 그들이 평범한 사람이라는 점이 더욱 무섭게 느껴진다. 최근 이와 유사한 이야기들을 계속 듣게 됐다. 한 친구는 고등학생 아들이 빚 받으러 온 빚쟁이처럼 신상 아이폰을 사달라며 독촉한다고 했다. 2만 위안(약 330만 원-옮긴이)이나 되고, 홍콩에 가서 긴 줄을 서야 한다고 말해도 당장 가져야겠다면서 말이다. 심지어 사주지 않으면 부모로 인정하지 않겠다며 으름장을 놓더라고 했다. 부연 설명을 하자면, 그 아이는 이전 아이폰 모델을 두 개나 갖고 있었다. 거기에 새로 나온 모델도 원했는데, 이때는 부모가 이래서는 안 되겠다 싶어 거절한 것이다.

또 다른 친구는 초등학교 1학년 아들의 폭력성이 너무 심각하다고 했다. 조금만 마음에 들지 않으면 아빠를 공격했고 식칼을 드는 시늉도 했다고 한다. 한번은 진짜로 식칼을 들고 그를 쫓아오다가 문을 찍은 적도 있단다.

아이폰이 애착의 대상이 되는 이유

나도 애플사의 제품을 사용한다. 정말 세련되고 아름다운 것이 하나의 예술품 같다. 전화기라는 기능에 충실한 다른 브랜드의 제품과는 매우 달라서 나도 좀 반했다. 그러나 신장과 태블릿PC를 바꾸고, 첫경험과 전화기를 바꾸다니… 성性과 사치품을 교환하고, 그것을 얻기 위해 부모에게 폭력을 가하는 것은 너무 무서운 일이다.

이 아이들은 대체 왜 이러는 걸까? 베이징에서 정신과 의사를 하고 있는 친구 선둥위沈東郁가 이런 현상을 설명하는 글을 SNS에 올렸다.

아이폰, 아이패드는 애착 대상이다. 그들의 눈에는 사랑의 상징이며, 이런 물질을 추구하는 것은 사랑을 갈망하는 행위다. 얻지 못하면 사랑을 상실했다고 여겨 사랑받는 느낌을 빼앗아간 객체를 파괴하려고 한다. 이런 아이들은 심리 발달 수준이 매우 낮으며, 애플 제품은 그들의 마음속에서 어린 시절 꼭 끌어안고 자는 테디 베어 인형과 같다. 다만 생리적인 나이 때문에 그들은 유아 때보다 힘이 세졌다는 차이가 있다.

매우 적절한 설명이다. 다만, 적지 않은 용어가 나오니 약간의 설명을 덧붙이겠다.

'객체'라는 말이 나오는데, 이에 대응하는 말은 '주체'다. 주체란 '자기 자신'을 말하며, 객체는 주체인 나와 관계를 맺은 타인 및 만물을 가리킨다. 우리 모두에게 엄마는 삶에서 첫 번째로 중요한 객체이며, 그 모성을 잇는 또 다른 객체가 바로 애착 대상이다. 아이들(흔히 유아에게서 볼 수 있으며 청소년 중에도 있다)에게는 작은 베개나 담요처럼 특별히 좋아하는 물건이 있다. 더러워서 냄새가 나도 빨지 못하게 한다. 누가 몰래 빨기라도 하면 엉엉 울며, 울다 까무러치기도 한다.

돌이켜보면 베개나 담요는 아이가 더 어릴 적에 엄마와 함께 사용했던 것이다. 표현 능력이 뛰어난 아이는 엄마 냄새가 난다고 말하기도 한다. 그러므로 아이가 이런 물건에 미련을 갖는 행위는 사실 모성애를 붙잡아두고 싶은 것임을 알 수 있다.

모성애란 무엇인가? 아이가 울면 엄마는 아이가 배고프다는 것을 알고 젖을 먹인다. 이때 엄마의 젖가슴을 통해 모성애가 전달되므로 엄마의 가슴이 아이에게 애착 대상이 된다. 이런 상황이 여러 차례 발생하면 양적 변화가 질적 변화를 일으킨다. 아이는 모성애가 반드시 엄마의 젖가슴이나 젖병 또는 그 밖의 물건과 동일한 것이 아니며 무형의 존재라는 사실을 깨닫는다.

깨달음을 얻고 나면 아이는 애착 대상에 대한 집착을 내려놓는다. 모성애를 매개하는 유형의 물질에 대한 집착을 버린다고 할 수도 있겠다. 또한 이런 깨달음을 얻었을 때 아이의 마음이 밝아지고 영혼의 실존을 이해하게 된다고도 할 수 있다.

그러나 모성애가 충분히 쌓이지 않으면 이런 깨달음은 생기지 않는다. 심지어 모성애가 부족하면 모성애를 매개하는 유형의 물질에 집착하게 된다. 처음에는 사랑의 매개체가 돌봄과 동행의 기능을 한다. 전형적인 사례가 테디 베어다. 오랫동안 사랑받아 온 캐릭터인데 털이 복슬복슬한 이 인형은 껴안을 수도 있으며 가상의 놀이 동무이자 아이들의 이야기에 귀를 기울여주는 존재다. 건강하게 자란 아이들은 테디 베어에 애착을 느낄지언정 사로잡히지는 않는다. 정신을 못 차릴 정도로 빠진 아이들은 엄마의 사랑이 부족했을 수 있다.

영화 〈레옹〉에서 킬러 레옹에게 테디 베어는 화초였다가 나중에는 자기처럼 애정 결핍인 소녀, 마틸다로 바뀐다. 레옹은 그 소녀를 위해 죽기까지 한다. 선둥위가 쓴 칼럼 '사랑을 얻기 위해서라면, 뭐든 할 수 있어!'가 딱 그 얘기다. 이 점에서는 모든 사람이 똑같다. 타이완 록밴드 신위에톤信乐团의 노래 제목 〈죽어도 사랑할래死了都要爱〉처럼 말이다.

관건은 '왜 죽는가'다. 레옹이 마틸다를 위해 죽은 것은 정신적 차원의 의미가 있지만, 컴퓨터와 휴대전화를 위해 죽는 것은 불쌍하고 허망한 일일 뿐이다.

왜 가족이 힘들게 할까

하지만 어찌 됐건 본질은 같다. 즉, 엄마의 사랑을 충분히 받지 못한 채 자란 아이는 모성애의 매개체가 되는 물건에 집착하게 된다는 것이다. 엄마가 함께하거나 세심한 관심을 보여주는 게 아니라 아이에게 물건을 사주는 방식으로 사랑을 표현하면 아이는 정신적 차원의 사랑을 키우지 못하고 물건에 집착하게 된다. 처음에는 달디단 사탕이나 경단 하나, 장난감 하나를 요구하다가 나중에는 휴대전화, 노트북 등으로 요구가 커진다.

원조교제를 한다는 소녀들의 이야기를 처음 접했을 때, 나는 '영혼은 없고 거래만 있다'는 생각이 들었다. 무형의 사랑을 깨달으면 사랑에도 영혼이 있음을 알게 된다. 그러나 이를 깨닫지 못하면 정신적 차원의 사랑은 욕구 충족 차원으로 전락한다. 욕구를 충족하는 데에는 언제나 거래가 필요하다. 원하는 것을 얻으려면 내가 가진 것과 교환해야 한다.

영혼의 존재를 보지 못하면 자신의 존귀함도 알지 못한다. 몸이 무엇인가? 신장이 무엇인가? 아무것도 알지 못하고 깨닫지 못한 채, 그저 내가 갈구하는 것만 본다. 반짝반짝 빛나는, 무엇도 능가할 수 없는 매력을 가진 아이패드만 보게 되며 그것만 있으면 만족할 것 같다. **영혼의 존재를 보지 못하면 사물의 존귀함도 알 수 없다.** 아이폰을, 유형의 아름다움을 손에 넣으면 그 만족감은 손에 넣는 순간 사라진다. 그래서 하나를 갖고도 또 하나를 갈구하고, 최신 모델을 갖고도 다음 것을 갈망한다.

장미를 키운 것은 어린 왕자의 마음이었다

《어린 왕자》에서 어린 왕자는 작디작은 행성에 산다. 그곳에는 한 송이 장미뿐이다. 어린 왕자는 장미가 세상에서 가장 아름다운 꽃이라 여기며 뿌듯해한다. 그러나 지구에 도착한 어린 왕자는 장미화원을 보고 자신의 장미가 유일무이한 존재가 아니라는 것에 실망한다. 그러나 여우 덕분에 그 장미가 유일무이한 것임을 다시 깨닫는다. 어린 왕자는 장미를 길들였고, 장미는 어린 왕자를 길들였기 때문이다.

어떻게 서로를 길들였을까? 어린 왕자는 매일 장미에 물을 주었고, 벌레를 잡고 태양을 가려주었다. 곁에서 말도 걸어주었다. 때로는 장미의 작은 허영심도 채워주었다. 이런 사소한 행위를 하면서 어린 왕자는 장미에게 길들었고 장미는 어린 왕자에게 길들었다.

이 글의 도입부에 언급한 불쌍한 아이들은 또 하나의 가련한 운명인 '과보호'로 망가진 상태이기도 하다. 과보호뿐만 아니라 애정 결핍도 있다. 연구 결과, 아이가 일관되게 안전감을 가지려면 한 가지 조건이 필요하다. 생후 3년은 엄마와 함께 살아야 한다는 것이다. 심각할 정도(2주 이상의 분리를 기준으로 본다)로 오래 떨어져서는 안 되며, 엄마와 아이 간 관계의 질이 매우 높아야 한다.

과보호 속에 자란 아이들의 사연을 깊이 파고들어 보면, 이 기본 조건을 만족하는 경우가 단 한 명도 없다. 이 조건을 만족하지 못하면 아이의 마음은 무형의 사랑이나 정신적 차원의 사랑을 경험하는 단계까지 발달하기 어렵다. 어린 왕자가 장미를 돌보는 데에는 시간과 노력이 필요했다. '마음'이 필요했다고 말할 수도 있겠다. 그러나 아이에게 아이패드를 주는 행위는 '마음'을 쓴 것이라고 할 수 없다.

내담자 중 한 명은 아이에게 이 기본적인 조건들을 채워줬다고 생각했다. 그런데 처음에는 천사처럼 아름답고 귀엽던 딸이 네다섯 살이 되자 작은 악마로 변해 자주 통제력을 잃고 격렬하게 부모를, 특히 엄마를 공격했다. 그녀는 딸아이와 오래 떨어져 지낸 적도 없고, 육아 서적을 많이 읽으면서 최대한 책에 쓰인 방법대로 딸과 놀아주었다. 그러나 이런 결과가 생겨 그녀는 매우 절망했다. 심지어 삶의 의미마저도 잃었다고 말했다.

자세히 이야기를 나누다 보니 한 가지 기본적인 문제가 있었다. 그녀는 딸아이와 포옹을 자주 하지 않았다. 이는 내담자의 어린 시절 문제에서 기인했다. 자신이 열 살 전까지 부모와 함께 살지 않아서 포옹을 해보지 못한 까닭에 포옹을 두려워하고 거부하게 된 것이다.

나중에 또 한 가지 문제를 발견했다. 육아 서적에 나온 방법을 '임무'로 생각하고 대했던 것이다. 아이에게 물을 먹이는 것도 하나의 임무로 여겼다. 그러면 물병이라는 애착 대상만 존재할 뿐 무형의 모성애는 전달되지 않는다.

이 두 가지를 이해한 그녀는 마음을 담아 딸을 대하는 법을 배우기 시작했다. 임무라는 생각을 버리고 모든 것을 딸과의 놀이로 생각했다. 목욕을 임무로 여길 때는 딸아이가 흥분해 날뛰었지만, 딸의 몸을 꼼꼼히 만져주고 노는 행위로 접근하자 아이가 좀더 놀자고, 또 언제 이렇게 노느냐고 묻게 됐다.

이때는 목욕도 애착 대상이 된다. 마음을 쓰고 신경을 써서 함께 하는 일은 곧 서로에게 길드는 과정이다. 역시 이런 사소한 순간들이 쌓이자 내담자의 딸은 폭력성이 많이 줄어들었다. 선둥위가 이 현상을 매우 과학적으로 설명했다면, 또 다른 친구는 매우 감성적으로 설명했다.

"엄마에 대한 아이의 폭력성은 아이가 엄마의 딱딱한 껍데기를 깨부수고 내면에 살아 있는, 진짜 자기를 사랑하는 존재가 있는지를 확인하려는 것입니다."

과보호는 아이가 원하는 답이 아니다. 무서운 아빠와 엄마는 더더욱 아니다. 아이가 원하는 답은 마음과 영혼이다.

___8
사랑이 지나쳐서
숨이 막혀요

아이는 크면 독립된 공간을 원하고 자신의 수완을 펼쳐 역량을 시험하기를 갈망한다. 생명이 성장하는 데 필연적인 법칙이다. 그러나 많은 부모가 이 점을 깨닫지 못한다. 그들 마음속에 자식은 영원히 철들지 않고 뭘 해야 할지 모르는 아이라 늘 아이 일에 노심초사해야 한다고 생각한다. 그래서 자녀가 스무 살이 되어도 여전히 두 살배기 아이처럼 대한다. 게다가 부모의 이런 행동이 자녀를 더욱 엉망으로 만든다는 것을 알게 되어도 여전히 '철통같은 사랑'의 방식을 내려놓지 못한다.

이런 사랑의 배경에는 두려움과 당황스러움이 있다. 부모가 아이의 독립성을, 다시 말해 아이와의 분리를 받아들이지 못하는 것이다.

우 선생님께
제 아들을 구해주세요!

올해 스물한 살이고 막 대학교 3학년이 됐어요. 여름방학에 외삼촌네 가서 아르바이트를 하라고 했거든요. 근데 외진 곳이다 보니 놀 거리가 없어서 그런가, 인터넷에 빠진 거예요. 밤새 인터넷을 하느라 낮에 일할 때는 정신을 못 차려요. 외삼촌이 혼을 내도 아무 소용이 없어요. 한번은 외삼촌을 피해 4킬로미터나 걸어 다른 PC방에 간 걸 찾아내서 호되게 때렸대요.

아들이 인터넷에 빠졌다는 얘기를 듣고 애간장이 탄 저는 휴가를 내고 아이가 아르바이트하는 곳에 가서 한 달을 같이 지냈어요. 인터넷을 끊거나 줄이게 하려고요. 저는 좋은 말로 어르고 달랬어요. 무릎을 꿇고 빌기도 했죠. 인터넷 중독으로 미래를 망치지 말라고요.

아들은 인터넷을 줄이겠다고 약속했고 제가 있을 때는 지켰어요. 그런데 제가 떠나자마자 밤새 PC방에서 돌아오지 않아 외삼촌이 못 참고 또 손찌검을 했대요.

그 후로 아들은 외삼촌에게 말도 하지 않고 떠나 학교로 돌아갔고, 우리와 말도 안 해요. 전화를 하면 제 목소리를 듣고 바로 끊어버려요. 아이 아빠가 전화해서 몇 번 꾸짖은 후로는 아빠 전화도 안 받아요. 저희가 꼭 아이의 적이 된 것 같아요.

(⋯)

아직도 인터넷에 미쳐 있다는 말을 듣고 저는 절망했어요. 어떡해야 할까요?

사실 인터넷 말고도 문제가 많아요. 벌써 대학교 3학년인데 딱히 친구도 없고 여자를 쫓아다닌 적도 없어요. 매일 혼자 다녀요. 2년 뒤에는 사회에 나가야 하는데, 이래서 되겠어요? 저도 여러 가지 방법을 생각해봤어요. 또래 친구들과 사귀라고 억지로 내보내기도 하고, 이성 친구를 사귈 기회도 만들어줬죠. 하지만 아이는 달라지지 않고 여전히 혼자서만 지냅니다.

어떻게 하면 좋을까요? 제발 제 아들을 구할 좋은 방법을 생각해주세요!

— 량씨 올림

이 편지를 읽고 나는 얼마 전 인터넷 중독 관련 기자회견에서 본 한 엄마가 떠올랐다.

기자회견의 주최자는 아들의 인터넷 중독 문제로 왔다며 그녀를 소개했다. 그러나 비공식적으로 이 엄마와 대화를 나눈 뒤 그녀의 아들은 이미 반년 넘게 인터넷을 안 했다는 사실을 알게 됐다. 그 말을 듣고 살짝 아찔했던 나는 그럼 왜 이런 자리에 온 거냐고 물었다.

그녀는 이렇게 대답했다. 아들이 인터넷을 안 하기는 하지만 학습 동력이 부족해 걱정이 된다면서, 아들이 학습 동력을 높일 수 있도록 기자회견 주최 측의 심리상담사에게 도움을 받고 싶었단다. 나는 아들이 인터넷 중독에 빠졌을 때 상황이 어땠는지 물었다. 그녀는 아들이 매일 두 시간씩 인터넷을 했는데 몇 달 하더니 그만두더라고 대답했다. 나는 다시 물었다.

"매일 인터넷을 두 시간 하는 게 중독이라고 생각하세요?"

"인터넷 중독에 관한 여러 이야기를 들어보면 우리 아들의 상태가 심각한 수준은 아니더라고요. 하지만 매일 두 시간씩 인터넷을 하면 공부할 시간이 그만큼 줄어들잖아요."

그녀와 대화를 나누다 보니 모든 것이 이해됐다. 많은 부모가 '인터넷 중독'에 자기들 나름의 진단 기준을 가지고 있다. 대부분은 학습에 방해가 된다고 여겨지면 인터넷 중독이라고 생각했다.

량씨 아주머니의 편지로 돌아가보자. 그녀의 아들은 '놀거리가 없는 지역'에 아르바이트를 하러 갔다. 이런 상황에서 스물한 살짜리 남자 대학생이 PC방에 자주 드나드는 것은 충분히 이해할 만한 일이다. 그러나 그의 외삼촌은 그렇게 보지 않고 엄격하게 단속했을 뿐만 아니라 조카를 때리기까지 했다.

인터넷에 자주 접속하는 스물한 살짜리 남자 대학생과 외삼촌에게 맞는 스물한 살짜리 남자 조카. 이 둘 사이에 어느 쪽이 비정상일까? 내 눈에는 후자가 비정상으로 보인다.

량씨 아주머니가 내게 보낸 장문의 편지에는 아들의 인터넷 문제보다 더 비정상적인 모습이 많이 눈에 띈다. 예를 들어 아빠가 아들에게 전화해 인터넷을 끊으라고 꾸짖었다고 했는데, 이 아빠는 도박 중독이라서 생계에 지장을 줄 정도로 가산을 탕진했다. 이런 아빠가 아들의 인터넷 중독을 꾸짖는다고? 효과가 있다면, 그게 더 이상할 노릇이다.

가장 비정상적인 부분은 엄마가 무릎을 꿇었다는 것이다. 아들의 '인터넷 중독'이 심각할 정도로 해로운 걸까? 엄마가 무릎을 꿇고 달라지기를 빌어야 할 만큼?

나는 량씨 아주머니에게 답장을 썼다. 조금 격앙된 말투였지만, 대략 이런 내용이었다.

왜 가족이 힘들게 할까

"아들이 인터넷 중독을 끊어내는가, 못 끊어내는가는 사소한 문제입니다. 일단은 부모의 양육 방식부터 돌아보시길 바랍니다."

엄마의 방식은 자기를 희생해 아들의 복종을 강요하는 것이다.

'엄마가 이렇게까지 하잖니. 보렴, 얼마나 불쌍하니. 그런데도 안 따를 거냐? 이런 불효한 자식 같으니!'

자기희생으로 상대의 죄책감을 조성하고 이를 통해 복종하게 만드는 것은 매우 흔히 볼 수 있는 전략이다.

자녀의 잘못을 자꾸 들춰내지 말 것

최근 나는 여러 통의 편지를 받았다. 모두 엄마들이 쓴 것이었다. 그들은 스무 살 전후의 자녀들 때문에 걱정이 매우 심했다. 친구가 적어서 걱정, 이성과 교제하지 않아서 걱정, 사회 적응력이 부족해서 걱정이었다.

내가 보기에 이 엄마들은 자식의 문제점만 찾아내는 까다롭고 날카로운 눈을 가진 듯하다. 인터넷 중독 기자회견장에서 만난 그 엄마와 똑같다. 아들이 매일 두 시간 인터넷을 한다고 '인터넷 중독'이라 단정하고, 아들이 인터넷을 안 하니까 이제는 '학습 문제'가 있는 게 아닌지 걱정했다. 아들의 학습 문제가 해결되면 아마 그 엄마는 아들의 '친구 문제'를 걱정할 것이고, 아들이 어른이 되면 '여자친구 문제'를 걱정할 것이다.

어쨌든, 내 아이가 진짜로 어떤지와 상관없이 엄마들은 늘 문제를 찾아낸다. 건강하게 자라지 못할까 봐 걱정하는 것 같지만, 이들의 진짜 걱정은 자녀의 독립과 그에 필연적으로 뒤따르는 분리다.

한 엄마가 열여섯 살 난 아들이 무슨 생각을 하는지 모르겠다고 메일을 보냈다. 아들이 건강하게 성장하도록 어떻게 감독해야 할지 몰라 너무 걱정스럽다면서 어떡하면 아들의 생각을 이해할 수 있는지 물어왔다.

나는 이렇게 답장했다. 그 또래의 아이들은 독립된 공간을 갖고 싶어 하고 자기가 결정할 수 있기를 바라므로, 부모는 정상적인 범위의 마지노선(공부를 열심히 하고 나쁜 행동은 하지 않기 같은)만 설정해주면 되고 아들이 무슨 생각을 하는지 꼭 알 필요는 없다고.

또 다른 이메일을 받았다. 그녀의 아들이 쓴 편지였다. 앞에 보낸 메일은 인터넷을 할 줄 모르는 엄마가 자기에게 부탁해서 쓴 것이었다면서, 엄마는 내가 그녀의 입장에서 아들을 타일러주기를 바랐는데 도리어 아들 편을 들자 기분이 안 좋아졌다고 한다. 그러고는 아들은 내가 자기 마음을 꿰뚫어 봤다면서, 자기도 엄마가 그래 주기를 바란다고 했다.

"저에 대한 엄마의 사랑이 지나쳐서 가끔 숨이 막혀요."

두 통의 편지가 말하는 바는 이보다 더 명확할 수 없다. 아들은 엄마의 '물 샐 틈 없는 관심'이 필요 없지만, 엄마에게는 꼭 필요했다. 아들과 늘 함께하기를 바라는 엄마는 아들이 성장하고, 독립하고, 자신의 주도적인 결정을 갈망하게 되면서 극도의 분리불안을 느꼈다. 그녀는 평생 아들이 무엇을 갈망하는지 이해하고 싶어 할 것이다. 그래야 분리불안을 느끼지 않기 때문이다.

엄마의 이런 방식에 자녀는 잠식된다는 느낌을 받는다. 내키지는 않지만, 자녀는 분리되기 싫어하는 엄마의 욕구를 때때로 채워준다. 그러나 잠식되지 않기 위해서 하나의 보호막을 만든다. 즉 엄마에게 맞춰주는 행위는 보호막 밖에서 일어나는 일일 뿐, 내면에서 우러난 것이 아니다. 이대로 오랜 시간이 지나면, 엄마는 자기 자식의 속내를 전혀 알 수 없게 된다.

뒤바뀐 걱정

자녀의 성장 문제를 발견해 마음 졸이는 엄마들은 사실 걱정거리를 바꾼 것일 뿐이다. 그들의 진짜 걱정은 자녀의 '성장'이 아니라 자녀와의 '분리'다. 이 엄마들은 스스로 독립할 능력이 부족한 탓에 시시각각 타인에게 관심을 갖고, 사랑하는 느낌을 필요로 한다. 늘 자녀와 함께 붙어 다니며 느끼는 감정이 외로움은 물론 살면서 자주 경험하게 되는 무의미함이나 공허함도 없애주는 까닭이다.

어린아이는 독립하고 싶다는 욕구가 강렬하지 않다. 그러나 나이가 들면서, 특히 사춘기에 접어든 후부터는 반항을 시작한다. 자기만의 독립된 공간을 갖고 싶어 하며 자발적으로 엄마를 떠나고자 한다.

자녀들의 이런 염원이 엄마에게는 걱정거리가 된다. 그래서 '자식의 생각을 알아내기', '문제를 발견하기'로 자녀를 통제하려 한다. '왜, 엄마가 자식을 이해하려고 하면 안 돼?'라는 논리로 자녀를 통제하려고 한다.

'자녀의 문제점 찾기'는 엄마에게 유리한 통제 방식이다. 자녀는 아무리 발전해도 완벽하지 않으며 언제든 성장 문제를 안고 있기 마런이다. 자녀에게 문제가 있는 이상, 엄마가 그 점을 걱정해 자녀 교육에 어마어마한 에너지를 쏟아붓는 것은 당연한 일이 된다. 그렇게 엄마는 자녀들에게 늘 붙어 있다.

늘 붙어 있는 것이 자녀에게 좋다면 이런 통제 방식도 받아들일 수 있다. 그러나 실제 결과는 이와 정반대다. 늘 자녀의 성장 문제를 걱정하는 엄마 밑에서 자란 자녀는 오히려 성장 후에 문제가 생기기 쉽다.

왜일까? 사춘기에 접어든 아이들의 특성이 그렇기 때문이다. 일반적으로 열서너 살 이후의 아이들은 기나긴 반항기에 접어든다. 부모가 동쪽으로 가라고 하면 아이들은 기어코 서쪽으로 간다. 이는 부모를 괴롭히려고 그러는 게 아니라 자신의 역량을 보여주고, 스스로 결정을 내리며 한 명의 독립된 인격체로 발전하고 싶다는 갈망의 표현이다.

엄마가 아이의 이런 특성을 무시하고 철통같은 사랑으로 아이의 모든 문제를 걱정하면 아이는 '나 아무것도 안 해!'라고 맞서는 극단적인 반항아가 된다. '엄마는 내가 뭘 해도 걱정하고, 내가 어떻게 해도 문제를 찾아내니 차라리 아무것도 안 할래'라고 생각해버리는 것이다.

량씨 아주머니의 스물한 살짜리 아들 역시 같은 논리로 외톨이가 됐다. 또 다른 한 남자 대학생은 뭘 해도 귓가에 엄마의 당부가 맴돌아 짜증이 나서 아무것도 하기 싫다고 말하기도 했다.

자녀에게 나타나는 성장 문제는 일반적으로 부모에게서 원인을 찾을 수 있다. 나는 량씨 아주머니에게 답장을 쓰면서 심리상담사를 만나보라고 권했다. 단, 아들을 위해서가 아니라 자기 자신을 위해서. 그녀가 양육 방식을 바꾸면 아들도 자연스럽게 나아질 가능성이 매우 크다.

왜 가족이 힘들게 할까

무엇보다 자기 삶을 살며 에너지를 본인 삶에 집중해야 한다. 많은 경우 부모가 자식에게 관심과 애정을 쏟는 결정적인 이유는 본인들 삶에 내세울 만한 것이 없어서다.

문제가 생긴 쪽은 부모 자신일 수 있다

'아이에게 문제가 생겼어요'와 같은 말을 섣불리 내뱉지 말자. 이런 부모들에게 몇 가지 조언을 하겠다.

1. **사춘기 자녀를 완벽히 이해하려는 갈망을 버리자.** 자녀가 '열심히 공부하고 나쁜 짓은 하지 않는다'라는 마지노선을 지키는 이상 모든 것을 털어놓고 이야기해주길 바라지 말자.
2. **자녀의 '문제'에 초점을 맞추지 말자.** 사춘기 아이들은 원래 문제가 많다. 사춘기 발달 특성이 그렇다.
3. **사춘기 아이들의 반항심을 존중하자.** 아이가 스스로 발전하도록 놔두고 충분히 혼자 성장할 공간을 만들어준다면 대부분의 반항은 없어질 것이다.
4. **자녀가 떠날까 봐 두려운 것은 아닌지 자기 자신부터 돌아보자.**
5. **자기 삶을 풍요롭게 만들자.** 삶이 무료하거나 공허하지 않다면 자녀에게 지나치게 매달리지 않을 것이다.
6. **남편(아내)과의 관계를 개선하자.** 감정의 무게중심을 자녀와의 관계에서 남편과의 관계로 옮겨 남편에게 감정의 빈자리를 채우게 하자.

고통스러운
유년기가 낳은 신경증

열아홉 살의 장신은 성격이 호탕하고 남자아이다운 담력을 지녔지만 유독 개미를 무서워했다. 잔디밭에도 앉지 못했고 어디를 가든 제일 먼저 개미가 없는지부터 살폈다. 직접 살펴볼 용기도 없어서 친구에게 부탁했다.

스물네 살의 량위는 타인과 눈을 마주치지 못했다. 누구든 눈을 마주치면 자기 눈에서 뭔가 이상한 점을 발견하리라고 생각했으며, 모든 사람이 자기를 두고 왈가왈부할 거라며 거리에 나가는 것도 싫어했다.

서른네 살의 팡페이는 남편과 싸운 뒤 마비가 돼 침대에서 일어날 수 없었다. 다리에 감각이 없었는데 병원 검사에서는 아무 문제도 나타나지 않았다. 나중에 심리상담사가 '특효약'을 주사했다. 사실 그것은 생리식염수였는데, 팡페이는 주사를 맞고 다리의 감각을 되찾았다. 그러나 얼마 지나지 않아 일곱 살 아들에게 크게 화를 낸 후,

다시 팔의 감각을 잃었다.

전형적인 신경증neurosis[10] 사례들이다. 장신은 개미 공포증, 량위는 시선 공포증, 팡페이는 히스테리hysteria를 앓고 있다. 각양각색의 이해하기 어려운 신경증 증세는 환자에게 극심한 고통을 준다.

거의 모든 강박증 환자는 자신의 기이한 증상을 매우 강렬하게 없애고 싶어 한다. 그러나 스캇 펙은《아직도 가야 할 길》에서 이렇게 말했다.

"(신경증) 증상 자체는 병이 아니라 치료의 시작이다. (…) 자아를 탐구하고 바꾸도록 우리를 일깨우는, 잠재의식이 보내는 신호다."

유년기에 뿌리내려 성숙기에 작용하는 신경증

신경증은 흔히 볼 수 있는 심리적 질환이다. 환자들은 오랫동안 지속되어온 심리적 충돌로 깊은 고통을 느꼈다. 그러나 이런 극적인 증상에는 현실성이 부족하며, 기질적으로 입증할 만한 어떤 병변도 없다.

환자 자신은 물론 주변 사람들도 환자의 극적인 증상에만 주목하기 쉽다. 그러나 정신분석학의 관점에서는 환자가 신경증 증상으로 계속 고통받는다고 하더라도 이는 하나의 상징에 불과하며, 실질적인 문제의 핵심은 환자가 안고 있는 트라우마trauma라고 본다. 다만이 트라우마는 지금, 이곳에서 생긴 것이 아니라 유년 시절에 발생한사건에서 비롯한다.

자아 강도ego strength가 약한 어린아이에게 트라우마는 '감당할 수 없는 무게'다. 이를 직면하게 되면 심리적 사망, 심지어 실질적 사망에도 이를 수 있다. 그래서 어린아이는 트라우마의 진상을 왜곡해 자신이 받아들일 수 있는 특정한 심리 방어 기제를 만든다. 이 점에서 신경증은 아이가 어린 시절의 재난을 이겨낼 수 있도록 보호해주는 일종의 보호막인 셈이다.

당시의 트라우마는 '농양膿瘍'이 되어 잠재의식 속에 숨어들어 있다. 그러다가 성장한 후 어린 시절과 유사한 경험을 마주하게 되면 (이는 불가피하다), 숨어 있던 잠재의식 속 농양이 자극돼 신경증으로 나타난다. ●

● 트라우마가 일찍 발생할수록 심해지는 증상 ●

심리적 질환은 경증에서 중증까지 세 종류로 나뉜다. 우선 우울증, 강박증, 사회 공포증, 광장공포증과 같은 '신경증'이다. 그리고 자기애성 인격장애, 반사회적 인격장애, 경계성 인격장애 등의 '인격장애'가 있고 마지막으로 조현병, 조울증 등의 '정신병'이 있다.

정신분석 이론에 따르면 다섯 살 전의 삶은 인격이 발전하는 데 관건이 되는 시기로, 한 사람의 인격은 이 시기에 기본적으로 정형화된다. 만약 아이가 이 단계에 심각한 트라우마를 겪으면 병인으로 뿌리내리게 되고, 이후 삶의 단계에서 비슷한 트라우마가 반복되면 그때 상응하는 심리적 질병이 발생할 수 있다.

일부 정신 질환자는 성인이 되어서야 발병한다. 병인의 기초는 거의 생후 9개월 시점까지 거슬러 올라가는데 대부분이 그 시기에 부모의 보호를 받지 못한 이들이다. 이 경우 다양한 방법을 이용해 병세를 완화할 수는 있지만, 완치는 불가능하다. 인격장애 환자는 영아일 때는 완벽한 보살핌을 받지만 9개월부터 2세 전까지 제대로 보살핌을 받지 못한 경우다. 이들의 병세는 정신 질환자보다는 경미하지만 상당히 심각한 상태이며 완치가 쉽지 않다. 신경증 환자는 유아기에는 적절한 보살핌을 받다가 2세 이후 어떤 이유로 등한시된 경우다. 일반적으로 신경증이 증세가 가장 경미하며 치료가 비교적 쉽다.

왜 가족이 힘들게 할까

이상한 점은 신경증은 보통 다섯 살 전에 농양으로 뿌리내리는데, 당사자가 충분히 성장해야만(사춘기 또는 성인이 되어야만) 작용한다는 것이다. 왜 그럴까?

스캇 펙은 이를 생명의 비밀이라고 생각했다. 우리가 어릴 때는 고통을 받아들일 수 없으므로 자기를 보호하기 위해 진상을 왜곡한다. 그러나 신경증으로 발전하는 때는 우리가 이미 다 성장했기 때문에 왜곡됐던 신경증이 예전 일을 상기시킨다. '이봐, 넌 다 컸어. 그럴 만한 힘이 있으니까 도망치지 마. 지금은 어린 시절에 받아들이지 못했던 고통을 마주할 때야'라고 말이다.

신경증 증상은 연극적 특성이 다분하며 환자의 실제 삶과 뒤섞이기도 한다. 다음에 소개할 사례에서는 이런 신경증의 복잡성이 분명하게 드러난다.

사례─대기업 부사장의 에이즈 공포증

2013년 11월, 모 심리상담센터. 쉰한 살 루빈은 심리상담사 추웨이瞿玮에게 매우 불안해하며 말했다.

"선생님, 저 좀 도와주세요. 더는 못 버틸 거 같아요."

루빈이 추웨이를 찾은 것은 이번이 두 번째로, 처음 방문은 3년 전 여름이었다. 추웨이는 루빈이 상담실에 왔을 때의 상황을 기억했다. 키는 180센티미터쯤 되고 잘생긴 남자였다. 깔끔하고 균형 잡힌 몸매에 예의 바른 이 중년 남자는 자리에 앉자마자 매우 급박한 어조로 말했다.

"저 좀 살려주세요. 에이즈에 걸린 것 같아요."

표면적인 걱정은 에이즈 감염, 실제 걱정은 승진

루빈은 한 기업의 부사장이다. 가정에 대한 관념도 매우 강해 외도를 한 적이 없으며 아내에게 충실했다. 그런데 몇 개월 전, 해외 클라이언트를 접대하는 자리에서 고객의 강력한 부추김에 한 아가씨와 성관계를 갖고 말았다. 얼마 후 루빈은 생식기에 불편함을 느껴 병원에 가 검사를 받았고, 뾰족콘딜로마condyloma acuminatum 진단을 받았다. 치료를 받고 그는 금세 회복했다.

상황은 여기에서 끝나지 않았다. 곧 악몽이 시작됐다. 루빈은 신문에서 우연히 '성병이 에이즈로 발전할 수 있다'라는 글을 보게 됐고 걱정이 시작됐다. 거듭 병원에 가 검사를 받았지만 매번 결과는 음성이었다. 의사마다 100퍼센트 장담할 수는 없지만 뾰족콘딜로마가 에이즈로 발전할 가능성은 거의 제로에 가깝다고 말했다. 그러나 이 모든 검사 결과로도 루빈의 걱정은 없어지지 않았다. 걱정은 점점 더 심해졌다. 그는 끊임없이 악몽을 꾸었고 불면에 시달렸으며 끝내 공황발작을 일으켰다. 공포로 온몸이 경련을 일으키고 식은땀을 흘렸으며 심지어 곧 죽을 것 같다는 느낌까지 받았다. 루빈에게 심리적 요인이 있으리라고 의심한 한 의사가 심리치료를 받아보라고 권했다.

추웨이는 "공포증의 하나"라고 말했다. "공포증에도 여러 종류가 있어요. 얼굴이 빨개지는 걸 무서워하는 사람도 있고 광활한 지대를 무서워하거나 폐쇄된 공간을 무서워하는 사람도 있죠. 거미를 무서워하는 사람도 있고요. 환자분은 에이즈에 걸렸을까 봐 두려워하는 거예요."

루빈의 에이즈에 대한 공포는 사실 하나의 상징적 증상일 뿐, 현실적으로는 아무런 의미가 없다. 루빈의 진짜 걱정은 다른 데 있다.

첫 번째 치료에서 추웨이는 루빈에게 항불안제를 처방했다. 일주일간 약을 먹고 약속된 날짜에 방문한 루빈은 상담을 통해 진짜 걱정이 무엇인지를 찾아냈다. 그는 곧 있을 사장 선출 선거에서 떨어질까 봐 걱정했던 것이다.

루빈의 에이즈 공포증이 나타나기 전, 회사에서는 선거 절차를 시작했고 그와 다른 여자 부사장이 유력한 후보였다. 처음에 루빈은 자신만만했다. 자기 업무 능력이 상대보다 좋으니 사장 자리는 떼놓은 당상이라고 생각했다. 그러나 선거가 진행될수록 청렴한 편인 자신보다 대인관계를 잘 맺는 여자 부사장이 더 많은 지지를 받으며 우위를 차지해갔다. 이때 루빈은 '성병이 에이즈로 발전할 수 있다'라는 글을 봤고 공포증이 생겨났다.

치료 중 추웨이는 루빈에게 에이즈에 대한 공포가 사실은 선거 때문에 생긴 불안을 대체한 것임을 이해시켰다. 에이즈에 대한 불안은 일종의 환상으로 상징적인 의미만 있을 뿐 실체는 선거에 대한 불안이다. 이 불안한 감정을 제대로 마주하지 못했기 때문에 걱정이라는 형태는 그대로 두고 걱정의 본질을 바꿔버렸다. 즉, 선거에 대한 불안을 에이즈 공포증으로 바꾼 것이다. 다만 잠재의식의 작용이라 루빈이 깨닫지 못했을 뿐이다.

루빈은 추웨이가 분석한 내용을 수긍했다. 추웨이는 루빈에게 항불안제를 처방하고 인지 행동 모델의 심리치료를 병행했다. 주로 논쟁을 통해 그의 공포증이 얼마나 황당무계한 것인지를 깨닫게 함으로써 에이즈에 대한 공포를 완전히 없앴다. 여기까지 대략 1년 반의 시간이 걸렸다. 효과는 여기에서 그치지 않았다. 사장 선거에서 루빈은 예상대로 여자 부사장에게 패했다. 하지만 그는 깔끔하게 승복했다. 그는 경쟁자의 장점을 봤고 진심으로 그녀의 대인관계 능력과 리더십을 좋아하게 됐다. 두 사람의 관계는 오히려 전보다 더 좋아졌고 둘의 이야기는 한동안 사내 미담으로 남았다.

억눌린 분노는 언제고 불안으로 변한다

2013년 11월. 루빈이 3년 만에 추웨이 앞에 다시 나타났다. 여전히 불안이 문제였으나 그 내용은 딸 루디에 대한 걱정으로 바뀌어 있었다. 그해 9월 루디는 매우 우수한 성적으로 베이징에 있는 명문대 공학 계열에 입학했다. 학교와 전공 모두 딸을 대신해 루빈이 선택했다. 그는 이렇게 하면 딸이 졸업 후에 반드시 좋은 직장을 구할 것으로 생각했다. 아빠를 늘 우러러봤던 루디도 당시에는 아무런 이의를 제기하지 않았다.

그러나 루디는 대학에 입학하고 얼마 안 돼 자기가 공학 쪽을 좋아하지 않는다는 사실을 깨달았고, 계속 루빈에게 전화해 울면서 전공을 바꾸겠다고 말했다.

"과 남학생들은 다 융통성이 없고 전공도 재미가 없어요. 아빠, 어떻게든 전공을 바꾸게 해주세요. 정말 못 견디겠어요. 이러다 머리가 어떻게 될 것 같아요."

루빈은 자기처럼 딸도 공포증에 걸린 거라고 생각해 추웨이를 만나 상담을 받아보라고 했다. 하지만 추웨이는 루디에게 아무런 불안 장애도 없다고 진단했다. 왜냐하면 신경증의 일종인 불안장애 환자라면 걱정하는 내용이 비현실적이어야 하는데 루디의 걱정은 매우 구체적이고 현실적이었다. 그녀는 지금 현재의 전공을 좋아하지 않았다. 그런 현실성 있는 걱정은 자신이 처한 환경을 바꿀 수 있는 동력이 되어주기 때문에 오히려 좋은 것이다.

루빈이 처음 심리상담사를 찾았을 때, 그가 가진 진짜 병인은 회사 여 부사장과의 경쟁이었다. 두 번째로 심리상담사를 찾았을 때, 직접적인 병인은 딸에 대한 걱정이었다. 두 가지 일치하는 정보를 통해 루빈의 잠재의식 속 비밀이 드러났다. 그에게 중요한 여성들이 잠재의식에 숨겨진 농양을 건드린다는 것이다. 이 농양은 무엇일까? 이를 알려면 루빈의 어린 시절로 돌아가야 한다.

루빈은 엘리트 집안에서 태어났다. 남동생과 여동생이 하나씩 있는데 그보다 세 살, 네 살이 어렸다. 그의 어린 시절은 내내 행복했다. 그러나 그가 다섯 살이 됐을 때 아빠가 폐 질환을 얻어 몸져누웠다. 루빈의 기억에서 그 이후의 삶은 늘 이랬다.

"엄마는 항상 지쳐 있었어요. 우선 아빠를 돌봐야 했고 다음으로 여동생과 남동생을 챙겨야 했죠. 저는 늘 등한시됐어요."

하지만 루빈은 철든 아이였다. 엄마의 부담이 적지 않다는 것을 알고 장남으로서 한마디 불평도 하지 않았다. 그뿐 아니라 반쪽짜리 아빠 역할을 하며 엄마의 집안일을 도왔고 동생들을 보살폈다.

"여동생은 말을 잘 들었지만 남동생은 말을 잘 안 들어서 어떻게 가르쳐야 할지 머리가 아팠어요."

가정의 위기를 극복하는 자연스러운 방식인 듯 보인다. 그러나 다섯 살의 아이가 반쪽짜리 아빠 역할을 하는 것은 감당할 수 있는 범위를 넘어서는 일이었다.

추웨이는 어린아이가 너무 이른 시기에 이런 스트레스를 받게 되면 '왜 나를 늘 빼냐? 왜 내가 이런 부담을 짊어져야 하지?' 하면서 반드시 마음속에 원망과 분노, 공격성이 생기게 된다고 말했다. 이때는 집안에서 유일하게 건강한 어른인 엄마가 그 원망의 대상이 된다. 그러나 엄마의 스트레스가 자신보다 더 심하다는 것을 아이가 봤을 수도 있고, 부모에 대한 공격을 용납하지 않는 가정일 수도 있다. 그래서 이 '꼬마 어른'은 분노를 억누를 수밖에 없었을 것이다. 일종의 악순환인데, 이 꼬마 어른이 받는 스트레스가 점점 커지면 마음속의 공격성도 덩달아 커진다. 그러나 집에서는 이런 공격성을 드러낼 기회가 없으니 잠재의식 속에 억눌러둘 수밖에 없다. 앞으로 언젠가 루빈이 여성에게 공격성을 표출하는 데 문제가 생길 수 있다는 점을 미루어 짐작할 수 있다. 이런 식으로 그의 분노는 점점 쌓여만 간다. 가장 중요한 분노의 감정은 어릴 때 쌓인 엄마를 향한 분노다.

분노는 도저히 참을 수 없을 때 반드시 분출할 곳을 찾는다. 이때 적절히 풀어낼 수 있어야 하는데, 루빈에게도 이런 출구가 있었다. 그는 분노를 불안으로 표출했다. 앞에서 언급했듯 꼬마 어른이 받는 스트레스가 점점 커져 마음속의 공격성도 덩달아 커졌다. 스트레스는 곧 불안이다. 그러므로 때 이른 책임을 져야 했던 꼬마 어른은 마음속에 '불안=분노'라는 하나의 심리 공식을 만들어냈고, 잠재의식에 분노가 너무 많이 쌓이면 불안으로 표출됐던 것이다.

왜 가족이 힘들게 할까

이것이 루빈의 상태였다. 회사 여 부사장과 갈등이 있을 때도 루빈은 어린 시절 엄마를 대할 때처럼 그녀에게 분노를 드러낼 수 없었다. 그러나 상호 경쟁으로 적대감이 쌓여갈수록 어린 시절 잠재의식 속에 묻어둔 수많은 분노가 환기됐다. 이런 분노는 반드시 표출돼야 했기에 왜곡된 신경증, 즉 불안으로 드러났다. 루빈이 선거 중 느낀 분노의 감정을 '에이즈 공포'와 같은 이상한 신경증으로 치환한 이유다.

딸 루디가 전공을 바꾸겠다고 했을 때도 비슷하다. 공학 계열에서 이과 계열로 전공을 바꾸는 것은 루디 혼자서도 할 수 있는 일이다. 하지만 루디는 문과로 바꾸고 싶어 했고, 그 때문에 루빈은 별도의 노력을 기울여야 했다. 보통의 아버지들처럼 루빈도 딸의 지나친 요구에 분노가 생겼을 것이다. 그러나 그의 심리 기제가 분노 표출을 허락하지 않는 까닭에 그는 또다시 불안으로 감정을 대신 분출할 수밖에 없었다.

잠재의식에 자리한 어린 시절의 농양은 유사한 트라우마에 쉽게 활성화된다. 회사의 여자 부사장은 루빈에게 업무적으로 중요한 인물이었고 그녀와의 경쟁이 농양을 건드렸다. 루디도 그의 삶에 중요한 인물이었기에 그녀의 무리한 요구 역시 그의 농양을 건드렸다.

분노를 쏟아내지 말고 과거를 애도할 것

상담이 진행되면서 루빈은 차츰 분노를 표현하는 힘을 얻었다. 한 번은 아내와 다투었는데(매우 드문 일이다), 루빈이 드디어 화를 표출했다.

그가 아내에게 말했다.

"불안해서 죽겠어!"

"그럼 나가 죽어!"

발끈한 루빈은 아내와 심하게 다퉜다.

"뭐? 죽으라고? 그렇게는 또 절대 못 해주지! 나는…."

그 후 루빈은 심리상담사인 추웨이에게 아내와의 다툼에서 '경험해보지 못한 후련함'을 느꼈다고 말했다. 하지만 이런 방식으로 잠재의식에 쌓인 분노를 내보내는 것이 합리적일까? 답은 '아니요!'다.

왜일까? 아내의 대꾸가 적절치 않았다고는 하지만, 그 순간 루빈이 아내에게 퍼부은 공격은 아내에 대한 화가 아니라 어린 시절 쌓인 분노를 아내에게 무의식적으로 쏟아부은 것에 지나지 않기 때문이다. 이렇게 분노를 쏟아내는 것은 별 의미가 없다. 쏟아낸다고 해서 어린 시절의 불행이 바뀌는 건 아니기 때문이다. 루빈이 아무리 분노를 털어낸다고 해도, 아니면 "내게 왜 이렇게 큰 부담을 주는 거지? 왜 나만 이렇게 아파야 해?"라고 잠재의식 속 슬픔을 표출한다고 해도 어린 시절에 이미 발생한 사실은 바꿀 수 없다.

그러므로 '애도'가 선행되어야 한다고, 추웨이는 말한다. 먼저 심리상담사는 환자가 상담실 환경 안에서 잠재의식 속 공격성을 충분히 선택할 수 있도록 해야 한다. 그다음 환자가 자기 어린 시절의 불행을 인정하고 받아들이게 한 뒤, 떠나간 가족을 애도하는 것처럼 이 비극에 작별을 고하게 해야 한다. 그렇게 해야 루빈의 분노가 풀리고 잠재의식 속 농양도 대부분 사라진다. 이때 '불안=분노'라는 신경증 유발의 심리 공식도 바뀐다.

왜 가족이 힘들게 할까

다만 분명히 해야 할 한 가지가 있다. 이 심리 분석은 루빈의 엄마가 마땅히 비난받아야 한다고 말하는 것이 아니다. 삶이 그의 아버지를 해쳤고, 이어 그의 엄마를 해쳤다. 그들은 모두 불행했을 뿐이다.

이런 상황에서 루빈이 불행의 일부를 짊어지는 것은 정상적이다. 루빈의 아빠와 엄마에게 삶은 불공평했다. 루빈에게는 더욱 불공평했다. 루빈의 신경증은 이런 불공평함을 받아들인 결과였다. 그는 스스로 하나의 그릇이 되어 질병이 그의 가족에게 가져다준 '마음의 병'을 일부 받아들였고 이것이 훗날 신경증이라는 방식으로 드러난 것이다. 이런 신경증은 '좋은 일'이라고 할 수 있다. 일단 신경증이 고쳐지면 루빈은 엄청난 고통을 준 신경증이 자신의 장점도 만들었다는 사실을 이해하게 될 테니까.

_10

청소년이 말을 안 듣는 건
좋은 일

풋풋했던 사춘기를 기억하는지? 만약 당신의 아이가 사춘기에 접어들었다면, 아이를 볼 때마다 '어쩜 저리 걱정도 없고 즐거울까' 하는 생각이 들 것이다. 하지만 잘 생각해 보면 당신 자녀도 당신이 그랬듯이 그 나이 때만의 알 수 없는 근심과 걱정으로 가득하다.

이런 근심은 사춘기의 특징이다. 알 수 없는 근심은 사춘기에 따르는 필연적인 대가이며 성장하는 인간에게 하늘이 주는 선물이다. 다만 그 대가가 너무 크지 않기를 바랄 뿐이다.

2011년 11월 6일, 쓰촨성 펑창현의 모 중학교 학생 세 명이 수목원에서 농약을 마시고 자살을 기도했다. 병원으로 이송해 응급처치를 했으나 열두 살의 여학생 장모 양과 딩모 양은 사망했고 열네 살짜리 남학생만 살아남았다. 매우 안타까운 사건이지만, 결코 우연히 발생한 일이 아니다. 통계에 따르면 2013년 상반기 상하이에서만 서른한 명의 학생이 비정상적 이유로 사망했다. 그중 여섯 명이 자살이

왜 가족이 힘들게 할까

었다. 중학생의 자살 원인은 대부분 학업 스트레스, 가족 간의 갈등, 감정적인 다툼 등이었다.

한 친구가 내게 전화를 해왔다. 뉴스를 보고 얼른 집에 돌아가 딸과 대화를 나눴는데 놀랍게도 10대 딸에게 수많은 '근심거리'가 있다는 걸 알게 됐다고 했다.

"난 그 나이 애들은 아무런 걱정도 없고 마냥 즐거운 줄 알았어. 그렇게 걱정이 많은 줄 몰랐다니까!"

자기도 그 나이 때 걱정이 많았다는 걸 잊어버린 게 분명하다.

상실에서 비롯되는 우울

근심, 그것도 영문을 알 수 없는 근심은 사춘기의 전형적인 특징이다. 사춘기는 끊임없는 '상실'의 단계이기 때문이다.

상담사 후선즈는 "우울한 감정은 모두 '상실'에서 옵니다. 우리 마음속의 어떤 것이든 중요하다고 여기던 것을 상실하게 되면, 가볍든 무겁든 우울한 감정을 느끼게 되죠"라고 말했다.

예를 들어 해고, 실연, 이혼, 불의의 사고로 인한 장애, 가족의 죽음 모두 심각한 심리적 상실이다. 이런 심각한 심리적 상실을 마주한 사람은 반드시 우울한 감정이 생겨난다. 잘 처리하는 사람들은 타인에게 하소연하며 감정을 털어놓거나 자기조절self-regulation 등의 방식을 통해 우울한 감정을 해소하지만, 제대로 처리하지 못하는 사람은 우울감을 마음속에 담아두게 돼 우울증으로 발전한다.

변화 역시 우울을 가져온다. 왜냐하면 변화는 옛것을 버리고 새것을 맞이한다는 의미이기 때문이다. 옛 마음을 버리고 새 마음이 생겨나는데, 새 마음이 우리에게 어떤 긍정적인 감정을 가져다주든 간에 잃어버린 옛 마음이 우리를 우울하게 한다.

바로 이 때문에 **정상적인 사람들도 이별 또는 이혼 후 새로운 관계를 성립할 때, 이별을 고한 사람이든 이별을 당한 사람이든 똑같이 일정 정도의 우울한 감정을 겪는다. 새로운 관계, 새로운 삶이 얼마나 아름답든 이런 우울함은 사라지지 않는다. 대신 균형과 상쇄 작용이 발생할 뿐이다.** 다시 말해, 변화가 생겼을 때 새로 맞이한 심리는 좋은 감정을 만들고 작별을 고한 오랜 심리는 좋지 않은 우울함을 생성한다. 좋은 감정이 우울함보다 많으면 즐거운 상태가 된다. 반대로 우울함이 좋은 감정을 넘어서면 비교적 심각한 우울증에 빠져들 수 있다. 이것이 사춘기 우울증의 핵심 원인이다.

사춘기의 반항은 필연적이다

사춘기 자녀에게는 모순된 심리적 갈등이 존재한다. 부모를 비롯한 가족에 대한 심리적 의존을 벗어나 독립된 개체로 나아가고자 하는 갈등이다. 전자는 버려야 할 옛것, 즉 상실을 의미한다. 후자는 새로 맞이할 것, 획득을 의미한다. 이 갈등에서 후자가 주요한 위치를 차지하면 알 수 없는 우울과 근심이 끊임없이 밀려오더라도 여전히 삶 전체를 긍정적이고 밝게 느낀다. 반대로 전자가 주요한 위치를 차지하면 우울한 감정이 주요 감정으로 자리하게 된다. 다만 중국 문화에서는 아이의 독립성을 격려하지 않는다는 것이 문제다.

후선즈는 "우리의 문화는 착한 아이를 좋아하죠"라고 말한다.

"전형적인 착한 아이는 집에서 부모 말씀 잘 듣고 부모에게 의존하며, 학교에서는 선생님 말씀 잘 듣고 선생님께 의존하는 아이예요. 그러면 아이의 독립 공간은 억눌리게 됩니다. 자기를 위해 사는 게 아니라고 느끼기 때문에 삶의 동력도 잃게 되죠. 선생님과 부모가 시킨 일은 출중하게 해내지만 대체로 무감각한 태도를 보이며 욕망이 부족해요. 이 또한 우울의 표현이죠."

나는 평균적으로 하루에 열 통이 넘는 편지를 받는다. 그중 3분의 1이 중학생들의 편지인데 '저는'이나 '제가 원해서'보다 '부모님은' 또는 '부모님이 걱정하기 때문에'라는 문장이 훨씬 많다. 비교적 전형적인 문구는 "부모님(이 걱정하기) 때문이 아니라면 벌써 학교를 그만뒀을 거예요"다.

내가 보기에 그들은 인생이 자기 것이 아니라 부모의 것이라고 느낀다. 그들은 부모를 위해 살고, 학교에 간다. 삶의 동력이 부모의 압력에서 나오는 것이다.

그런데 이른바 '나쁜 아이'는 반항의 길을 선택한다. 부모의 압력을 무시하고, 심지어 정면으로 맞선다. 부모가 동쪽으로 가라면 어떻게든 서쪽으로 간다. 이런 반항은 독립된 공간을 쟁취해 자기 자신이 되려는 시도다.

'착한 아이'에게 생기기 쉬운 두 가지 나쁜 결과

어떻게 보면 착한 아이가 나쁜 아이보다 바람직한 듯하다. 열두세 살 때부터 사춘기가 거의 끝날 때까지는 우리 삶의 두 번째 반항기(첫 번째는 18~36개월)다. 정상적인 상황에서 모든 사춘기 자녀는 비교적 강한 반항심을 표출하며 부모 말을 안 듣고 뭐든 자기가 결정하려고 한다. 아이들은 그저 이 시기에 마땅히 달성해야 할 임무를 해내려는 것뿐이다. 바로 부모 등 가족에 대한 심리적 의존에서 벗어나 독립된 개체로 나아가는 것이다. 정상적인 속도로 반항기를 지나면 아이들은 열여덟 살 전후에 완전한 '자아'를 형성한다. 자아가 형성되면 비교적 강한 욕망이 생겨나는데, 원하는 바와 원하지 않는 바를 알게되고 누군가의 감독 없이도 삶의 목표를 추구할 강한 동기를 갖게된다.

그러나 착하기만 한 아이들은 부모의 강력한 통제 욕구에 눌려 늘부모의 지시대로 공부하고 살아간다. 독립된 공간은 전혀 주어지지 않으며 반항은 엄격하게 통제된다. 그 때문에 착한 아이들은 사춘기에 정상적인 '반항기'를 겪지 못함으로써 두 가지 안 좋은 결과를 얻는다.

미뤄지는 반항기

광저우에 있는 모 기업의 서른한 살짜리 관리자 리샹은 반항기가 미뤄진 전형적인 사례다. 그는 대학에 가서야 강한 반항심이 생겼고 고의로 부모와 교수에게 맞서며 공부를 열심히 하지 않았다.

또 다른 전형적인 사례도 있다. 한 남성은 서른여섯 살에 반항기가 시작돼 이혼을 하고 회사도 그만두었다. 결혼도 부모 뜻에 따른 것이고 회사 역시 부모가 마련해준 자리였기 때문이다. 그는 부모에

왜 가족이 힘들게 할까

게 이성적으로 말했다.

"저 벌써 서른여섯이에요. 지금까지는 오로지 부모님을 위한 삶을 살았어요. 뭐든 부모님 말씀대로 했죠. 하지만 앞으로 남은 생은 날 위해서, 내가 바라는 대로 살 거예요. 제발 이해해주세요. 날 통제하려고 하지 말아요."

의욕 결핍

너무 착한 아이들에게는 열정 부족이라는 고질병이 있다. 열심히 공부하고 일하는 이유가 내면에서 우러나서가 아니라 부모를 비롯한 가족의 기대를 충족하기 위해서다. 이런 의도적인 노력은 강박이다. 부모는 자녀들을 감독하고 독촉한다. 가끔 자녀들 스스로 그러기도 하는데 그래야 어쨌든 계속 노력할 수 있기 때문이다. 그러나 이런 아이들은 노력의 결과, 예를 들어 좋은 성적을 받거나 상을 받는 데 별로 열의를 보이지 않는다. 또한 '상관없다'라는 말을 입에 달고 산다. 뭐든 잃어도 그만이고, 무엇을 해도 신나 하지 않는다.

아충은 유서의 처음에 이렇게 썼다.

"즐겁지 않아요. 늘 그랬어요. 삶에 무언가가 빠진 것 같은데 그게 뭔지 알 수 없어서 늘 불안하고 고통스러웠어요."

그녀에게서 '빠진 것 같은 무언가'는 아마도 삶에 대한 열정이었을 것이다. 집에서는 말 잘 듣는 딸이었고, 학교생활도 잘했으며, 친구들과의 관계도 좋았다. 아충의 오빠는 그녀를 "뭐든 혼자서 잘 해내는 아이"라고 했다. 매우 훌륭한 아이로 보이며 가족들도 그녀를 자랑스러워하지만, 정작 그녀는 아무것도 개의치 않는다. 흥미도, 취미도 없고 매사 냉담하기만 하다. 이런 감정이 쌓여 결국 그녀는 살고자 하는 의욕과 동력을 완전히 잃고 말았다.

후선즈는 사춘기 아이들이 이와 같은 우울증에 빠지지 않게 하려면 부모가 다음의 몇 가지를 알아야 한다고 강조했다.

첫째, 아이의 반항심을 이해하자. 일정 정도의 반항심은 매우 정상적인 것이며 반항기는 아이가 성장하고 독립하는 데 필연적인 단계다. 부모가 아이의 독립을 존중하면 반항심이 줄어드는 반면, 부모가 존중해주지 않으면 반항심이 점점 심해지기 쉽다.

둘째, 아이에게 독립된 공간을 충분히 만들어주자. 정상적인 상황에서는 '아이가 뭘 하는지' 지나치게 궁금해할 필요 없다. 사춘기는 뭐든 해보려는 시기이므로 심리적 변화가 매우 극심하다. 오늘 심리 상태가 이랬다 하더라도 내일은 또 다를 수 있다. 아이가 가끔 유별난 행동을 보이더라도 너무 걱정할 필요 없다.

셋째, 일반적으로 사춘기 아이들의 마음속에서 부모는 전지전능한 '신'이다. 어린아이들은 보통 부모를 숭배하는 마음을 갖고 있어서 부모에게 의지한다. 그러나 사춘기가 되면 이런 마음이 대부분 사라지고 연예인이나 정치가, 과학자 등의 새로운 우상을 찾게 된다. 이런 심리적 변화 탓에 부모의 말을 곧이곧대로 따르지 않게 되며, 아이에 대한 부모의 영향력은 크게 감소한다. 부모는 심리적인 준비를 하고 아이의 달라진 심리 이면에 담긴 긍정적인 의미를 이해해야 한다.

넷째, 가출이나 이른 연애 등 아이의 강한 반항 행위에 야단법석 떨지 말자. 아이가 왜 이런 행동을 하는지 그 이면의 심리를 이해하고,

왜 가족이 힘들게 할까

아이를 너무 심하게 통제한 것은 아닌지 되돌아봐야 한다. 일반적으로 강렬한 반항 행위는 부모의 강한 통제 욕구에 대한 반발이다. 부모의 통제가 줄어들면 아이들의 반항도 자연스럽게 줄어든다.

다섯째, 아이가 사춘기가 되면 '착하고 말 잘 듣는 것'을 장점으로 보지 말자. 부모라면 마땅히 아이의 불안과 걱정을 감지하고 자신의 교육 방식을 적절히 조정해 아이를 독립된 세상으로 내보내고 의존성을 줄여주어야 한다.

여섯째, 아이가 심각한 우울증에 빠지지 않도록 주의를 기울이자. 후선즈는 아이가 어느 정도 반항을 한다면 자살을 생각할까 봐 염려하지 않아도 된다고 말한다. 반항하는 아이들은 보통 생존력이 비교적 강하기 때문이다. 반대로 아이가 말을 너무 잘 듣는다면 걱정해야 한다. 우울증이 발병하는 주요한 원인은 마땅히 분출했어야 하는 분노를 내보내지 못하고 내면으로 돌리는 데 있다. 반항하는 아이들은 분노를 쉽게 표출하지만 착한 아이들은 분노를 가슴에 담아두다가 끝내 자신을 공격한다.

아이가 우울증에 빠졌는지 아닌지를 가늠하는 기준은 '세 가지 결핍'으로 요약할 수 있다. 말수가 적어지고, 행동이 줄어들며, 감정이 사라진다. 아충이 그랬다. 집에서는 말을 거의 안 하고 여름방학에도 집 밖에 나가는 일이 거의 없이 감정이 내내 침체돼 있었다. 이것만 봐도 아충은 우울증 진단 기준에 들어맞는다.

끝으로 후선즈는 사춘기 아이들의 심리는 전문가들에게도 커다란 난제라고 강조했다. 그의 독일인 스승은 사춘기 아이의 심리 문제를 다룰 때, 성공률이 20퍼센트만 돼도 훌륭하다고 말했다고 한다.

20퍼센트라니, 상당히 비관적인 수치로 보인다. 그러나 다른 방면에서 생각해보면 그 말은 아이가 스스로 성장하게 두어야 한다는 의미를 담고 있기도 하다. 전문가도 부모도 선생님도, 엄격한 과학적 통제 수단을 써서 사춘기 아이가 건강하게 성장하도록 만들 수는 없다. 아이는 직접 인생의 산전수전을 겪으면서 자기를 실현해야 한다.

'말 잘 듣는 아이'라는 칭찬은 정말 칭찬인가

2013년에 베이징 교육위원회가 새 규정을 공표했다. 학교와 선생님이 학생에게 숙제를 내지 못하게 한 것이다. 본디 좋은 일이지만 많은 부모가 걱정했다. 언론에서는 숙제가 없어지면서 부모들이 아이와 공부 외에 어떤 이야기를 해야 할지 몰라 걱정이 커졌다고 보도했다. 부모들은 숙제가 없으면 아이가 어떻게 시간을 보내느냐면서, 공부하지 않아서 나쁜 짓을 하게 되지는 않을지 걱정했다.

숙제가 있는 게 좋을까, 없는 게 좋을까? 이것은 하나의 질문에 불과하다. 이보다 더 근본적인 문제는 부모가 아이와 감정적으로 깊은 관계를 맺을 수 있느냐 없느냐다.

모든 사람은 외롭다. 이 외로움을 타파하는 유일한 답은 다른 사람이나 사물과 진실한 관계를 맺는 것이다. 감정의 연결은 관계를 맺는 가장 확실한 방법 중 하나다. 그러나 중국인들은 감정을 표현하는 것을 쑥스러워한다. 내면에 사랑에 대한 기대가 없는 탓에 아이와도 원활하게 감정을 교류하지 못하고 말로만 교류한다. 언어 차원의 교류는 생각과 머리로만 하는 교류다. 몸과 마음, 머리로 하는 세 가지 교류 중에서 머리로만 하는 교류가 가장 못 미더운 방식이다.

성경에 이런 이야기가 나온다. 인류가 한마음 한뜻으로 바벨탑을 만들려 했으나 하느님은 그들의 노력을 무너뜨리기 위해 말하는 법을 가르쳤다. 말하는 법을 배운 이들은 논쟁하기 시작했고, 바벨탑은 완성되지 못했다. 언어가 없었다면 사람들은 마음을 통해 진정한 연결고리를 만들고 한마음 한뜻으로 바벨탑을 완성했을 것이다. 그러나 언어가 생김으로써 마음이 단절됐고, 자기 말만 옳다고 여기는 통에 논쟁이 일어났다. 간단히 말해 머리로 연결되는 데에만 집착하면 상대의 생각과 상대의 언어가 요구하는 바에 부응해야만 하는 상황이 발생한다는 얘기다.

중국 부모들은 아이를 칭찬할 때 보통 '말을 잘 듣는다'라고 표현한다. 이렇게 표현하는 궁극적인 이유는 중국인들은 감정을 강조하지 않기 때문이다. 심리적으로 연결되는 능력이 부족하고 신체적 접촉에도 익숙하지 않아서 무미건조한 말로 연결고리를 형성하려 한다.

부모는 아이보다 훨씬 힘이 세다. 그래서 언어 차원의 연결은 부모의 명령이 되기 쉽고, 아이는 부모의 말에 따를 수밖에 없다. 이것이 '말을 잘 듣는다'의 의미다.

감정적으로 연결되면 자녀가 말을 잘 듣는지 아닌지는 별로 중요하지 않게 된다. 말을 잘 듣든 안 듣든, 부모는 언제나 자녀와 함께한다는 느낌을 받기 때문이다. 서로가 서로를 사랑한다는 것을 알면, 각자 인생을 가는 것도 기꺼이 축복해줄 수 있다. 어떤 삶을 살아가든 언제나 마음속에 서로가 있음을 느낄 수 있기 때문이다.

성숙한 부모는
자신을 먼저 돌아본다

우 선생님께

안녕하세요! 제발 저를 도와주세요!

아들의 행실이 나빠질까 봐 걱정이에요. 열네 살이고, 쓰촨의 고향 집에 있어요. 올해 중2가 됐고요.

아들은 저와 남편이 계속 외지에서 일하느라 두 살 이후로 할아버지, 할머니 손에 컸어요. 시부모님께서는 지금 아이에게 큰 문제가 있다고 하세요. 담배를 피우고 술을 마시는 것뿐만 아니라 밤새 카드를 치고 인터넷을 한대요. 아이 선생님께서는 애가 성적은 좋은데 다른 면에서 골머리를 썩인대요. 말도 안 듣고 반에서는 대장 노릇을 한다더군요. 학급 임원이 아닌데도 그 애들보다 위신이 높다네요.

더 큰 문제는 최근에 제가 전화를 걸었더니 애가 그러더라고요. 할아버지, 할머니가 너무 성가시게 군다고요. 너무 귀찮게 굴어서 가끔 죽이고 싶은 적도 있었대요. 안 그래도 얼마 전에 신문에서 아버지를 죽인 대학생 기사를 본 터라 너무 걱정이 됩니다.

제가 어떻게 하면 좋을까요? 공부를 못해도 도덕적으로 바른 아이였으면 좋겠어요. 비윤리적인 마음가짐으로 공부만 잘하는 건, 절대 바라지 않아요.

– 걱정스러운 엄마, 장린 올림

자녀 교육의 한 가지 원칙은 아이의 문제점만 보지 않고 그 문제 이면의 원인을 찾고 이해하는 것이다. 하지만 전화 상담을 할 때 장린은 명백하게 이 원칙을 어겼다. 그녀는 아들의 문제와 불안 때문에 문제 이면의 원인에는 관심을 두지 않았다. 나는 그녀에게 물었다.

"아들이 담배를 피우고 술을 마시고 카드를 치고 인터넷을 하는 게 나쁘다고 생각하세요?"

"아주 나쁘죠. 그래서 너무 걱정돼요."

"이런 행동을 바꾸길 바라세요?"

"그럼요. 아들에게도 말했어요. 학업에만 집중해야 한다고요."

그러나 장린의 아들은 학년 석차가 상위권이었고 늘 안정적인 성적을 유지했다. 이런 상황에서 학업에만 집중해야 한다고 말하는 게 설득력이 있을 리 만무하다.

나는 그녀에게 아들이 사춘기에 접어들었고, 사춘기의 아이들은 전과 다르게 변할 수 있다는 생각을 해본 적이 없느냐고 물었다. 그녀는 사춘기라는 건 알지만, 변한다는 게 무슨 말인지는 모르겠다고 대답했다.

"반항이죠."

나는 그녀에게 설명해주었다. 반항은 사춘기의 가장 큰 특징이다. 그러나 사춘기에 접어든 아이들이 반항하는 이유는 꼭 부모에게 맞서려는 것만은 아니며 자신의 역량을 시험해보고 자기 일에 스스로 결정을 내려보려는 시도라고 했다. 그들은 계속 '착한 아이'가 되고 싶어 하지 않는다. 부모가 이를 깨닫지 못하고 이래라저래라 명령하면서 자신들이 설계한 '옳은 길'로 가기를 바라면 아이는 반항을 통해 부모에게 '싫다'고 표현한다. 나는 그녀에게 말했다.

"반항기의 아이들이 일부러 부모를 괴롭히려는 것 같지만, 사실 자기만의 독립된 영역을 쟁취하려고 그러는 거예요. 부모가 아이를 존중하고 독립된 공간을 주면 반항하는 행위도 점점 줄어들 겁니다."

담배를 피우고 술을 마시는 것은 가장 전형적이고 흔한 반항 행위다. 아이가 이런 행동을 할 때는 조급하게 꾸짖거나 바꾸기를 강요하면 안 된다. 오히려 반발심이 커져 더욱 빈번하게 술, 담배를 할 수 있다. 반대로 아이를 지나치게 간섭한 것은 아닌지, 자신의 교육 방식에 잘못된 점은 없는지 부모가 먼저 돌아봐야 한다.

중요한 것은 언행이 아니라 감정

내 설명을 들은 장린은 잠시 생각하더니 아들이 반항하는 이유를 찾았다. 할아버지와 할머니의 잔소리가 너무 심했던 것이다. 그녀는 여름방학 한 달 동안 아들을 광저우에 데리고 있었다. 고향으로 돌아갈

왜 가족이 힘들게 할까

때가 되자 아들은 광저우에 남고 싶다면서 할아버지, 할머니가 매일 잔소리를 하는 통에 귀찮아서 견딜 수 없다고 했다.

"저희는 아들에게 다 너 잘되라고 그러시는 거니까 말씀 잘 들으라고 했어요. 그랬더니 아들은 입을 꾹 다물고 한마디도 하지 않더군요."

"입을 다물 수밖에요. 부모님이 자기를 이해하지 못한다고, 무슨 말을 해도 소용없다고 생각했을 테니 차라리 말을 하지 말자 싶었겠죠. 아마 아드님은 '하아, 외롭다. 왜 가족들 누구도 내 고통을 이해하지 못하지?' 이런 느낌이었을 거예요."

부모와 자녀 사이에서 가장 전형적으로 발생하는, 잘못된 소통 방식이다. 자녀는 '할아버지와 할머니가 매일 잔소리를 해댄다'는 사실을 말했을 뿐 아니라 '귀찮아서 견딜 수 없다'는 감정까지 표현했다. 그러나 부모는 사실에만 대답하고 아이의 감정은 고려하지 않았다.

정상적인 감정 표현이 아무런 효과를 발휘하지 못하면 아이는 끔찍한 단어를 사용해 불만을 표현할 수밖에 없다. 이것이 장린의 아들이 '죽이고 싶다'는 말을 한 이유다. 사실 아이는 이런 단어를 사용해 할아버지와 할머니 잔소리가 얼마나 견디기 힘든지, 그 잔소리에서 얼마나 벗어나고 싶은지 부모를 이해시키려고 했던 것뿐이다.

장린의 아들은 끔찍한 말로 엄마를 놀라게 했지만, 엄마는 여전히 아들의 감정은 고려하지 않고 즉시 아들에게 '비윤리적'이라는 꼬리표를 붙여버렸다. 당연히 아들은 엄마가 자신을 어떻게 판단했는지 느꼈을 테고, 그 후로는 더욱 외롭고 이해받지 못한다고 생각하면서 더 심하게 반항했을 것이다.

내 분석을 듣고 한동안 말이 없던 장린이 입을 열었다.

"맞아요. 저는 아들의 감정을 생각하지 않았어요. 이제야 알겠네요. 그럼 거기 두지 말고 바로 데려와야 할까요?"

"성급하게 결정하지 마세요. 먼저 아들의 감정을 이해하는 것이 중요합니다. 할아버지, 할머니의 잔소리가 심했다면 그 부분만 바꿔도 아이가 조부모님과 살기 싫다는 생각을 바꿀 수도 있어요."

부모는 경청부터 배워야

우리가 누군가에게 하소연을 할 때는 정말 그 사람의 도움이 필요해서라기보다는 대화를 나누고 싶어서일 뿐인 경우가 많다. 상대가 잘 들어주고 이해한다는 표현을 해주면 충분하다. 그러나 상대가 속사포처럼 몇 가지 의견을 제시하면, 그 의견이 아무리 훌륭하더라도 우리는 외롭다고 느끼며 심지어 상처받았다는 느낌을 받기도 한다. 그리고 그 대화를 더는 이어가고 싶지 않아진다.

아이들도 마찬가지다. 이럴 때 부모가 아이와 똑같이 조급해하면 안 된다. 마음을 가라앉히고 참을성 있게 아이와 소통해야 한다. 아이의 감정을 먼저 이해하고, 어떻게 할지 아이와 함께 결정해야 한다.

며칠 전, 한 친척분이 내게 전화를 걸어왔다. 그녀의 중2 아들이 학교 가기를 거부한다면서 어떻게 해도 고집을 꺾을 수 없다고 했다. 결국 온갖 수단을 동원해 다그치자 아이는 마지못해 대답했다. 영어

왜 가족이 힘들게 할까

성적이 너무 떨어졌는데, 성격이 불같은 선생님이 반 친구들 앞에서 엄하게 꾸짖으며 망신을 주어서 학교에 가기 싫다는 것이다. 그녀는 그런 이유로 학교에 가기 싫다니 어처구니가 없었지만, 달리 설득할 방법이 없어 내게 전화를 걸었다고 했다.

"아들에게 선생님이 널 위해서 그런 거라고 말했죠?"

"그랬죠. 선생님은 당연히 학생을 위해 그러는 거잖아요."

그것이 문제의 근원이었다. 틀에 박힌 표현이다. 매우 사리에 맞는 말처럼 들리지만, 아들은 이해받지 못한다고 느끼고 더욱 완고해졌다. 습관적으로 사용하지만 아이를 심각하게 존중하지 않는 표현이기도 하다. 관습을 떠나 문제 자체를 놓고 보면 영어 선생님이 잘못한 것이다. 선생님은 친구들 앞에서 면박을 주면 부담을 느껴 더 열심히 공부할 거라고 생각했겠지만, 실제로 이런 방식은 아이의 자존심에 상처를 주는 것이며 결국 공부에 염증을 느끼게 한다.

나는 그녀의 아들에게 전화를 걸었고 통화하는 데는 10분도 걸리지 않았다. 나는 먼저 선생님이 어떻게 꾸짖었는지 이야기하게 했다. 그리고 아이에게 영어를 못하는 것은 네 문제이고 선생님이 화를 낸 것은 그 선생님의 문제라고 말해주었다. 또한 네 문제를 갖고 선생님이 화를 내며 꾸짖은 일도 선생님이 잘못한 것이지 네 잘못은 아니니 자책할 필요 없다고 말해주었다.

내 말이 끝나자 아이는 곧 대답했다.

"알겠어요. 학교에 갈게요."

성숙한 부모는 아이의 감정을 먼저 이해한다

표면적으로 아이는 그저 학교에 가고 싶지 않다고 했지만, 실제로 학교에 가지 않으려 한 이유는 수치심을 느꼈기 때문이다. 부모가 "어른들은 다 널 위해서 그러는 거야"라고 말하는 대신 아들의 감정을 이해하고 진짜로 옳고 그른 것이 무엇인지 가려주었다면, 아이는 이해받았다고 생각해 극단적인 행동을 하지 않았을 것이다. 그런데 대부분 부모는 이와 반대로 한다. 부모가 아이의 감정을 고려하지 않고 이해할 수 없는 행동에만 초점을 맞추면, 아이의 생각도 이해하기 어려울 뿐 아니라 아이를 더욱 극단으로 몰아갈 수 있다.

많은 아이가 감정을 직접적으로 표현하는 방법을 배우지 못했다. 그렇다면 유난히 무슨 일이든 자기가 결정하려고 하는 사춘기에 스스로 해결할 수 없는 어려움을 마주하면, 아이들은 어떻게 할까? 대개는 지나치다 싶은 행동을 저질러 어른들에게 자신이 곤란을 겪고 있다는 걸 알린다.

가족 치료의 대가인 버지니아 사티어Virginia Satir[11]는 말했다.

"아이에게 바로잡아야 할 잘못이 있을 때, 자애로운 부모는 보통 솔직한 방법으로 다가갑니다. 이유를 묻고 아이 마음의 소리에 귀를 기울이죠. 관심과 사랑, 이해를 주고 아이의 감정을 이해하려고 애씁니다. 그리고 적당한 시기에, 아이가 자연스럽게 귀를 기울일 때 옳고 그름을 설명해줍니다."

성숙한 부모는 아이의 문제보다 아이의 감정을 먼저 파악하려고 한다. 부모가 이를 해낼 수 있으면 아이는 지나친 행동을 하지 않을

왜 가족이 힘들게 할까

것이다. 장린이 감정을 먼저 살펴주었다면 그의 아들도 '죽이고 싶다' 같은 표현은 하지 않았을 것이다.

PART 3

부모의 불안을 아이에게
떠넘기지 말 것

자식의 성공에
목매는 부모

"부모님 때문에라도 일류대에 붙어야 해요."

"부모님 때문이 아니었다면, 벌써 공부 그만뒀어요."

"엄마 때문에 미치겠어요. 날마다 잔소리가 끝도 없어요. 누구네 집 애가 명문대에 붙었다느니, 왜 너는 성적이 맨날 그 모양이냐느니, 이번 시험에서도 덜렁대다가 실수한 게 뻔하다느니…. 요즘 정말 공부하기 싫어서 미치겠어요. 수업만 시작하면 엄마 잔소리가 귓가에 맴돌아서 공부가 안 돼요."

"아빠는 엔지니어예요. 저를 때리거나 혼내지는 않으시는데 너무 무서워요. 성적이 오르지 않으면 종일 인상을 쓰고 저를 무시해요. 높은 점수를 받는 것으론 안 되고 전보다 나아져야 칭찬해주시죠. 내년에 고입 시험을 봐야 하는데 망치면 어떡하죠? 세상에, 아빠 반응만 생각하면 벌써 머릿속이 하얘져요."

지금까지 중학생들에게 수천 통의 편지를 받았는데, 많은 아이가 부모 때문에 스트레스를 받는다고 이야기했다. 여기 발췌한 문장들은 가장 평범한 단면에 불과하다. 다음과 같은 이야기를 담은 편지도 많다.

"아무리 노력해도 부모님의 기대에 부응할 수가 없어요. 힘들어 죽겠어요. 이 세상을 떠나고 싶어요."

익명을 요구한 광저우의 한 중학교 3학년 담임은 이렇게 해석했다. 부모가 아이의 공부에 더 초조해하는 것은 아주 흔히 볼 수 있는 일이며, 부모가 주는 스트레스는 입시 교육으로 인한 스트레스보다 절대 덜하지 않다. 중학교 교사의 심리 트레이닝을 하는 유명한 심리학자 쉬하오위안은 부모가 가하는 부담이 교사를 훨씬 능가한다면서, 이것이 아이들이 받는 공부 스트레스의 주요 원인이라고 말했다.

부모는 왜 아이들에게 스트레스를 줄까? 쉬하오위안 박사는 "가장 단순하게 해석하면 부모가 자신의 걱정을 아이에게 전가하기 때문"이라고 말했다. **부모가 성장이 정체되면서 자기가 사회에 적응할 수 있을지 걱정이 커지고, 그로 인해 온통 자녀에게 희망을 걸면서 아이들이 부담을 배로 받게 된다**는 것이다.

"부모는 아이가 잘되기를 바라지만 어떻게 해야 할지 모릅니다. 아이의 심리적 욕구는 고려하지 않고 자신의 심리적 욕구를 기초로 아이 인생을 설계하죠. 그 결과 자녀를 사랑하는 마음에서 시작된 교육이 끝내 아이 성장을 속박하게 돼요."

"예를 들면 어떤 경우가 있을까요?" 내가 물었다.

단순하기 그지없는 이 질문에 50대의 쉬하오위안 박사는 갑자기

목이 메어 했다. 그녀는 눈물을 글썽거리며 '매번 눈물을 흘리게 되는 실화'를 들려주었다.

초등학생 샤오강은 투신자살했다. 아이는 아무리 노력해도 부모의 기대에 부응할 수 없다면서 지쳤다고 유서를 남겼다. 또한 부모님은 자신에게 자주 실망스럽다고 했으며, 그런 부모님을 더 실망시킬 수 없어 죽음을 생각하게 됐다고 했다. 자살 전, 샤오강은 자기 저금통을 깨 몇 년간 모은 돈을 부모에게 남겼다. 자기가 떠나면 부모가 그렇게까지 고생할 필요 없을 거라면서 남겨둔 돈이 부족하면 조금 더 보태 기차도 타고 유람선도 타고 놀러 다니라고, 더는 고생하지 말라고 덧붙였다.

여기까지 회상한 쉬하오위안 박사는 결국 눈물을 흘리고 말았다. 샤오강은 부모를 무척 사랑했다. '부모가 기차도 타고 유람선도 타고 놀러 다니면서 더는 고생하지 않았으면 한다'던 바람은 사실 샤오강의 가장 큰 바람이었다. 자기가 가장 하고 싶던 일을 본인은 실현할 수 없으니 자신이 가장 사랑한 부모가 대신 실현해주기를 바란 것이다.

샤오강의 심리적 기제는 '투사'다. 자기가 가장 하고 싶은 일을 할 수 없으므로 부모가 대신 하기를 바랐다. 자기 갈망을 부모에게 투사한 것이다. 그런데 아이에 대한 부모들의 기대도 대부분 투사다. 그들은 각종 심리적 욕구를 본인의 노력으로 실현하지 않고 아이가 실현해주기를 바란다. 아이는 부모가 가장 사랑하는 사람이므로 아이가 그것을 실현하면 자기가 실현한 것이나 다름없다고 느낀다. 쉬하오위안 박사는 말한다.

"이런 심리는 '아이는 조급하지 않은데 부모가 조급해하는 현상'의 중요한 원인입니다. 부모가 자신의 심리적 욕구를 채우지 못하는 데 따른 심적 스트레스를 아이에게 전가하는 거죠."

다음은 쉬하오위안 박사가 들려준 몇 가지 사례다.

모든 에너지를 자녀에게 쏟아붓는 부모

둥 여사의 딸 룽룽은 고등학교 2학년으로 집안일은 아무것도 하지 않는다. 그러나 엄마가 그렇게 버릇을 들인 게 아니다. 처음엔 둥 여사도 룽룽에게 집안일을 조금 시켰으나 룽룽은 늘 미뤘고, 결국에는 둥 여사가 어쩔 수 없이 하고 말았다. 예를 들어 룽룽이 더러운 옷을 집에 쌓아두기만 하고 빨지 않으면 둥 여사는 정신이 사나워졌고, 결국 빨래를 해야 마음이 편안해졌다. 표면적으로는 본인의 청결 습관 때문이라고 하지만, 다른 한 가지 중요한 이유는 본인이 그렇게 함으로써 딸이 공부할 시간이 늘어나기 때문이었다.

딸의 공부 시간을 최대한 늘리는 것이 둥 여사의 일차적인 심리 욕구가 됐다. 왜 그렇게 됐을까? 잠재의식에서 그녀는 사회의 변화에 불안을 느꼈고 현재의 극심한 경쟁에 자신은 적응하지 못할 것으로 생각했다. 하지만 자기를 계발할 용기는 없어서 암암리에 딸이 명문대에 입학해 경쟁에서 유리한 고지를 점령하기를 바랐고, 이를 통해 본인도 성취감을 얻고자 한 것이다. 그래서 모든 에너지를 자기가 아닌 딸에게 쏟아부었다.

이런 심리 투사는 엄마에게서 흔히 보인다. 둥 여사의 방식은 매우 일반적인 것이며, 어떤 엄마들은 상당히 극단적인 방법을 택하기도 한다. 예를 들어 '중·고등학교 어문 교육 자료 사이트'에 '가슴 아픈 과외 수업'이라는 제목의 글이 한 편 올라왔는데, 이상한 현상을 언급했다. 후베이성의 우한시에서는 일부 엄마가 틈만 나면 아이를 데리고 각종 과외 수업을 들으러 다닌다는 것이다. 업무 시간 외에 그들은 항상 아이들과 함께하면서 쉴 틈을 주지 않고 경쟁력을 키우게 한다. 한 아이의 아빠가 쓴 글인데, 이런 내용이었다.

제 아들은 초등학교 3학년 때부터 엄마의 강요로 과외 학원을 다니느라 주말을 제대로 보낸 적이 없어요. 6년 동안 아내가 보낸 학원만 서른 곳이 넘어요. 아들은 자기가 햇빛도 못 보는 사람이라고 자조했죠. 아침 6시에 일어나 밤 11시에 잠들어요. 저녁 8~9시에 아무 기척이 없어서 보면 침대에 기대 침을 흘리면서 단잠에 빠져 있어요. 들고 있던 책은 바닥에 떨어져 있고요. 얼마나 가슴 아픈지 몰라요!

아들이 5학년 때 흰머리가 몇 가닥 났는데 당시에는 별일 아니려니 했어요. 그런데 중학교에 올라간 후 흰머리가 점점 늘어나더니 이제는 꼭 나이 어린 노인 같다니까요. 어디 아픈가 싶어 병원도 여러 군데 데리고 가봤는데, 의사들은 하나같이 정신적인 스트레스가 너무 심한 탓이라고 하더군요. 의사의 지시에 따라 호두와 검은깨도 먹여봤지만, 흰머리는 줄지 않았어요.

매일 아침 '6시 땡' 하면 아내는 아들을 깨워 복습을 시켜요. 화장

왜 가족이 힘들게 할까

실에 갈 때도 아침밥을 먹을 때도 단어를 몇 개라도 더 외우게 하죠. 아들이 초등학교 다닐 때는 매일 오후 5시 반에 하교했는데 아내가 교문에서 바로 픽업해 6시 학원 수업을 들으러 가요. 아내는 버스에서 한 손에 밥을 한 손에는 물을 들고 있어요. 아들은 그렇게 버스에서 저녁 식사를 해결하죠. 저녁 9시에 수업을 마치고 집에 돌아오면, 그때부터는 학교 선생님이 내준 숙제를 해야 해요.

이뿐만이 아니다. 이 엄마들은 무리를 이뤄 서로 정보를 교류하고, 좋은 수업이 있다는 이야기를 들으면 공유하면서 아이를 대신해 등록한다. 이 '헬리콥터 맘'들은 모든 빈 시간을 '자녀의 실력 향상'에 쏟아부으며, 분명히 부정적인 영향이 발생하는데도 멈추려 하지 않는다. 왜 그럴까?

이는 모든 에너지를 아이에게 극단적으로 쏟는 행위다. 아이를 위하는 것처럼 보이지만, 마음속으로는 사회에 적응하지 못할 자신을 걱정하는 것이다. 쉬하오위안 박사는 말한다.

"많은 엄마가 완전히 성장이 멈췄습니다. 그러니 불안하지 않겠어요? 하지만 자기들이 노력해서 성장할 생각은 하지 않고 그 부담을 오롯이 아이에게 떠넘겨요. 그러면서 그걸 '사랑'이라고 말하죠. 하지만 솔직히 말해서 자신의 불안을 자녀에게 전가하는 것뿐이에요."

이상적 자아를 아이에게 강요하는 부모

앞의 사례는 성장이 멈춘 부모가 자신의 '경쟁력 향상'이라는 스트레스를 아이에게 전부 떠넘긴다는 걸 보여준다. 그러나 어떤 부모는 계속 발전하고 있으면서도 자녀를 독립적으로 성장하는 별도의 개체가 아닌 자기 증명의 도구로 여긴다. 아이가 성공해야만 체면이 서고 아이가 남들보다 뛰어나지 못하면 부끄럽게 생각한다.

저명한 교육가 쉬궈징徐国静에 따르면 '노동자 엄마'들은 아이의 발전에 많이 만족한다고 한다. 그녀들은 "우리 아들이 공부를 잘해. 대입 시험도 볼 거야", "우리 딸은 성적은 그저 그런데 꿈이 있어. 앞으로 분명 잘될 거야"라고 말한다. 그러나 '지식인 엄마'들은 보편적으로 자식에 대한 기준이 높다. 이들은 아이가 단순히 대학에 합격했느냐 떨어졌느냐가 아니라 칭화대, 베이징대 같은 중국 명문대나 하버드대에 합격했느냐를 놓고 비교한다.

일종의 '이상적 자아'와 '현실 자아' 사이의 갭 문제다. 이상적 자아는 언제나 현실 자아보다 한 단계 높아야 한다. 노동자 엄마의 이상적 자아는 엘리트가 되는 것일 테니, 그 수준에만 도달하면 된다. 그러나 이미 엘리트인 엄마들의 이상적 자아는 그보다 한층 더 높으며 자녀가 그 수준에 도달해야 만족한다. 그러나 많은 면에서 노동자 가정과 지식인 가정의 아이들은 출발선이 같다. 지식인 가정의 아이들은 노동자 가정의 아이보다 더 우위에 있는 것도 아닌데 부모로부터 받는 스트레스는 더 크다.

한 엄마가 속내를 털어놓았다. 그녀는 자녀 교육을 위해 많은 강연을 듣고 교육 서적도 봤다. 딸아이가 그림, 영어, 춤, 음악을 배웠으면 해서 소년궁少年宫(중국 청소년의 다양한 과외 활동을 위해 설립된 종합 교육 시설로 군중문화·과학기술·체육·문화오락 등의 부문이 개설되어 있다-옮긴이)

왜 가족이 힘들게 할까

근처로 이사도 했다. 집 구조도 좋지 않고 비싸기까지 했는데도 말이다. 그러나 중학교 이후 딸아이의 성적이 떨어지면서 그녀의 전방위적인 설계가 물거품이 됐다. 게다가 딸은 말도 안 듣기 시작했다. 그토록 공을 들였는데 왜 이런 결과가 발생했는지 몰라 이 엄마는 고통에 빠졌다.

쉬궈징은 부모들이 무심코 자신을 '채권자'로 생각하고 아이에게 '상환'을 요구하며 대립 구도에 선다고 말했다. 그러면 부모-자녀 사이가 채권자-채무자의 긴장 관계로 변하는데 이런 가정환경은 자녀 성장에 매우 좋지 않다고 강조했다.

아이를 자살로 내몬 교육학자의 '완벽한 교육'

쉬하오위안 박사는 일부 고위 지식층 가정 부모의 스트레스가 매우 심각하다고 말했다. 그녀가 아는 두 가정은 부모가 모두 교육학 교수인데 자녀가 자살했다.

그중 한 가정은 부모가 둘 다 모 사범대의 교수였다. 그들은 자녀를 위해 완벽한 인생 경로를 설계하고 그에 따라 발전해나갈 것을 엄격하게 요구했다. 아이는 어릴 때는 곧잘 따라왔으나 나이가 들수록 문제가 많아졌다. 첫 대입 시험에서 명문대에 붙지 못한 아이는 부모가 시키는 대로 재수를 했다. 그러나 성적이 발표되기 전날, 부모가 요구한 명문대에 합격하지 못할 것을 걱정해 투신자살했다. 안타까운 것은 성적 발표 후였다. 그의 점수는 희망하던 대학의 합격 커트라인을 훨씬 웃돌았다.

이 아이의 부모는 교육학 교수로서 '자녀 교육에 실패했다'는 사실을 받아들이지 못했다고 한다. 그들에게 이런 결과는 명백히 자기 직업에 대한 조소와 부정을 의미하기 때문이다.

유대계 철학자 마르틴 부버Martin Buber[1]는 관계를 두 종류로 나누었다. '나-너 관계I-Thou relationship' 그리고 '나-그것 관계I-It relationship'다. 전자의 특징은 상대를 나와 동등한 존재로 여긴다는 것이고, 후자의 특징은 다른 사람을 달성해야 할 목적 또는 수단으로 여긴다는 것이다. 목표가 얼마나 위대하든, 한 사람이 다른 사람을 대상이나 도구로 본다면 이런 관계는 '나-그것'의 관계다.

이 이론대로라면 교육학 교수 부모와 자녀의 관계는 '나-그것'의 관계다. 자녀가 교육학 이론의 피실험자가 됐기 때문이다. 아이는 독립된 인간으로서 자신만의 심리적 욕구와 인격을 갖고 있다. 그러나 교육학 교수 부모도 헬리콥터 맘들처럼 이 사실을 잊고 자기 꿈을 아이에게 강요했다.

귀한 자식일수록 매를 든다는 부모

샤오룽은 국어 시험 성적이 안 좋아서 아빠에게 맞았다. 그의 아빠는 쉬하오위안 박사에게 이렇게 말했다.

"하나뿐인 자식인데 어떻게 사랑하지 않겠어요. 매도 다 녀석을 위해서예요. 이대로 가다가 번듯한 직장 하나 못 구하면 어떡합니까? 귀한 자식이니 한 대 더 때리는 거죠. 이웃집 애라면 제가 때리겠습니까?"

하지만 그 사랑의 결과는? 샤오룽의 국어 성적은 조금도 나아지지 않았다. 심지어 국어 과목에 혐오감만 생겼다. 명백하게도, 샤오룽은 아빠의 '사랑'을 견디지 못했다.

이것이 정말 사랑일까? 쉬하오위안 박사는 '사랑이지만 사랑이 아니기도 하다'고 말한다. 의식적으로 샤오룽의 부친은 사랑하기 때문이라고 하지만, 잠재의식에서는 아이를 때림으로써 다른 일에서 맺힌 부정적 감정을 발산하는 것이다.

부모라면 자신에게 다음의 질문을 할 줄 알아야 한다고 쉬하오위안 박사는 말한다.

"정말 아이의 심리적 욕구를 고려했는가? 내 심리적 욕구를 아이에게 전가한 것은 아닌가?"

샤오룽의 부친은 이런 일도 있었다. 샤오룽이 비싼 나이키 신발을 사달라고 떼를 썼다. 월급의 반을 써야 했지만, 이를 악물고 사주었다. 왜 그랬을까? 이웃집 아이가 나이키 신발을 신고 있었기 때문이다. 자기 아들이 나이키를 못 신어서 남들보다 못하면 아빠로서 얼마나 망신스럽겠는가. 아들에게 명품 신발을 신기는 것이 아이의 요구를 만족시켜주는 것처럼 보이지만, 실제로는 자신의 허영심을 채웠을 뿐이다.

폭력이 아이에게 별 영향을 미치지 못하면, 폭력의 화살을 자신한테 돌려 자해와 같은 극단적인 일을 벌이는 가장도 있다. 중·고등학교 어문 교육 자료 사이트에 올라온 실제 사례를 소개한다.

딸이 촉망받는 인재로 자라길 바라는 충칭의 장모 씨는 몇 번을 타일러도 고쳐지지 않는 딸에게 무서운 표정을 지어 보였다. 그러고는 부엌칼로 자신의 왼손 새끼손가락을 잘랐다. 피 흘리는 아버지를 보고 딸은 어쩔 줄 몰라 하면서 무릎을 꿇고 자기 뺨을 마구 때리면서 잘못했다고 빌었다. 마흔다섯 살의 장 씨는 "어릴 때부터 오냐오냐 키웠더니 열여섯 살이 됐는데도 아직 정신연령이 열두 살을 넘지 못했다"면서 "때려도 소용이 없으니 이렇게 할 수밖에 없다"고 말했다고 한다.

부모의 불안 전가는 왜 쉽게 성공할까?

인터뷰 중 쉬하오위안 박사는 몇 번이나 한탄하며 말했다.

"왜 부모들은 건망증이 심할까요? 자기가 어렸을 때의 바람, 감정들을 정말 기억하지 못하는 걸까요? 부모가 자신의 모든 것을 통제했을 때 얼마나 답답하고 고통스러웠는지 잊은 걸까요? 왜 부모가 된 지금은 자녀에게 더 큰 스트레스를 줄까요?"

그녀는 원인을 두 가지로 분석했다.

첫째, 개인적 원인이다. 사회에 발맞춰 가지 못하고 도태될까 봐 걱정하지만, 자기가 발전할 여지는 부족하니 그 스트레스를 자녀에게 발산하는 것이다.

둘째, 사회적 원인이다. 현대 사회는 확실성이 부족해 부모의 걱정과 불안을 더욱 키운다. 모 인터넷 사이트의 게시판 곳곳에서 이를 확인할 수 있다. 한 엄마는 강요하지 않을 수 없다고 말했다. 극심한 경쟁에서 두각을 드러내려면 '어릴 때부터 다잡아야 한다'면서 자기 아이가 출발선에서부터 뒤처지게 할 수는 없다고 했다.

왜 가족이 힘들게 할까

그러나 두 가지 원인은 늘 함께 다닌다. 한 엄마는 부부가 둘 다 실직자가 됐는데도 허리띠를 졸라매고 아이를 여전히 학원에 보낸다고 했다. 아이가 2학년 때부터 과외 학원을 보냈는데 국어, 수학, 외국어, 무술, 미술, 음악 등 총 열 곳에 2만 위안 이상을 썼다. 부모는 자녀가 커서 그럴듯한 직업을 갖기를, 자기들처럼 정리해고되지 않기를 바랐다.

과거 우리는 공동체 의식이 있었으며 서로 경쟁하지 않았다. 하지만 지금은 서구 사회보다 더한 경쟁 속에 살아가고 있으며 진학은 여전히 격렬한 경쟁 노선이다. 절대다수의 부모가 자녀가 이 길에 오르기를 바란다. 오로지 성공만 요구할 뿐 실패는 허락하지 않는다. 처음에는 대입 스트레스만 컸다. 그러다가 나중에는 고입 시험의 스트레스도 점점 커졌으며, 일부 지역에서는 고입 시험의 난도가 대입 시험을 넘어서기도 했다. '어릴 때부터 경쟁'하는 스트레스는 서서히 초등학교와 유치원 단계로 확산됐으며, 심지어는 태교 단계로까지 스며들었다.

부모의 기분을 매우 신경 쓰는 아이들

쉬하오위안 박사는 수십 개 중·고등학교에서 강의할 때마다 마지막에 아이들에게 한 가지를 묻는다.

"너희는 누가 내 강의를 들었으면 좋겠니?"

그러면 아이들은 매번 한결같은 대답을 내놓는다.

"아빠요!"

"엄마요!"

교사와 부모는 입시 교육에서 아이와 소통하는 직접적인 연결고리다. 그런데 왜 아이들은 부모가 심리학자의 강의를 들었으면 할까?

쉬하오위안 박사는 아이들이 신경 쓰는 것이 공부가 아니라 사랑이기 때문이라고 말한다. 학생과 교사 관계의 핵심은 학업이다. 그러나 부모-자녀 관계의 핵심은 사랑이다. 부모들은 자녀를 열심히 공부시키는 것이 사랑의 방식이라고 생각하지만, 아이들은 '성적=사랑'임을 안다. 아이들은 이처럼 공부와 사랑 사이에 등호를 넣는다. 내가 받은 편지 중 많은 중학생이 이런 이야기를 했다.

"좋은 성적을 받아야 부모님이 칭찬해줘요."

"제가 공부를 잘해야만 만족한 표정을 지으세요."

그들은 공부를 잘해야 부모의 사랑을 얻을 수 있다고 생각한다.

그뿐만이 아니다. 아이들도 부모를 사랑한다. 앞서 이야기한 자살한 초등학생도 부모를 얼마나 사랑했던가. 쉬하오위안 박사는 말한다.

"성인 부모에 비해 자녀들은 더욱 민감한 심리학자와 닮았어요. 부모는 자녀의 생존만을 고려하지만, 자녀는 부모의 기분을 매우 신경 쓰며 부모의 심리 변화에 무척 민감하죠."

자녀는 부모의 기분 변화에 쉽게 영향을 받고, 부모는 알게 모르게 자기 기분을 이용해 자녀를 통제한다.

한 남자 대학생이 쉬하오위안 박사가 운영하는 '신위신心育心' 사이트에 이런 글을 올렸다.

"하고 싶은 일을 할 수가 없어요. 제가 그걸 하면 부모님이 싫어하실 뿐만 아니라 저도 기분이 안 좋아지거든요."

왜 그럴까? 그는 쉬하오위안 박사와 온라인 상담을 하면서 중학교 때 있었던 일을 이야기했다. 당시 타이산 옆의 황량한 산에 오르려는데 부모가 강하게 반대했다는 것이다. 그는 긴 시간 부모를 설득한 끝에 결국 허락을 받았다. 그는 매우 즐겁게 놀았고, 조금도 다친 곳 없이 집으로 돌아갔다. 그러나 무사히 집에 돌아왔는데도 부모는 여전히 냉랭했고 관심의 말 한마디 건네지 않았다. 그 후로 그는 부모가 언짢아하는 일은 하지 않기로 맹세했다. 대학도 가고 싶은 곳이 아니었지만, 부모의 바람이라 그들을 기쁘게 해주려고 입학했다.

스트레스 전가의 부작용

부모는 스트레스를 전가하는 방식으로 자녀를 통제하고 자기가 계획한 노선대로 나아가게 하려고 한다. 그들은 바람을 이룰 수 있겠지만, 이로 인해 아이들에게는 여러 가지 심리적 문제가 발생할 수 있다고 쉬하오위안 박사는 말한다.

첫째, 자녀의 학업 스트레스가 심해진다. 한 고3 담임은 졸업한 학생이 대학 생활 중 엄마의 잔소리를 가장 무서워하더라고 전했다. 게다가 아이가 받는 학업 스트레스는 두 배, 세 배의 수준이 아니었다. 부모는 당사자가 아니어서 아이가 받는 스트레스를 진정으로 체감하지 못한다. 그래서 부담을 줄 때 쉽게 자제력을 잃는다. 헬리콥터 맘처럼 스트레스를 가할 때 이미 통제력을 잃은 상태다.

둘째, 자녀의 개인 공간이 침범당한다. 부모의 '엄격한 감시' 아래 자란 아이들은 심리적 경계에 대한 개념이 부족해 성인이 된 후에도 쉽게 남에게 의지하거나, 도리어 타인을 통제하게 된다. 부모가 자녀의 사적 영역을 존중해주지 않으면 자녀는 자기와 타인의 사적 영역을 존중하는 법을 배우지 못한다.

셋째, 자녀가 외부 평가 체계를 형성한다. 어릴 때 부모의 평가를 많이 신경 쓴 아이들은 성장한 후에도 친구, 선생님, 사장님, 동료 등의 평가에 신경 쓰기 쉽다. 매일 남의 평가 속에 살면서 내면의 욕구대로가 아닌 타인의 좋은 평가를 얻기 위해 일한다. 내부 평가 체계가 있는 아이는 학습 본연의 즐거움을 누릴 줄 알며, 이는 아이가 열심히 공부하는 최대 동기가 되어준다. 그러나 외부 평가 체계에 통제되는 아이들은 '천성적인 학습 동기'가 '부모를 위해 공부하는 동기'로 대체돼 남의 칭찬과 성적에 지나치게 연연하고 시험에 관한 불안을 느낀다.

변화의 길: 아이와 함께 발전하기

스트레스를 아이에게 전가하는 것은 공멸을 자초하는 일이다. 아이에게 큰 해가 되는 일이며, 부모도 편하지만은 않다. 아이가 감사하는 마음을 갖기 쉽지 않으므로 많은 부모가 속상해하며, 고마워하지 않는 자녀에게 원망하는 마음을 갖기도 한다.

이런 공멸을 어떻게 피해야 할까? 쉬하오위안 박사는 다음의 몇 가지부터 시작해볼 것을 권한다.

아이에게 공간을 주자

쉬하오위안 박사는 아이들이 "어른들이 저더러 효자래요"라고 말하

왜 가족이 힘들게 할까

는 것을 매우 듣기 싫어한다. 무엇이 효도인가? 효도는 기본적으로 부모를 존중하는 것을 의미하지만, 많은 경우 '부모 말을 무엇이든 따르는 것'이라는 뜻으로 쓰인다.

하지만 부모의 의견이 늘 옳고 성숙할까? 쉬하오위안 박사는 그렇게 생각하지 않는다.

"사실 부모도 화가 나면 아이들처럼 이성을 잃어요. 항상 자기 과거의 경험에 비춰 자녀에게 요구하죠. 하지만 부모의 요구는 근본적으로 불합리하고 현시대에 맞지 않거나 부모의 권위를 지키기 위한 거예요."

그는 "부모가 독단적으로 아이의 성장을 도맡아 무엇이든 대신 결정하면 자녀는 스스로 결정하고 결단을 내리고 사고하는 법을 배우지 못합니다"라면서 부모가 자녀에게 개인적 공간을 충분히 내주어야 자녀가 온전하게 독립된 인격으로 발전할 수 있다고 덧붙였다.

자아를 성장시키자

쉬하오위안 박사는 많은 부모가 자신의 '이상적 자아'를 기초로 자녀를 키운다고 말한다. 그러나 현실 자아와 이상적 자아 사이의 거리가 너무 멀면, 자녀가 부모의 말과 행동이 다르다는 것을 알게 되기 때문에 성장 후 강하게 반발하기 쉽다.

더 중요한 점은 부모 스스로 성장해야 한다는 것이다. 그러면 부모로서도 사회 적응에 대한 두려움이나 지나친 불안감을 겪지 않는다. 게다가 부모가 자신의 성장에 더 관심을 갖게 되면 자녀의 일에 툭하면 간섭하는 일도 없어진다.

다년간 학생 심리상담을 해온 한 심리상담사는 "그저 아이의 성장에 문제가 있는 거라면 해결하기 쉬워요. 하지만 그 이면에 부모의 문제가 존재한다면, 부모가 먼저 바뀌지 않는 한 해결하기 어렵습니다"라고 말한다. 또한 그는 부모가 자녀의 문제를 어떻게 해결할지만 맹목적으로 고민하고 본인에게서는 원인을 찾으려 하지 않는다면 자녀 문제를 해결할 수 없다고 단언했다.

부모는 자녀와 함께 성장하고 발전해야 한다. 그것이 가장 좋은 방법이다. 쉬하오위안 박사는 "가정은 하나의 체계입니다. 자녀에게 문제가 생기면 필연적으로 부모와 관련된 원인을 찾을 수 있죠. 이를 부모가 알아야 해요"라고 말한다. 자녀의 변화를 바란다면 가족 시스템 전체가 바뀌어야 한다.

사랑의 방식을 진화시키자

쉬하오위안 박사는 말한다. 과거에는 물질적으로 풍족하지 않았기에 부모의 사랑 표현 방식이 자기를 희생해 자녀의 생존 조건을 보장하는 것에 집중됐다. 하지만 현대에는 물질적 결핍이 부차적인 문제가 됐으므로 부모도 마땅히 사랑하는 방식을 진화시켜야 한다. 물질을 제공하는 데 집중하던 과거의 방식에서 벗어나 자녀의 인격 성장과 심리적 욕구를 고려해야 한다.

끝으로 쉬하오위안 박사는 조급해질 때면 다음 질문을 하며 반성해보라고 부모들에게 조언했다.

"내가 고려한 것은 누구의 심리적 욕구일까? 진짜로 불안한 사람은 누구인가?"

자녀의 성장을 부모의 신앙으로 삼지 말자

동창회 자리에서 만난 두 사장이 깊은 대화를 나눴다. 두 사람 모두 벌이가 좋고 가정도 화목했으며 가족들도 모두 건강했다. 그러나 한 가지 공통된 고민이 있었다. 자녀의 성적에 지나치게 관심을 갖는다는 것.

두 사람은 허베이성의 명문 고등학교를 졸업하고 명문대에 입학했다. 의식적으로는 자녀에게 스트레스를 주지 않으려고 한다. 어차피 자녀들이 학업 면에서 자신들을 뛰어넘을 확률은 매우 낮기 때문이다. 그러나 자녀의 성적은 이들의 심리 상태에 뚜렷하게 영향을 미쳤다. 자녀의 성적이 오르면 기쁘고 떨어지면 낙담했다. 두 사람은 이제 삶에서 더 이루고 싶은 것도, 바라는 것도 없다면서 신경 쓰는 것은 자녀의 발전뿐이라고 했다. 그 말에 나는 순간 이해가 됐다. 이들은 자녀의 성장을 신앙으로 삼고 있었다.

중국은 무신론 국가이며 반개인주의 사회다. 그렇다면 개인의 정신적 생명과 영혼을 어디에 둘 수 있을까? 신앙에도, 자기 자신에게도 쏟을 수 없다. 그렇다면 만만한 곳은 부모에 대한 효도와 자녀 양육이 두 가지뿐이다. 부모에 대한 효도 행위에서는 정신적으로 무언가를 기대하기 어렵다. 그러나 자녀는 다르다. 자녀의 성장과 변화는 부모에게 자극을 가져다주어 삶이 새롭고 희망적이라고 느끼게 한다.

중국인에게는 보편적으로 자아와 정신이 의지할 만한 곳이 부족하다. 교양이 부족한 부모뿐만 아니라 교양 있는 부모도 마찬가지다. **최소한 우리는 자신의 자아를 자녀에게 기생하게 두어서는 안 된다.**

아이들은 왜 인터넷을
안전지대로 생각할까?

유아기에는 부모의 무조건적인 사랑이 안전지대를 형성한다. 마음속에 안전지대가 있으면 자녀는 자신감을 갖고 세상을 탐색하며 사람들과 교류한다. 자녀는 상처를 입거나 좌절을 겪게 되면 언제든 안전지대로 돌아갈 수 있다고 굳게 믿는다.

수많은 아이가 인터넷에 빠지는 흔한 이유는 믿을 만한 안전지대가 없기 때문이다. 부모와 학교로부터 '버려져' 안전지대가 산산조각 나면서 아이들은 인터넷에 허구의 안전지대를 만든다.

다음은 한 엄마가 심리상담사 위안룽친에게 보낸 편지다.

샤오윈은 올해 열여섯이에요. 태어난 지 한 달 후부터 초등학교 3학년 때까지 고향의 외할아버지와 외할머니 손에 컸어요. 3학년에서 6학년까지는 외삼촌, 외숙모와 함께 살면서 공부했죠. 중학교 1학년 때부터는 저희와 함께 광둥성 둥관시에 살면서 학교에 다니고 있고요.

샤오윈이 사물을 구별하고 기억하기 시작했을 때, '어떤 이유'로 누군가가 아이에게 "경찰이 잡으러 온다"고 거짓말을 했대요. 그 후로 낯선 사람이 마을에 오거나 오토바이, 자동차 소리가 들리면 놀라 울며불며 어디로 숨어야 할지 몰라 난리를 쳤다네요(제 부모님은 무척 아이를 챙겼어요. 지금도 딸아이는 자기를 가장 아껴주는 사람이 외할아버지라고 할 정도로 가장 믿고 존경해요).

외삼촌 댁에서 살 때 외숙모는 샤오윈과 대화하는 일이 많지 않았어요. 낮에는 학교 가고 저녁에는 자습을 했는데 누가 데려다주지 않고 늘 혼자 다녔대요. 항상 부모나 다른 가족이 데려다주고 데리러 오는 친구들을 보면서 딸아이는 제게 자주 전화해 야간자율학습 후 돌아가는 길이 너무 무섭다고 했어요. 외삼촌과 외숙모는 자기를 사랑하지 않아서 데려다주지도 않고 데리러 오지도 않는다고 했죠. 아이는 다른 친구들을 부러워했어요. 부모의 사랑을 받으면서 용돈도 많고, 옷도 잘 입고 다니니 외모도 예쁘다고요. 자기가 못생겨서 우리가 사랑해주지 않을까 봐 두려워했죠. 하지만 이런 심리적인 부담을 안고도 딸아이는 열심히 공부했고 지각이나 결석을 한 번도 안 했어요. 하교하면 곧바로 집에 갔고 숙제도 늘 제때 마쳤죠. 성적도 늘 좋았고요.

5학년 1학기, 샤오윈은 학교에서 달리기 시합을 하다가 오른손이 부러졌어요. 그런데 의료사고로 다섯 손가락의 감각을 잃고 손을 움직일 수 없게 된 거예요. 아이는 속상하고 고통스러워 울면서 제게 전화했어요. 손을 못 쓰게 됐다고, 펜을 쥐고 글씨를 쓸 수 없으니 평생 공부할 수 없게 됐다고요. 손을 낫게 할 수만 있다면 저는 뭐든 할 수 있었기에 딸을 데리고 광저우와 선전에 가 진료를 받았어요. 아이는 세 번의 고통스러운 수술을 받고 약 8개월간 침을 맞았어요. 8개월간 아이는 누구의 동행도 없이 혼자 왔다 갔다 했죠. 점차 손이 회복됐고 다시 손가락에 감각이 돌아온 걸 알았을 때, 아이는 기뻐서 펄쩍 뛰며 얼른 제게 전화해 기쁜 소식을 전해 줬습니다.

그런데 딸아이의 손은 나았지만, 성적이 급격하게 떨어졌어요. 아이는 그 현실을 받아들이지 못했어요. 매번 점수가 나오면, 믿을 수 없어 했죠. 그 후로 학업에 흥미를 잃은 딸아이는 다른 즐거움을 찾기 시작했어요. 6학년 1학기에 인터넷을 배우더니 자율학습이 끝나면 PC방에 가서 두 시간씩 놀았어요. 이를 알게 된 외삼촌이 꾸짖으니까 도리어 더 심하게 놀기 시작했어요. 때로는 집에도 들어가지 않고 PC방에서 밤을 새우기도 했고요.

딸아이의 상황을 알게 된 저는 너무 걱정이 됐습니다. 아이가 공부를 열심히 할 수 있도록, 그리고 저희가 교육하고 가르치기 편하도록 환경을 바꾸기로 했어요. 중학교 1학년 1학기, 우리는 아이를 등관으로 데려왔어요. 처음 몇 주 동안은 말도 잘 듣고 공부도 열심히 했죠. 그런데 어째서인지 전학 온 지 한 달도 안 돼서 고질병이 재발했어요. 선생님이 아이가 PC방에 갔다고 애 아빠에게 말했죠. 그러자 남편이 아이를 꾸짖었고, 원래도 무척 좋지 않았던 부녀 사이는 더 안 좋아졌어요.

결국 딸아이는 기숙사에서 살고 싶다고 했어요. 학교에서나 공부할 기분이 들고, 궁금한 게 생기면 언제든 선생님에게 물을 수도 있다면서요. 우리는 기숙사 생활을 반대했지만, 딸아이는 엉엉 울면서 기숙사에 보내주지 않으면 공부를 안 하겠다고 으름장을 놓았죠. 당근과 채찍을 다 써봐도 설득할 수 없었던 저희 부부는 아이 뜻대로 해줄 수밖에 없었어요. 예상했던 대로 학교 기숙사로 옮긴 뒤, 딸아이는 자습 시간에 몰래 도망쳐 PC방에 갔어요. 선생님이 발견하고는 또 애 아빠에게 말했죠. 남편이 훈육도 해보고 꾸짖어도 봤지만, 샤오윈은 말을 듣지 않았어요. 결국 더는 참을 수 없었던 남편이 아이를 매섭게 때렸어요. PC방에 가지 못하게 용돈도 줄였고요.

하지만 아무 소용이 없었습니다. PC방에 갈 돈이 없으니까 반 친구의 돈을 훔치더라고요. 일이 커져 반 친구들이 알게 됐고 담임 선생님은 친구들 앞에서 아이를 꾸짖고 경고를 했어요. 앞에 나와 자기비판까지 하게 했죠. 그 후로 아이는 공부에 완전히 흥미를 잃었어요. 전에는 그저 저녁때 두 시간 정도 인터넷을 할 뿐이었지만, 지금은 낮에도 PC방에 가고 돈이 없으면 주변의 지인에게 빌려서 가더군요.

인터넷은 오래 하는데 낼 돈은 없으니 PC방 사장이 3일을 가둔 적도 있어요. 최근에는 20일 넘게 가출도 했었습니다. 등관에 있는 크고 작은 PC방을 다 찾아다녔지만, 아이를 찾을 수 없었죠. 저희는 너무 속상했어요. 결국 아이는 제 발로 집에 돌아왔습니다. 결석 기간이 길어지자 학교에서는 사고의 책임을 지게 될까 봐 샤오윈을 자퇴시키려고 준비하고 있었어요. 그래서 각종 인맥을 동원해 다시 고향에 있는 학교에 가서 중학교 1학년 2학기를 시작하게 했죠.

고향에 돌아간 처음 3개월간 아이는 사촌 형님 댁에 있었어요. 초반에는 잘 처신하더군요. 학예회에 나가 상도 받고 그랬죠. 선생님과 친구들은 샤오윈에게 다재다능하다고 칭찬했고 아이도 기뻐했어요. 하지만 아이는 소심하고, 예민하고, 허영심이 많고, 외모에 너무 신경을 썼어요. 얼마 후, 사촌 형님 내외에게 이렇게 말했대요. 매번 학교 가는 길에 누군가가 자신을 보고 못생겼다고, 걷는 것도 이상하다고 그런다고요. 여기서는 공부할 수 없다면서 꼭 둥관으로 전학시켜달라고 부모님한테 말해달라고 했대요.

그래서 또 작년 9월에 아이를 둥관으로 전학을 시켰죠. 지난 9월부터 설 20일 전까지는 행실이 괜찮았어요. 중간고사에서도 문과 1등을 했고 백일장에서도 1등을 했고요. 그런데 기말고사 며칠 전, 갑자기 일주일이나 결석하더니 PC방에 틀어박혔습니다. 우리가 알게 될까 봐 겁이 났는지 수업 시간에 PC방에 가고 하교 시간에 맞춰 집에 돌아왔어요. 선생님이 전화해 아이의 행방을 묻지 않았다면 저희는 까맣게 모르고 있었을 거예요. 아이는 인터넷을 하느라고 기말고사 때 두 과목이나 시험을 보지 않았더라고요. 겨울방학 때도 집에 오지 않고 며칠 밤낮을 PC방에 처박혀 있었죠.

샤오윈은 성격이 제멋대로에 비사교적이고 까칠하고 이기적이에요. 타인을 사랑하거나 고마워하는 능력도 부족합니다. 자존심과 허영심이 유난히 강하고요. 둥관에 온 뒤로 아빠와는 한마디도 하지 않았고, 밥 한 끼도 같이 먹으려고 하지 않았어요. 아이는 QQ

왜 가족이 힘들게 할까

게임에 빠져 매일 온라인 친구와 전화하고 메일을 보내요. 자주 일기를 쓰는데 저희에 대한 원망이 심하더라고요. 다른 사람이 가르치는 것도 거절해요. 누군가가 가르치려고 하면 짜증난다면서 노발대발해요. 한번은 고래고래 소리를 지르면서 그 사람을 죽이겠다고 하더군요. 인터넷에 빠진 후로 지금까지 몇 번이나 돈을 훔쳐 가출했어요.

그야말로 무법천지, 구제불능의 지경에 이르렀어요. 딸아이 문제로 너무 괴롭습니다! 하지만, 저희의 고통과 슬픔은 딸아이의 마음을 움직이지 못해요. 저희 딸은 양심 없는 폐인 같아요.

"나는 누구도 원치 않는 아이"

이 편지를 읽고 내 머릿속에는 한 가지 이미지가 떠올랐다. 아주 어린 소녀가 울면서 안전한 곳을 찾아 달려가지만, 어떻게 해도 찾지 못하고 헤매는 모습이다.

미국 임상심리학의 대가 칼 로저스Carl Rogers[2]는 부모의 무조건적이고 적극적인 관심은 유아에게 매우 중요한 성장 요인이 된다고 말한다. 부모는 무조건적으로 자녀를 사랑한다. 어떤 조건도 걸지 않고, 질책도 하지 않는다. 그저 자신의 아이이기 때문에 어떤 결점이 있어도 사랑하고 보호한다.

부모의 무조건적이고 적극적인 관심을 얻으면 아이의 마음속에는 '안전지대'가 만들어진다. 아빠, 엄마의 사랑은 그 안전지대의 바탕이 된다. 아이는 자신 있게 세상을 탐색하고 관계를 맺으며, 상처받기를 두려워하지 않는다. 누군가가 자기를 거절하거나 원치 않아서 상처를 받게 되더라도 이 안전지대로 돌아오면 된다고 굳게 믿기 때문이다. 부모는 여전히 자신을 사랑하고 지지해줄 테니까.

나이가 들어감에 따라 이런 안전감은 잠재의식으로 쌓여간다. 이런 잠재의식이 있는 성인은 아동기에 부모를 믿었던 것처럼 믿을 만한 사람을 찾아낸다. 타인의 속내를 의심하는 일은 드물지만 믿고 사랑할 만한 가치가 없는 사람으로부터는 단호하게 떠나며, 어리석은 짓을 잘 하지 않는다. 이들도 상처를 받지만 상처가 비교적 빠르게 치유된다.

부모가 아닌 사람이 양육한다=나는 버림받았다

샤오원은 이런 안전감을 얻지 못했다. 도리어 어렸을 때부터 무력감에 시달렸다.

나중에 샤오원의 엄마도 인정했다. 편지에서 언급했던 '어떤 이유'는 바로 샤오원이 둘째라는 것이다. 부부에게는 이미 딸이 하나 있었는데 시댁에서 아들을 매우 원했다. 아들을 낳으면 어떻게 해서든 곁에 두겠다고 다짐했지만 뜻밖에 또 딸을 낳게 됐다. 실망한 부부는 채 한 달도 되지 않은 샤오원을 외가에 숨겼다.

"경찰이 잡으러 온다"라며 샤오원에게 겁을 준 사람은 다름 아닌 그녀의 가족이었다. 그들은 샤오원의 신분이 드러날까 봐 계획출산 담당 공무원이 마을에 올 때면 샤오원을 숨기면서 "울지 마. 울면 경찰 아저씨가 너 잡아가"라고 겁을 주었던 것이다. 샤오원은 이리저리 숨어다니는 환경에서 자랐다. 그녀의 부모는 샤오원을 보러 매년

한 번씩 고향에 와서 선물을 잔뜩 주고 갔다. 샤오원은 그들이 부모라는 걸 알았지만 엄마, 아빠라고 부르지 못하고 삼촌, 숙모라고 불러야 했다(중국은 그동안 조건부로 두 명까지 출산을 제한하다가 2015년 10월 이후 정식으로 '1가구 2자녀'를 허용했다-편집자).

나는 어린 샤오원이 얼마나 막막한 심정이었을지 알 것 같았다. 아마 이런 생각을 했을 것이다.

'나쁜 사람이 와도 날 보호해줄 사람이 없어. 아빠, 엄마가 있지만 날 원하지 않아. 내가 남자아이였다면 날 원했을 텐데. 예쁜 언니가 부러워. 부모님은 언니는 원하지만 나는 원하지 않아. 내가 못생겨서겠지. 외할아버지와 외할머니가 잘해주시긴 하지만, 외삼촌네 사촌들에게도 똑같이 잘해주시는걸. 아니, 나한테보다 더 잘해주시지. 외삼촌과 외숙모도 내게 잘해주지만, 자기 자식들이 우선이겠지.'

'아무도 날 원하지 않아'

"날 사랑해주는 사람이 없어요. 난 아무도 원하지 않는 아이예요."

이런 무력감이 샤오원의 16년 인생을 관통하고 있었다. 샤오원은 그래서 죽기 살기로 공부했다. 공부를 좋아해서가 아니라 사랑을 얻기 위한 수단이었다. 성적이 좋으면 부모가 자기에게 잘해주고 성적이 안 좋으면 부모가 실망할 거라는 걸 알았다. 그래서 열심히 공부했다. 그래야 부모의 사랑을, 특히 엄마의 사랑을 얻을 수 있기 때문이었다. 그녀는 아빠를 미워했다. 아들을 원했던 것도, 자기를 시골로 보낸 것도 아빠였기 때문이다.

샤오원에게도 아주 작은 안전지대가 있었다. 그러나 이 안전지대의 바탕은 부모의 무조건적인 사랑이 아니라 '좋은 성적'이었다. 공부를 잘할 때는 어떤 좌절을 겪어도 마음의 안전지대로 돌아가면 잠시나마 안전감을 느낄 수 있었다. 그러나 사고 이후, 그 취약한 안전지대마저 부서져 버렸다. 전화로 엄마에게 '평생 공부할 수 없게 됐다'고 울며 하소연한 것도 실제로는 엄마의 사랑을 얻지 못하게 될까 봐 걱정했던 것이다. 엄마가 자기를 사랑하는 조건이 좋은 성적이라고 믿었기 때문이다.

유일한 안전지대였던 성적까지 곤두박칠치다

샤오원은 학교에 못 가게 될까 봐 무척 두려워했다. 그래서 고통스러운 치료를 받으면서도 극도의 의지를 발휘해 꾹 참았다. 고통을 모르는 사람이 어디 있겠는가. 안전감이 있는 아이는 운다. 울음은 일종의 믿음이다. 우는 아이는 자기가 울면 부모가 와서 보호해준다는 것을 알며, 그 믿음이 심리적인 고통과 불안을 줄여준다. 그러나 샤오원은 울지 않았다. 부모가 좋아하는 자신은 똑똑하고 강한 딸이지 약한 딸이 아니라고 생각했기 때문이다.

수술은 성공했지만, 그녀는 실패했다. 1년 가까운 시간을 대가로 지불했지만, 성적은 곤두박질쳤다. 이때 샤오원의 안전지대도 같이 무너졌다. 다른 아이들도 성적이 떨어져 속상할 때가 있을 것이다. 그러나 샤오원처럼 진심으로 슬퍼하는 아이는 많지 않다. 성적은 샤오원이 가진 유일한 안전지대였기 때문이다.

이럴 때 엄마가 곁에 있으면서 "네가 어떻든 간에 너는 내 사랑하는 딸이야. 네가 어떻든 난 널 무조건 사랑해"라고 거듭 말해줬다면 상황은 크게 좋아졌을 것이다. 그러나 엄마는 그녀 곁에 있지 않았고 전화로만 위로했다. 샤오윈이 상심했을 때, 하늘이 무너져 내린 것 같았을 때, 사랑을 잃게 될까 봐 걱정할 때 아무도 그녀를 안아주지도, 이해해주지도, 받아주지도 않았으며 그저 멀리서 훈육하고 지도하려고만 했다.

그래서 샤오윈은 PC방에 갔다. 인터넷에는 아무런 조건 없이 그녀를 지지해주고 그녀의 하소연을 들어주는 사람들이 있기 때문이다.

비뚤어진 행동은 결핍된 안전감의 표현

"아이가 인터넷 중독이에요!"

샤오윈 엄마의 편지에서 그녀가 이 일에 얼마나 불안을 느끼는지 알 수 있었다. 그녀는 점점 떨어지는 딸의 성적이 걱정돼 등관 집으로 데려왔다. 샤오윈에게는 드디어 집에 돌아왔음을, 부모에게 받아들여졌음을 의미했다. 그러나 실제로는 엄마가 자기를 사랑해서 데려온 것이 아니라 점점 떨어지는 성적이 걱정돼 어쩔 수 없이 데려왔다는 사실을 확인하는 계기가 됐다. 엄마의 사랑에는 조건이 따른다는 것을 확인한 것이다.

"우리가 널 사랑하고 말고는 네 성적에 달렸어."

위안룽친은 말한다. 집에 돌아가기 전, 샤오윈은 매일 집에 돌아가는 환상을 가졌고 기대치가 매우 높았다. 그러나 집에 돌아가자마자 그 환상이 깨지고 말았다. 엄마는 자기보다 성적에 더 관심을 가졌다. 아빠는 자신을 원하지 않았다. 샤오윈 역시 자기가 아들이 아니라서 싫어했다는 이유로 아빠를 미워했다. 명백히 아빠도 그녀를 미워했다. 안 그래도 힘든 상황에서 샤오원을 위해 많은 대가를 치렀는데 그녀가 조금도 고마워할 줄 모른다고 생각했다.

위안룽친에 따르면 부모와 분리된 적이 있는 아이들은 집에 대해 높은 기대치를 갖는다고 한다. 그러므로 아이가 막 집에 돌아왔을 때 특별하게 대우해줘야 한다. 아이의 비뚤어진 행동은 결핍된 안전감 때문이며 안전감을 회복하려면 무조건적으로 사랑해주어야 한다는 것을, 부모라면 반드시 알아야 한다.

샤오원의 부모는 이런 준비가 안 됐다. 그래서 샤오원은 자신의 기대가 환상일 뿐이었음을, 진짜 부모는 자기 상상과는 상당히 거리가 있음을 알게 됐다. 이런 감정이 샤오원의 안전지대를 또 한 차례 무너뜨렸다. 결국 집에 돌아간 지 한 달도 안 돼 PC방으로 도피했다.

전쟁 아닌 전쟁을 치르면서 샤오원과 부모는 서로에 대한 실망만 커졌다. 아빠는 그녀에게 손찌검을 했고 용돈까지 끊었다. 결국 샤오원은 학교로 도망쳤다. 그러나 학교에서도 버려졌다. 친구의 돈을 훔치자 담임 선생님은 반 친구들 앞에서 공개 사과를 하게 했다. 샤오원에게 이 일은 선생님도 친구들도 자기를 원하지 않는다는 것을 의미했고, 안전지대의 한 조각이 또 이렇게 부서졌다.

샤오원은 집도 학교도 안전지대가 되어주지 못하니 차라리 인터넷으로 도망치자고 생각했다. 그녀는 인터넷에서 실마리를 찾아내 새로운 안전지대를 세웠다. 그래서 낮에도 PC방에 가게 됐으며 밤낮으로 인터넷에 빠지게 된 것이다.

어린 시절의 그림자는 평생에 걸쳐 커다란 영향을 미친다. 샤오원은 벌써 열여섯 살이지만, 실제로는 아주 어린 꼬마 아이에서 아직 벗어나지 못한 채 안전한 곳을 찾아 헤매고 있다. 하지만 어디에서도 찾지 못한다. 편지의 마지막 부분이 이를 증명한다.

다시 고향의 학교로 돌아간 후, 샤오윈은 학예회에 참여했고 심지어 문과 1등은 물론 백일장에서도 1등을 거머쥐었다. 그뿐 아니라 선생님과 친구들에게 칭찬도 들었다. 그러나 이미 불안감이 너무 많이 쌓인 탓에 샤오윈은 이런 칭찬을 바탕으로 안전지대를 만들기 어려웠다. 오히려 '소심하고 예민'해졌으며 남들이 자신을 못생겼다고 말한다고 생각했다. 샤오윈의 엄마는 이 부분을 이해할 수 없다고 했지만, 사실 이해하기 어려운 일은 아니다. 어린 시절, 샤오윈은 자기가 못생겨서 부모가 싫어한다고 생각하지 않았던가. 지금도 버려지는 느낌을 반복해서 받았을 뿐이다.

안전감이 강한 사람은 타인의 부정적인 반응에 크게 신경 쓰지 않는다. 그러나 샤오윈은 안전감이 매우 낮아서 극도로 예민해져 부정적인 정보를 쉽게 알아보며, 그런 정보를 접할 때마다 '버려졌다고 추측하기'를 반복한다. '내가 못생겨서 부모님이 날 싫어하는 거야.'

위안룽친은 사람이 어릴 때 안전감을 많이 얻지 못하면 커서도 새로운 안전지대를 만들기 어렵다고 말한다. 샤오윈이 바로 그런 사례다. 겉으로 보기에는 다 자란 아이였으니, 부모는 다 큰 아이를 대하듯 그녀를 대하며 이것저것 요구하고 질책했다. 그러나 샤오윈은 여전히 안전지대를 찾아 헤매는 어린아이의 상태에 머물러 있었다. 우선 샤오윈의 인터넷 중독을 바로잡으려면 부모와 자녀 양쪽이 모두 노력해야 한다. 샤오윈은 자기가 컸으니 더 많은 책임을 질 수 있다는 것을 알아야 한다. 그녀의 부모도 아이의 심리 상태가 유아기에 머물러 있다는 것을 인지하고 무조건적인 사랑을 주어야 한다. 전체적인 가정의 체계가 좋은 방향으로 발전해야 샤오윈도 인터넷 중독에서 벗어날 수 있다.

위안룽친은 인터넷이 없었다면 샤오윈의 안전감은 더욱 철저하게 무너져 더 무서운 짓을 벌였을지도 모른다면서 오히려 인터넷 중독에 고마워해야 한다고 말했다.

인터넷 중독보다
더 무서운 시험 중독

정상적 심리기능은 이익이 되는 것은 따르고 해가 되는 것은 피한다. 비정상적 심리기능은 해가 되는 것은 좇고 이익이 되는 것은 피한다. 예를 들어 역한 대변 냄새를 피하는 것은 정상적인 심리기능이다. 그런데 대변 냄새를 향기롭다고 느끼고 선뜻 다가간다면 이것은 비정상적 심리기능이다. 그런 점에서 보면 현재의 입시 교육 제도에서는 인터넷 중독보다 시험 중독이 더 무서우며 더욱 경계해야 한다.

〈충칭석간重庆晚报〉에서는 산시성 시안시의 한 고등학교 2학년 여학생이 '시험 중독증'에 걸렸다고 보도했다. 시험에 집착하는 증상으로 며칠간 시험을 보지 않으면 '초조'해하고 '허전'해했다. 게다가 1등을 못 하면 실패했다고 여겼다. 고득점의 목적도 선생님에게 칭찬받고 친구들에게 부러움을 사기 위해서였다.

시험 중독은 좋은 일일까, 나쁜 일일까? 이에 대해 심리상담사 위둥후이는 "의심의 여지 없이 나쁜 일"이라고 말한다.

위둥후이는 "현재의 입시 교육에서 아이들은 시험에 대한 극도의 부담감으로 염증을 느끼는데, 이는 정상적이고 이해 가능한 일"이라 며 "시험에 연연하면서 시험을 삶의 가장 큰 즐거움으로 삼는 것은 끔찍한 심리 상태"라고 덧붙였다.

"시험에 중독된 아이들이 얻는 것은 비교적 우수한 성적, 이 한 가지예요. 하지만 매우 비싼 대가를 치르죠. 제가 아는 사례들만 해 도 제때 관여하지 못한 탓에 끝내는 편집성 인격장애paranoid personality disorder 또는 조현병으로 발전했어요."

위둥후이는 좋지 않은 일을 겪으면 부정적인 충돌 감정이 생기는 것이 정상이라고 여겼다. 좋지 않은 일을 겪었는데 긍정적인 즐거움 의 감정이 생긴다면 이는 비정상이다. 현재의 입시 교육은 학생들에 게 부정적인 모순 감정을 느끼게 하며, 심지어 인터넷 중독까지 일으 킨다. 인터넷 중독은 비합리적으로 보이지만 실제로는 매우 쉽게 이 해할 수 있으며 관여하기도 쉬운 편이다. 그러나 시험에 중독되면 며 칠만 시험을 못 봐도 견디기 힘들어한다. 이런 심리 상태는 비정상적 이며 관여하기도 어렵다.

시험 중독, 비정상적인 상벌 방식에서 비롯한다

시험 중독은 일반적으로 자녀에 대한 부모의 비정상적인 상벌 방식 에서 비롯된다. 시험을 잘 보면 아이들은 엄청난 칭찬을 받는다. 그 러나 다른 면에서는 아무리 잘해도 이 정도의 칭찬을 받지 못하며 심지어 아예 칭찬을 받지 못하기도 한다. 반대로, 시험을 망치면 호된 꾸중을 듣는다. 이처럼 시험 성적만을 기준으로 한 단일 상벌 방식이 아이들의 시험 중독을 부른다.

인간의 대뇌에는 쾌락중추pleasure center가 있다. 쾌락중추가 한 가지 이유로만 빈번하게 자극받으면 우리는 이 자극과 '사랑'에 빠지게 된다. 이 자극이 얼마나 위험한지와는 상관없이, 피곤한 줄도 모르고 이 즐거움에 빠져든다. 이때 '이로운 것은 좋고 해로운 것은 피하는' 심리기능은 심각한 상처를 입는다.

한 심리학자가 가벼운 전기 충격으로 흰 생쥐의 쾌락중추를 자극한 뒤, 흰 생쥐에게 금속 막대를 눌러 스스로 전기 충격을 주는 법을 가르쳤다. 이후 흰 생쥐는 아무것도 하지 않고 죽을 때까지 자기 몸에 전기 충격만 가했다. 성적을 기준으로 상벌을 가하는 부모들의 방식은 심리학자가 흰 생쥐에게 한 전기 충격 실험과 방법은 다르지만 같은 효과를 낸다.

위둥후이는 얼마 전, 시험 중독증에 걸린 남학생 샤오딩을 치료했다. 광저우 한 도시의 명문 고등학교 2학년이었는데, 당시 아이는 매일 새벽 2~3시까지 공부하고 아침 5~6시에 일어났다. 엄마가 제발 좀 쉬라고 해도 소용없었다. 그는 공부에 지나치게 빠져서 공부를 하지 않으면 매우 불안해했다.

중학교에 들어갔을 때, 샤오딩은 종종 반에서 1등을 했다. 그러나 아이는 여기에 만족하지 못하고 반드시 전교 1등, 시 전체 1등을 하겠다고 다짐했다. 중3이 학업에 집중하는 것은 당연한 일이라 샤오딩의 엄마도 아이의 이런 태도를 크게 개의치 않았다. 그러나 샤오딩은 고등학교 입학시험을 치른 후에도 여전히 죽기 살기로 공부에 매달렸다. 새 학교에서 좋은 성적을 받을 수 있도록 고1 학과 과정을 미리 공부했다. 샤오딩의 엄마는 걱정스러운 마음에 아들을 데리고 심리상담사를 찾아가려 했으나 샤오딩의 아빠는 아이가 공부를 좋아하는 것이 뭐가 나쁘냐며 반대했다.

나중에 아이가 나날이 허약해지고 정신적으로도 극도로 흥분하는 모습을 보면서 샤오딩의 엄마는 아들이 망가질까 봐 걱정돼 남편의 반대를 무릅쓰고 심리상담사를 찾았다.

시험 중독의 원인은 과도한 칭찬

위둥후이는 샤오딩이 '시험 중독증'에 걸린 것은 이해하기 어려운 일이 아니라고 했다. 집에서도 샤오딩은 손가락 하나 까딱하지 않아도 됐다. 그의 유일한 '임무'는 좋은 성적을 얻는 것이었다. 좋은 성적을 받으면 부모님은 온갖 칭찬과 상을 주었다.

그뿐만이 아니었다. 샤오딩의 좋은 성적은 이 가정을 유지하는 가장 중요한 버팀목이었다. 부모는 사이가 안 좋아 자주 싸웠고 이혼까지 할 뻔했다. 그러나 샤오딩의 성적이 오르면 부모는 매우 기뻐하면서 한동안 싸우지 않았다. 반대로 샤오딩의 성적이 제자리걸음이거나 조금만 떨어져도 부모의 관계는 악화됐다.

이중의 압력이었다. 샤오딩은 자기를 위해서도 열심히 공부해야 할 뿐만 아니라 부모의 관계를 유지하기 위해서도 공부를 잘해야 했다. 그 때문에 샤오딩은 위기의식이 강했다. 그런데 문제는 샤오딩의 성적이 이미 뛰어나다는 데 있었다. 반 1등도 이미 최선을 다한 것인데 거기에서 한 단계 더 발전하는 일이 어디 말처럼 쉽겠는가. 그러니 더 시간을 들여서 치열하게 경쟁할 수밖에 없었다.

위둥후이는 고도의 스트레스만으로 시험 중독에 빠지기는 어려우며, 쾌락이 아이를 이 상태로 끌고 온 거라고 강조했다. 좋은 성적은 샤오딩에게 원하는 것을 전부 얻을 수 있는 길이었고, 성적이 잘 나오면 부모는 그를 '우리 집 구세주'라고 불렀다. 하지만 이는 아이에게 과도한 칭찬이다.

인터넷 중독보다 시험 중독이 더 해롭다

위둥후이는 가장 심각한 시험 중독 사례를 보면 당사자의 심리기능이 심각하게 망가져 있다고 말한다. '악마에게 마음을 통제당하는 것'처럼 그들의 마음은 '이익을 좇되 해로운 것을 피하지' 못한다.

반대로 인터넷에 중독된 아이들은 적어도 심리기능 면에서는 기본적으로 정상이다.

"인터넷에 중독된 아이들은 따뜻한 가정이 아니라거나 부모가 가하는 스트레스가 너무 크다거나 하는 등의 이유로 집을 감옥처럼 느껴요. 이른바 인터넷 중독도 엉망진창인 감옥에서 덜 엉망진창인 다른 감옥으로 도피하는 것에 지나지 않죠."

저명한 심리학자이자 우한중더정신의학과 원장인 청치평은 '인터넷 중독' 같은 단어로 아이를 묘사하는 것을 극도로 반대했다. 이런 단어는 일종의 '악마화'이며 인터넷이 아이에게 일으키는 일정 정도의 보호 작용을 무시하는 행위라고 봤다. 내가 아는 한 이는 심리학계 대다수 전문가의 공통된 의견이다.

교육학계의 적지 않은 전문가도 이에 동의한다. 시안시 교육학회 전임 회장 쉬젠궈许建国는 "시험 중독증은 인터넷에 연연하는 것만큼 해롭다"라고 말했다. 인터넷에 지나치게 집착하는 것에는 심리적인 관여가 필요한데, 심각한 시험 중독에는 심리적인 관여가 더더욱 필요하다.

샤오딩은 한동안 위둥후이와 심리치료를 한 뒤, 매일 2~3시까지 공부하던 것을 12시까지로 줄였다. 그러나 샤오딩의 아빠가 격렬하게 반대하고 나서는 바람에 치료가 중단됐다. 위둥후이는 "무척 안타깝다. 아이의 미래가 너무 걱정된다"고 했다.

"이대로 간다면 아이는 편집성 인격장애로 발전할 거예요. 성적이 아이 삶의 유일한 버팀목이 되면, 이 버팀목이 무너졌을 때 조현병을 앓게 될 수도 있어요."

나는 이런 사례를 직접 경험한 적이 있다. 베이징대 본과 시절, 내 기숙사 아래층에 살던 수학과 학생은 한 과목에서 F를 받자 조현병에 걸렸다. 공교롭게도 깊은 밤에 발병했는데, 그는 알몸으로 기숙사 건물을 뛰어다니며 이렇게 외쳤다.

"나는 베이징대 학생이다! 나는 베이징대 학생이다!"

인생 최대의 정신적 지주였던 '좋은 성적을 받아 인정받기'가 무너진 탓이다.

공부 중독과 시험 중독을 구분하라

위둥후이는 공부 중독과 시험 중독을 반드시 구분해야 한다고 강조한다. 공부에 중독된 아이는 지식이 주는 즐거움을 즐긴다. 이는 자연스러운 즐거움으로 호기심이 충족됨으로써 얻는, 세상을 더 많이 이해함으로써 얻는 즐거움이다. 이런 쾌락은 단일한 성질의 쾌락이 아니기 때문에 삶에서 차지하는 비중이 아무리 커도 앞서 언급했던 흰 생쥐처럼 히스테릭하게 죽을 때까지 추구하진 않는다.

이것은 일종의 내부 평가 체계*다. 공부에 중독된 아이는 매우 독립적이다. 스스로 자기 상황을 통제하고 있음을 알고, 타인에 의해 쉽게 흔들리지 않는다. 이런 아이는 성장한 후에도 더욱 독립적이고 창조적인 사람이 된다.

반대로, 시험에 중독된 아이의 즐거움은 사실상 타인의 손에 좌우된다. 이 아이들이 바라는 것은 지식이 주는 본연의 즐거움이 아니라

● 내부 평가 체계와 외부 평가 체계 ●

참자아가 있는 사람은 내부 평가 체계를 형성한다. 즉 행위의 동력이 자기 내면에 있다. 거짓자아가 있는 사람은 외부 평가 체계를 형성한다. 즉 행위의 동력이 외부의 타인에게 있다.

내부 평가 체계가 있는 학생은 공부와 학습 자체가 주는 큰 즐거움을 좋아한다. 반대로 외부 평가 체계가 있는 학생은 외부의 보상을 얻기 위해, 다시 말해 부모와 선생님의 칭찬을 얻기 위해 열심히 공부한다. 외부 평가 체계의 비애는 타인의 평가에 지나치게 신경 쓰느라 자기를 잃는다는 데 있다.

순수하게 내부 평가 체계만, 또는 외부 평가 체계만 존재하는 경우는 없다. 관건은 한 사람의 동력 체계에서 어떤 체계가 주도하느냐다.

부모와 선생님 등 타인의 칭찬과 인정이다. 앞서 언급했던 시안의 고2 여학생도 선생님에게 칭찬받고 친구들의 부러움을 사기 위해 공부했다. 그녀의 학습 동력은 '반드시 다른 사람보다 더 높은 점수를 받아야 해'라는 비교 심리에서 비롯됐다. 그녀는 1등을 하지 못하면 실패라고 생각했다. 한번은 수학 시험에서 3등을 했다. 가족들은 잘했다며 계속 열심히 하라고 독려해주었다. 그런데 그녀는 시험을 못 본 데 대한 '벌'이라며 자진해서 이틀이나 굶었다.

취미를 많이 갖게 하라

위둥후이는 시험 중독증에 걸리지 않게 하려면 다음과 같이 해보라고 조언했다.

1. 성적만을 기준으로 상벌을 내리지 말자.

아이가 좋은 성적을 받으면 함께 기뻐하되 지나친 칭찬은 삼가야 한다.

"외부의 칭찬이 지나치게 잦으면 내면의 희열을 빼앗겨요. 아이에게는 시험 성적이 좋은 것 자체가 일종의 보상입니다. 아이가 지식 습득을 즐거워한다면 그 자체가 아이에게는 자기 학습에 대한 인정이 됩니다. 그로 인해 내면의 희열을 느끼고, 그 희열은 가장 좋은 학습 동력이 되죠. 그러나 물질적으로 과도한 보상이 자주 주어지면 외부의 보상이 내면의 희열을 대체해 학습 동기가 불순해집니다."

2. 아이가 시험을 망쳤을 때, 질책하지 말고 이해해주자.

시험 중독증에 걸린 아이들을 보면 대체로 부모가 공부에 요구하는 기준치가 상당히 가혹하다. 시험을 잘 보면 '그 장점 하나로 모든 단점이 덮이는' 상황이 돼 다른 문제들을 일절 추궁받지 않는다. 그러나 시험을 망치면 '그 단점 하나로 모든 장점이 소용없어지는' 상황이 벌어진다. 다른 방면을 아무리 잘해도 부모가 인정해주지 않는 것이다. 심지어 아이가 반에서 1등을 해도 부모가 이렇게 말할 수 있다.

"의기양양할 게 뭐 있어. 이 정도 성적으로 기고만장해? 전교 1등은 해야 잘했다고 할 수 있지!"

3. 적당히 집안일을 돕게 하자.

많은 가정에서는 공부가 아이의 유일한 임무다. 이런 교육 환경이라면 아이가 성적을 유일한 정신적 지주로 삼게 되는 것도 그리 이해하기 어려운 일이 아니다.

4. 다른 취미를 갖게 독려하자.

다른 취미를 갖게 하되, 취미를 임무로 삼게 하지는 말자. 완성해야만 하는, 잘해야만 하는 임무로 여기게 되면 취미는 본연의 의미를 잃고 부담이 된다. 아이를 실험실의 흰 생쥐처럼 시험이라는 쾌락만을 느끼게 하지 말자. 인생에는 다양한 즐거움이 있어야 한다.

시험을 망치는
아이의 속사정

원활한 소통은 건강한 가정의 지표 중 하나다. 이런 가정에서 아이는 부모에게 자기 기분과 불만을 직접적으로 표현한다. 이는 매우 필요한 일이다. 불만이 생겼는데 표현을 못 하게 제지당하면 아이는 특수한 방식으로 불만을 표출하게 된다.

불만을 시험 망치는 것으로 표출하는 아이

가장 흔한 표현 방식은 '수동적 공격'이다. 고의인 듯 아닌 듯 잘못을 저질러 부모를 매우 화나게 하는 것이다. 그러면 부모는 아이를 꾸짖거나 때리며 비난한다. 언뜻 부모가 자녀를 비난하는 것 같아 보이지만, 사실상 아이의 깊은 내면이 일부러 부모의 화를 돋운 것이다. 그러나 아이는 능동적이 아니라 수동적으로 공격하기 때문에 여전히 착해 보인다.

수동적 공격의 전형적인 예는 '의사 자녀가 자주 아프고, 교사 자녀가 공부하지 않는 것'이다. 저명한 심리학자인 청치평의 관점이다. 그는 "의사 자녀가 자주 아프고 교사 자녀가 공부하지 않는 일은 심리상담 중 자주 경험하는 사례"라고 말한다.

내 내담자 중에도 선생님이 많은데, 이런 한탄을 꽤 많이 듣는다.

"교육이 제 업인데, 애가 공부를 이다지도 못하니 남들에게 제가 뭐라 말을 하겠어요?"

회원 수 8만에 이르는 더우반 커뮤니티 '부모는 모두 화근'에는 상당수 회원이 교사의 자녀다. 글을 보면 그들이 왜 교사 부모를 싫어하는지 알 수 있다.

심리상담사 랴오치廖琦도 청치평의 관점에 동의했다. 그녀는 한 가지 예를 들어 설명했다.

광저우의 모 중학교 3학년인 샤오용은 공부를 열심히 했다. 그런데 평소 보는 사소한 시험들에서는 줄곧 뛰어난 성적을 유지했으나 큰 시험, 예를 들어 중간고사나 기말고사, 입학 시험 등은 예외 없이 거의 망쳤다. 샤오용의 부모는 둘 다 교사이며 엄마는 그가 다니는 중학교에서 근무한다. 그녀는 모든 수단을 생각해봤지만 어떤 방법도 먹히지 않았고, 결국 아들을 데리고 심리상담사를 찾았다.

랴오치를 만난 자리에서 샤오용의 엄마는 한바탕 하소연을 늘어놓았다.

"저는 뛰어난 교사예요. 지역에서 입소문도 났죠. 우수한 학생도 많이 배출했어요. 그런데 정작 제 아들은 제대로 못 가르치니 정말 창피해요."

말을 마친 그녀는 훌륭한 사람이 되지 못하는 아들을 한탄스러운 눈길로 바라봤다. 샤오용은 속상한 것 같아 보였지만, 고개를 푹 숙인 채 엄마와 눈을 마주치지 않으려 했고 심리상담사와도 눈을 맞추지 않았다.

아이 엄마의 이야기를 들은 뒤, 랴오치는 그녀를 상담실 밖으로 내보내고 샤오용과 일대일로 상담을 진행했다. 엄마가 상담실을 나가는 순간, 샤오용은 고개를 조금 들었다. 랴오치는 방금 전까지 아이 얼굴에 어려 있던 부끄러움이 삽시간에 사라지고 부루퉁한 기색이 그 자리를 대신하는 것을 목격했다.

"그 표정이 의미하는 바를 알아요. 이런 사례를 많이 봤죠. 의식적으로는 무척 부끄러워하지만 내면 깊은 곳에서는 큰 원망을 품고 있는 거예요."

그녀는 이것이 가정의 소통 방식에 좌우된다고 말했다. 부모는 샤오용을 매우 사랑했다. 과보호라 할 수 있을 정도였다. 다른 어떤 일도 시키지 않고 그저 좋은 성적을 받기만 바랐다. 그러고는 '순종'을 요구하면서 자주 이렇게 말했다.

"다 너 잘되라고 이러는 거야. 넌 엄마, 아빠가 얼마나 애쓰는지 알아야 한다."

시험을 망치는 데서 오는 쾌감

샤오용의 행동을 보면 부모의 마음을 완벽히 이해하는 듯했다. 매일 아침 일찍 일어나고 늦게 자면서 부지런히 공부했다. 부모 말에 순종

왜 가족이 힘들게 할까

하는 것은 물론 자주 이런 바람을 내비쳤다. 가장 좋은 대학에 가고 가장 좋은 회사에 취직하고 싶다고, 돈 많이 벌어서 부모님 사랑에 보답하고 싶다고 말이다.

부모는 무척 기뻐하면서 매번 샤오용에게 이렇게 말했다.

"우리는 너한테 보답 같은 거 바라지 않아. 성적만 잘 받으면 그것으로 충분해."

하지만 샤오용은 평소 자잘한 시험에서는 성적이 좋았지만, 큰 시험만 보면 망쳤다.

상담을 여러 차례 진행하고서야 샤오용은 속마음을 드러냈다.

"왜 그런지 모르겠는데, 중요한 시험에서 성적이 별로면 살짝 쾌감부터 느껴져요. 그러고 나서야 창피해지고 실패했다는 느낌이 들죠. '또 시험을 망쳤구나. 또 엄마를 실망시켰구나' 하고요."

언뜻 느껴졌다가 사라지는 쾌감이 진짜 문제였다. 샤오용의 내면은 좋은 성적을 받고 싶지 않았던 것이다. 상담 끝에 샤오용은 인정했다.

"저는 엄마, 아빠가 싫어요. 부모님의 하루가 매일 저를 중심으로 돌아가는데 답답해서 견딜 수가 없어요. 하지만 또 금세 이렇게 생각해요. '어떻게 엄마, 아빠를 미워할 수 있어? 너한테 이토록 잘해주고 헌신하는 부모를 미워하다니 넌 양심도 없어?'라고요."

샤오용은 부모에 대한 불만을 부인했지만, 끝내는 그 불만을 중요한 시험을 망치는 것으로 표출했다. 그 안에 담긴 의미는 이렇다.

'내가 좋은 성적을 받기를 바라죠? 두 분이 가장 신경 쓰는 게 그거니까 나는 시험을 못 볼 거예요. 하지만 날 탓하지는 마세요. 난 노

력했어요. 문제는 분명히 엄마, 아빠의 교육 방식에 있어요.'

이런 심리는 다수의 사춘기 아이들처럼 미묘하다. 샤오용은 이런 자기 심리를 의식하지 못한다. 그저 엉망인 성적을 받고 어렴풋하게 쾌감을 느꼈을 뿐이다.

랴오치는 샤오용의 엄마와도 몇 번의 상담을 진행하고 그녀를 이해시켰다. 아들은 '과보호+성적'의 교육 방식을 싫어한다고, 그러니 너무 성적을 예의주시하지 말고 당분간 '될 대로 되게' 내버려 뒤보라고 했다. 그녀는 한참을 망설이더니 마침내 해보겠다고 대답했다. 랴오치는 회상했다.

"처음 모자가 방문한 건 상반기였어요. 당시 샤오용은 중2였죠. 나중에 들으니 중3 진급 성적이 좋아서 반에서 상위권을 차지했다고 하더라고요. 평소 받는 성적만큼 받았대요."

말을 너무 잘 듣는 아이는 수동적 공격을 할 가능성이 크다

샤오용은 수동적 공격●의 전형적인 사례다. 그는 부모에게 불만이 컸다. 하지만 이런 가정에서는 불만을 표출하는 것을 허락하지 않는다. 그래서 의식적으로는 부모의 말을 따랐다. 부모가 열심히 공부하라고 하니 열심히 했다. 부모가 '다 널 위해서야'라며 이해하라고 하니, 아이는 알았다면서 자신이 부모를 얼마나 사랑하고 그들의 고충을 이해하는지 말해주었다.

그러나 부모가 가장 신경 쓰는 성적에서 문제가 생겼다. 매번 중

왜 가족이 힘들게 할까

요한 시험 성적을 받았을 때 느낀 그 쾌감에서 샤오융의 비밀이 드러났다. 그의 잠재의식은 시험을 잘 보고 싶지 않았던 것이다.

샤오융의 행동은 교사인 부모의 민감한 부분을 정확히 건드렸다. 부모는 분노했고 심지어 수치심을 느꼈다. '착한 아이'의 잠재의식이 지닌 목적이었다. 이런 방식을 통해 수동적으로 부모에게 비난을 가했던 것이다.

이런 사례는 매우 많다. 도덕적이라고 자처하는 부모들의 자녀는 통제되지 않는 말썽꾸러기로 변할 수 있다. 특별한 이유 없이 나쁜 짓을 하다가 들키면 서럽게 울지만, 돌아서면 참지 못하고 또 나쁜 짓을 한다. 집에 돈이 많고 부모가 용돈도 넉넉하게 주는데 도벽이 있는 아이도 있다. 이들의 부모는 도덕을 매우 중시하지만, 아이들은 친구들의 별 볼 일 없는 물건을 또 훔친다.

청치평은 여러 의사 자녀를 치료했는데 아이들은 부모의 전공이 무엇이냐에 따라 꼭 그 방면의 질병이 생겼다.

"이 부모들은 자기가 가장 자부심을 느끼는 부분을 아이에게 조롱당하고 그로 인해 깊은 수치심을 느낍니다. 이것이 바로 아이의 잠재의식이 달성하려는 목표죠."

그는 이런 아이들의 부모에게 세 가지 공통점이 있다고 말한다. **첫째, 아이를 통제하려는 욕구가 매우 강하다.** 그들은 아이가 무언가로 좌절을 겪는 것도 두려워해 문제가 생기지 않도록 삶의 여정을 최대한 완벽하게 설계하려고 한다. **둘째, 아이에 대한 기대치가 높다. 셋째, 아이가 부모에 대한 불만을 표현하는 걸 허락하지 않으며 아이의 최대 장점이 '순종'이라고 여긴다.**

대부분의 인간관계는 불균형하다. 한쪽이 강하면 다른 한쪽은 약세에 놓인다. 게다가 강세인 쪽이 공격성까지 강하면 약세인 쪽의 감정 표현이 막힌다. 그러나 모든 사람은 공격당하면 분노를 느끼고 반격하려고 한다. 아무리 불균형한 관계라도 이 점은 예외가 없다.

약자는 직접적으로 분노를 표현할 수 없게 되면 독특한 방식으로 반격을 시도한다. 의식적으로는 강자의 요구를 거스르지 못하고 그들의 의지에 도전하지 못한다. 강자의 비난에도 무조건 순종하며 말을 잘 듣는다. 그런데 알 수 없는 상황이 일어난다. 아주 간단한 일을 망쳐버리는 것이다. 약속은 쉽게 이행하지만, 신용은 지키지 않는다. 어쨌든 그들은 영문을 알 수 없는 잘못을 저질러 강자의 화를 돋운다. 이때 강자는 심각한 침해를 당한 것처럼 보인다.

이것이 바로 약자의 반격이며, 그들이 깊은 내면에 지니고 있는 갈망이다. 그들은 강력한 분노를 표현하지 않는다. 심지어 화도 전혀 내지 않는다. 그러나 까닭을 알 수 없는 잘못을 저지름으로써 직접적인 분노로 강자를 공격하는 것과 다르지 않은 효과를 거둔다. 이런 심리 기제를 '수동 공격성passive-aggression'이라고 한다.

아이에게 독립된 공간을 돌려주자

이상의 세 가지 특징이 결합하면 아이는 숨이 막힌다고 느낀다. 사실은 부모에게 심각한 불만을 느끼지만, 능동적으로 표현할 수는 없어서 수동적인 방식을 택하는 것이다.

청평치는 말한다.

"삶의 가치는 선택에 있지만, 부모는 이 점을 자주 있죠. 아이가 선택하게 두지 않고 자기가 대신 선택해버려요. 하지만 부모가 뭐든 아이 대신 결정하는 것은 자녀를 죽이는 행위나 다름없어요."

그는 이것이 철학적인 설교가 아니라 아이들이 느끼는 진짜 감정이라고 강조했다. 자기 인생에서 스스로 결정을 내리는 아이들은 생명력이 풍부하다. 어리기 때문에 얼마간의 좌절을 겪을 순 있다. 그러나 좌절 끝에는 성취감이 함께해 자기 삶이 다채롭고 풍성하다고 느끼게 된다.

"무엇보다 중요한 점은 아이의 삶은 아이 것이란 겁니다."

반대로 아이가 부모의 결정에 따를 수밖에 없다면 이 결정이 정확할수록 아이가 느끼는 질식감도 강해진다. 아이는 얻는 자원이 많아질수록 능력이 점점 강해지지만, 다른 한편으로 삶의 열정은 점점 낮아진다. 이를 느낀 아이들은 부모에게 싫다고 말하려 하지만, 순종하라고 교육받았기 때문에 싫다는 말도 하지 못하고 수동적인 방식으로 부모에게 모욕을 준다.

통제욕이 매우 강한 부모는 자주 무력감을 느끼기 때문에 아이들의 수동적 공격은 쉽게 성공한다. 부모는 자녀가 말도 잘 듣고 항상 노력하며 바른길을 가고 있기는 한데, 좋은 결과를 내지 못한다는 사실을 발견하곤 한다.

청치평은 "아이들이 '부모님이 강제로 하게 하는 일들이 싫어요. 나는 내 인생을 살고 싶어요'라고 외치기 때문"이라고 말한다.

이를 개선하는 가장 좋은 방법은 적절히 손을 떼는 것이다. 아이에게 '열심히 살고 나쁜 짓은 하지 말기'처럼 기본적인 선만 정해주자. 그런 다음에는 아이가 스스로 자기 삶을 결정하게 두고 꼭 필요한 순간에만 도와주자.

또한 청치평은 '소통'이라는 명목으로 아이에게 대화를 강요하지 말라고 강조한다. 아이도 성인과 마찬가지로 은밀한 사적 공간을 바라기 때문이다. 부모가 아이의 모든 비밀을 엿보려고 하면 아이는 반드시 특수한 방식을 이용해 자기 공간을 지키려고 한다. 이는 가장 기본적인 본능이다. 왜냐하면 '나'는 반드시 타인과 어느 정도 거리를 둬야만 알 수 있기 때문이다. 타인과 지나치게 가깝게 지내면 나 자신이 되는 데 방해가 된다.

청치평은 모든 부모에게 심리학의 기본 원칙 두 가지를 말해준다.

첫째, 비밀이 없다면 아이는 영원히 성장하지 못한다.

둘째, 부모가 무엇이든 대신 결정하는 것은 아이를 죽이는 일이다.

_5

고등학교 12학년과
중학교 9학년, 그리고 스트레스

한 아이가 고등학교를 12년 동안 다녔다. 고3만 10년을 다닌 것이다. 중국 입시 교육의 극단적인 병폐다. 고등학교 수준의 지식이 10년이나 다녀야 얻을 수 있는 것일까?

베이징사범대 심리학과 교수인 정르창鄭日昌은 "아니다"라고 대답한다. 그는 **많은 재수생이 해결해야 하는 것은 지식 수준의 문제가 아니라 심리 문제**라고 말한다. 여기서 심리 문제란 바로 스트레스다.

'난 고등학교 7학년인데, 넌 몇 학년?' 바이두의 '대입 시험을 보자' 게시판에 올라온 글의 제목이다.

원래 고등학교는 3년 과정이다. 그러나 재수가 유행하면서 재수 1년 차는 고등학교 4학년이라고 불리게 됐다. 이 고등학생은 벌써 3년을 재수했지만 그해 대입 시험에서 원하던 대학에 붙지 못해 다시 재수하기로 했고, 그래서 고등학교 7학년이 된 것이다.

게시판에서 그는 외롭지 않다. '고등학교 8학년의 자술서'라는 게시물의 작성자는 고등학교 8학년 만에 전문대에 붙었다고 고백했다.

그러나 이 게시물은 남의 이야기를 듣기 위한 미끼였고 수많은 재수 신화를 끌어냈다. 친구 형이 고등학교 12학년까지 재수했는데 결국 칭화대에서 박사까지 했다는 댓글도 달렸다. 슬픈 이야기도 있다. 친구의 친척이 원하는 대학에 가기 위해 12학년까지 다니다가 지쳐서 그만두고 고3 때도 합격할 수 있었던 대학에 갔다는 댓글도 있었다.

인터넷상에는 못 믿을 이야기도 많지만 개중에는 신빙성 있는 이야기도 있다. 정르창 교수는 나와의 인터뷰에서 고등학교 12학년, 고등학교 9학년까지 다닌 사례를 알고 있다고 말했다. 고등학교 12학년 학생의 목표는 높지 않았다. 그저 4년제 대학에 가고 싶었을 뿐이다. 그러나 9학년인 아이는 현실 이상으로 포부가 원대했다. 매번 대학에 붙었는데, 그 대학이 별로라며 자퇴하고 재수했다. 그 결과 6년을 재수했고 마침내 바라던 일류 명문대에 붙었다.

정 교수는 이 아이들이 여러 해 동안 재수를 하면서 주력해야 할 것은 심리 문제를 해결하는 것이라고 생각했다.

"아이들의 기초지식은 고3, 고4, 고5에 이미 다져져요. 그 후의 재수 기간에는 부족한 지식을 보완한다기보다 스트레스를 줄이는 심리적인 노력이 주가 되죠."

재수 2년 후, 중1 과정부터 다시 시작

나도 비슷한 경우를 본 적이 있다. 고등학교 7학년, 9학년, 12학년 같은 사례는 보지 못했지만 내가 중학교 때, 같은 반에 9학년인 여학생이 있었다.

나는 허베이의 농촌에서 자랐다. 그때 우리 지역에는 중학교 졸업 후 중등전문학교(직업 교육 위주의 학교로, 한국의 기술고등학교와 유사하다-옮긴이) 또는 사범학교(중학교 졸업 후에 진학할 수 있는 교사 양성 학교로, 사범대와 다르지만 이곳을 졸업해도 교사로 일할 수 있다-옮긴이) 시험을 보는 것이 유행했다. 빨리 취업해 농민 호적에서 도시 호적으로 전환하려는 목적이었다. 당시 경쟁이 매우 치열했는데 이 여학생은 매우 열심히 공부했다. 중학교 3학년 때 몇 점 차이로 중등전문학교에 입학하지 못했던 그녀는, 재수를 했지만 연달아 2년 동안 몇 점 또는 십몇 점 차이로 커트라인을 넘지 못했다. 그녀는 자신의 기초지식에 의심을 품고 중학교 1학년 과정부터 재수를 시작했다. 그러나 8학년이 됐음에도 여전히 몇 점 차이로 합격하지 못했다. 그녀는 또 한 번 재수를 결정했고 같은 반이 됐다.

이 여학생처럼 재수하는 학생이 우리 학교에만 200여 명이 있었다. 졸업반은 총 8학급이었는데 반마다 평균 20~30명의 재수생이 편입해 들어왔다.

그 전에 한 가지 말해두어야 할 재미있는 일이 있다. 중학교 2학년 졸업시험에서 나는 전교 55등(그해 졸업 예정자 55명 중 꼴찌)이었다. 중학교 3학년 첫 번째 시험에서도 여전히 전교 55등이었는데 그해 졸업 예정자 중에서는 1등이었다.

당시 나는 아무리 생각해봐도 이 상황이 이해가 되지 않았다. 내가 평상시보다 잘한 것도 아니고 같은 반 우수한 친구들의 지식수준이 나보다 못한 것도 아닌데 왜 갑자기 나보다 성적이 떨어졌을까? 한참을 생각한 끝에 나는 돌연 이해가 됐다. 나보다 성적이 좋았던 54명은 재수생이 200여 명이라는 데 엄청난 부담을 느낀 게 분명했다!

그도 그럴 것이 재수생들은 우리보다 1년 또는 2년, 심지어 6년을 더 공부했으니 기초지식이 탄탄하고 성적도 우리보다 좋다. 똑똑한 당해 졸업 예정자들도 아마 같은 생각에 질겁했을 것이다. 그러나 나는 타인의 존재를 크게 개의치 않는 인간인 데다 부모도 별다른 스트레스를 주지 않았다. 이런 무감각이 큰 도움이 돼 55명 졸업 예정자 중에서 유일하게 스트레스에 눌리지 않은 학생이 됐다.

성공의 비결은 하나, 스트레스 줄이기

이 이치를 깨달은 후, 시험 때면 나는 다른 사람보다 잠도 더 자고 더잘 먹으며 더 신나게 놀았다. 그 결과 내 성적은 중요한 시험 때마다 10~20등씩 껑충 뛰었고 마지막 고입 시험에서는 졸업 예정자 중 1등을 했다. 전체 성적도 전교 1등이었다. 다만, 합격 점수 계산에서 제외되는 역사와 지리, 생물 세 과목의 성적은 전교 5등 전후였다. 그럼에도 나는 여전히 내가 가고 싶던 명문 고등학교에 합격했다.

그 여학생도 뜻하던 중등전문학교에 합격했다. 그것도 합격 커트라인보다 몇십 점이나 높은 점수로 말이다. 중학교 9학년, 그녀에게는 무슨 일이 있었기에 성적이 대폭으로 올랐을까?

답은 하나다. 바로 스트레스 줄이기!

당시 우리 반 담임 선생님의 공이 크다. 그는 학생들의 스트레스를 줄이는 데 뛰어난 능력이 있었다. 3학년 8학급 중에서 우리 반에서만 서너 명이 중등전문학교와 명문고에 합격했다. 나머지 일곱 개 반에서는 합격자가 한 명도 없었다. 이런 성과의 원인은 학생의 자질과 노력 정도가 아닌 담임 선생님이 우리에게 자주 해준 말 덕분이었다.

"졸업 예정자가 뭐? 자기는 얕잡아보면서 재수생은 과대평가하지 마. 훌륭한 학생은 3년이면 충분해! 재수생들 겁낼 것 없어!"

그래서 우리 반 졸업 예정자들은 큰 부담을 느끼지 않았다. 선생님은 재수생들에게도 말했다.

"매일 기계처럼 공부하면 힘들지도 않냐? 공부한 거 또 하면 짜증 안 나? 너희는 지식이 부족한 게 아니라 시험을 너무 심각하게 생각하는 게 문제야."

그래서 우리 반 재수생들도 고입 시험에서 유난히 좋은 성적을 거뒀다. 우리 반에서 중등전문학교, 사범학교, 명문고에 입학한 아이들의 점수가 다른 일곱 개 반 학생들의 총점과 비슷할 정도였다.

현명한 부모는 스트레스 줄이는 법을 안다

스트레스가 너무 크면 사람이 무너질 수 있다. 그러나 이런 간단한 진리를 아는 사람은 별로 없는 듯하다.

고3 학기가 시작되기 전, 곧 졸업반에 들어가는 학생이 내게 편지를 보냈다. 부모가 매일 자기를 주시하면서 '인생 최대의 전투'를 위해 열심히 공부하라고 한다는 것이다. 애쓰는 부모의 마음을 이해하고 매일 순종하며 열심히 공부하지만, 속으로는 이런 생각이 든다고 했다.

'만약 내년에 시험을 망치면 어떡하지? 부모님께 너무 죄송하잖아.'

벌써 시험에 대한 걱정이 시작된 것이다.

보통 부모들은 스스로 심사숙고하고 내린 결론에 따라 행동하지 않고 대세에 따르거나 주관 없이 행동한다.

정르창 교수는 이렇게 말한다.

"교육부는 각지 교육 부처에 부담을 주고, 각 교육 부처는 교장에게, 교장은 교사에게, 교사는 아이들과 부모에게 부담을 줍니다. 그리고 부모는 자녀에게 또 한 번 부담을 주죠. 그 결과 아이들은 시험을 보기도 전에 스트레스로 무너져요."

정 교수는 "이 외에도 언론에서 떠들고, 교통부와 경찰들도 난리죠. 온 사회가 극도로 대입 시험을 주목해요. 이런 부담은 결국 아이에게 전가됩니다. 그러니 아이들이 스트레스를 안 받을 수 있겠어요?"라고 덧붙였다.

자기 주관 없이 대세라니까 따라 하는 부모는 이런 중압감에 휩쓸려 사회와 함께 자녀에게 부담을 줄 수 있다. 그러나 똑똑한 부모는 아이와 부담을 나누며 스트레스를 줄여준다.

정 교수는 스스로 그렇게 했다. 아들이 둘 있는데, 큰아이는 공부를 싫어하고 둘째는 공부를 좋아했다.

"첫째고 둘째고 담임 선생님이 저를 자주 찾았어요. 아이들에게 공부하라고 닦달 좀 하라고요. 선생님들 입장도 이해가 돼요. 가르칠 임무가 있으니까. 그래서 저는 선생님들에게 걱정하지 마시라고, 감독하겠다고 말합니다. 하지만 헤어지고 나면 그 일은 뒷전으로 밀어놓죠. 안 그래도 힘든 애들한테 뭘 더 닦달해요. 더 하면 아무리 좋은 의도였다고 해도 안 좋은 결과를 낳을 뿐이에요. 정말 아이를 생각한다면 스트레스를 더할 게 아니라 줄일 방법을 배워야 합니다."

이렇게 정 교수는 두 아들의 스트레스를 줄여주는 데 성공했다. 나중에 둘째 아들은 미국으로 유학을 갔고 그곳에서 취직해 터를 잡았다. 큰아들은 고졸이지만, 정 교수보다 훨씬 더 돈을 잘 번다.

"아이들이 즐겁게 살아가는 것, 그것이 무엇보다 중요합니다."

_6
자녀와 함께 대입 시험의
실패를 직면하라

대입 시험은 외나무다리다. 아이가 외나무다리를 건너도록 재촉하기 위해 많은 부모가 강압적인 방법을 쓰며, 성적이 오르고 내리는 것만으로 아이를 평가한다. 그 결과 아이는 좌절을 겪으면 매우 취약해진다. 특히 성적이 줄곧 뛰어났던 아이들은 대입 시험에 실패하면 그 충격을 혼자 감당하지 못한다.

대입 시험에서의 부진을 잘 대처하지 못해 심각한 심리적 장애를 얻는 아이들의 사례를 해마다 접한다. 시험 결과가 발표되면 일부 아이들은 감당할 수 없는 현실을 마주한다. 낙방 또는 원하는 대학에 합격하지 못하는 것이다. 그래서 나는 과거의 한 가지 이야기를 통해 아이들과 부모가 어떻게 이 현실을 대면해야 하는지 이해시키려 한다.

어려운 방법이 아니다. 한마디로 요약하면 **'부모가 진심으로 아이와 함께 좌절을 짊어지기'**이다. 좌절을 감당하는 능력이 취약해진 것

왜 가족이 힘들게 할까

은 결과이고, 대부분 원인은 강압적인 교육 방식에 있다. 그렇기에 아이는 이 좌절을 감당하기 힘들고, 혼자 감당해서도 안 된다. 중국에서 대입 시험은 수험생 혼자만의 일이 아니며 가정 전체의 일이다(부모들이 그렇게 생각해주기를 희망한다). 그러므로 실패했을 때 부모도 같이 책임지는 법을 배워야 한다.

물론 아이를 간섭하지 않고 독립된 공간을 존중해주는 부모들은 그렇게 할 필요가 없다. 그들의 자녀는 충분히 감당할 능력이 될 뿐만 아니라 혼자 좌절에 대처해나가면서 배움도 얻기 때문이다.

상담사 위안룽친은 말한다.

"대입 시험이 끝나고 졸업생 다섯 명에게서 도움을 청하는 전화를 받았습니다. 그 아이들은 자기 점수가 비교적 낮을 것으로 예측하고 어떻게 이 사실을 대면해야 할지 모르겠다고 했어요."

표면적인 사실은 점수가 낮아 원하는 대학에 합격하기 어렵다는 것이지만, 실제 아이들이 걱정하는 것은 남들이 자기를 우습게 보지 않을까 하는 것이다. **다시 말해, 아이들이 두려워하는 점은 실패가 아니라 '타인에게 부정당하는 것'이다.** 그래서 아이들은 자신을 가두고 타인과 교류하지 않는 방식으로 대처한다.

광저우의 한 명문고 졸업생 샤오딩이 위안룽친에게 전화를 걸어왔다. 그는 부모가 '시험은 어땠어?'라고 물어볼까 봐 걱정돼 매일 아침 도망치듯 집을 나가 밤늦게 돌아온다고 했다. 샤오딩은 "이번에는 확실히 못 봤어요"라고 말했다. 평소 성적이라면 일류 대학인 중산대에 입학할 수 있지만, 꼼꼼하게 예상 점수를 매겨본 결과 일반 대학밖에 가지 못하리라고 생각했다.

"부모님의 기대가 큰데 어떻게 말해야 할지 모르겠어요."

샤오딩은 나가서도 친구를 만나지 못하고 지인들을 피해 숨어 있다고 했다. 가끔 부모님이 친척 집에 놀러 가자고 할 때도 갖가지 핑계를 대며 가지 않았다. 같이 대입 시험을 본 사촌 동생의 예상 점수가 더 높았기 때문이다. 그는 친척들이 자기와 사촌 동생을 비교할걸 생각만 해도 괴롭다고 말했다.

위안룽친은 "다른 네 명의 상황도 비슷해요"라면서 "그들이 가장 두려워하는 건 자기 앞날이 아니라 타인에게 무시당하는 것"이라고 말했다.

이렇게 된 이유는 그들의 부모가 다년간 그렇게 교육해왔기 때문이다. 아이의 성적이 좋을 때는 매우 인정해주고 칭찬하며 각종 포상을 해주었지만, 성적이 안 좋으면 무시하고 질책했다. 부모들은 좋은 의도로 그랬다고 말할 것이다. 하지만 이런 극단적인 교육 방식으로는 아이들이 대입 시험이라는 가장 중요한 단계에서의 실패가 자신에 대한 궁극적인 부정을 의미한다고 생각하게 된다.

사례—자신을 가둔 실패자

이런 부정을 마주하고 싶어 하는 사람은 없다. 그래서 병적인 행동으로 그 상황을 회피한다.

아란이 자신을 가두고 두문불출한 지 2년이 지난 후에야 쑤 부인은 딸의 문제가 얼마나 심각한지 깨달았다. 고등학교 졸업 전까지 아란은 줄곧 또래 아이들에게 선망의 대상이었다. 똑똑하고 예뻤으며 성격도 활발하고 리더십도 있었다. 게다가 명문 고등학교에 다니는 내

내 최우수 학생이어서 모든 사람이 그녀가 푸단대 정도의 일류대에 갈 거라고 생각했다. 평소보다 실력을 발휘한다면 베이징대나 칭화대도 합격할 수 있을 테고, 대학 졸업 후에는 앞날이 탄탄대로일 것이 분명했다.

그러나 만사가 순조로워 보이던 아란은 대입 시험을 망치고 말았다. 무슨 이유에서인지 그녀는 시험 도중 그냥 백지 상태가 됐다. 조금도 긴장되지 않았고 흥분도 느껴지지 않았다. 그 결과 일반 대학밖에 갈 수 없는 성적을 받았다.

아란은 재수하고 싶어 했지만, 쑤 부인이 반대했다. 그녀는 강압적인 방식으로 딸을 교육했다. 예를 들어 반에서 3등 안에 들지 못하면 30분 동안 무릎을 꿇은 채 벽을 보고 반성하게 했다. 그러면서 이런 고압적인 방식이 사실은 하나의 전략이라고 합리화했다. 모진 상벌 방식을 통해 딸이 바라는 대학에 합격하도록 동기를 불어넣는다는 것이다. 하지만 딸이 실력을 발휘하지 못해 평범한 대학에 간다고 하더라도 자기는 받아들일 수 있다고 했다. 게다가 재수하는 아이들을 많이 봤는데 대체로 더 나은 성과를 내지 못하더라며 딸에게 그런 위험을 감수하게 하고 싶지 않다고 했다.

아란은 내키지 않았음에도 결국 엄마의 계획대로 일반 대학에 갔다. 그 후 아란의 성격이 크게 바뀌었다. 우선 고등학교 동창들과 연락하고 싶어 하지 않았다. 그녀는 엄마에게 남들이 비웃을까 봐 무섭긴 하지만, 그보다 더 싫은 건 동정받는 거라고 말했다. 대학 동기들과도 교류하기를 거부했다. '나와 친구 하기에는 수준이 맞지 않는다'는 이유였다. 그녀는 '학교가 작고 볼품없으며 교수들도 자질이 없다'는 이유로 다니는 학교도 하찮게 여겼다.

아란의 그런 태도에 짜증난 동기들은 한데 뭉쳐 그녀를 따돌렸고, 아란은 점점 수업에도 나가지 않아 성적은 엉망이 되어갔다. 그리고 결국 2학년 1학기를 마치고 자퇴했다.

분석: 자폐는 도피와 부정의 결합이다

학교를 그만둔 후, 아란은 방에 틀어박혀 두문불출했다. 누구도 만나지 않았으며, 부모와도 대화하지 않았다. 막 자퇴했을 때는 인터넷에 접속해 낯선 사람들하고만 대화했다. 그러나 1년 후에는 인터넷마저도 접속하지 않았고 매일 침대에 누워 잠만 잤다.

중간에 한 번 명문대를 졸업한 사촌 언니와 베이징에 놀러 가 사촌 언니의 모임에 함께 나간 적이 있다. 그러나 그 후로 그녀는 명문대 학생들마저도 업신여겼다. 그녀는 사촌 언니에게 이렇게 말했다.

"언니 친구들은 어쩜 그렇게 속물이야? 모여서 하는 얘기가 먹는 거 아니면 옷, 그것도 아니면 시집가는 거라니. 왜 하나같이 뭔가를 성취하려고 애쓰는 구석이 없어?"

정황을 파악한 위안룽친은 아란이 이미 조현병 전기前期에 해당한다고 분석하고, 자신의 상담실에서 치료할 수 있는 범위를 벗어난다며 다른 의사를 소개해줬다.

"아란의 문제를 치료하긴 어렵지만, 이해하기는 어렵지 않아요. 그녀는 자기를 가두고 누구와도 교류하지 않았어요. 부모와도 대화하지 않았죠. 이런 극단적 자폐 증상은 사실 타인의 부정에서 도피하기 위한 겁니다."

위안룽친은 많은 가정에서 아이가 학업에 집중하도록 다른 일에 일절 관여하지 못하게 하고 공부만 시킨 탓에 아이가 좋은 성적만을 심리적 버팀목으로 삼게 된다고 봤다. 그리고 이것이 현대 교육의 비극이라고 생각했다. 일단 이 버팀목이 무너지면 아이들의 정신세계도 무너진다.

쑤 부인은 강압적인 교육 방식이 일종의 전략일 뿐이며 딸이 감당할 수 있으리라고 생각했다. 딸이 엄마의 강압성을 벌써 인격의 일부로 내재화했으며 분리해내기도 어려울 지경에 이르렀다는 사실은 꿈에도 몰랐다.

예를 들어 아란이 3등 안에 들지 못하면 그녀는 무릎을 꿇게 하는 벌을 세웠다. 처음에는 딸이 제대로 하는지 감시했다. 그러나 나중에는 감시하지 않아도 아란 스스로 30분간 무릎을 꿇고 반성했으며, 이런 일을 당연하게 생각했다.

"시험을 못 봤으니까 당연히 벌을 받아야죠."

이 모든 강압적인 방식은 대입 시험에서의 성공이라는 한 가지 성과를 얻기 위함이었다. 그러나 아란은 실패했다. 아란 같은 학생에게는 이 실패가 의심할 여지 없는 절대적인 자기부정을 의미했다. 그로 인한 부담감이 너무 버거웠기 때문에 아란은 모든 관계에서 도망쳤다. 고등학교 동창들이 얕볼까 봐 두려운 마음에 그들과 왕래를 끊었다.

더 중요한 문제는 내면 깊은 곳에서 자신을 폄하하기 시작했다는 것이다. 위안룽친은 "자기를 어떻게 바라보느냐가 곧 타인을 바라보는 방식"이라고 말한다.

"아란은 대학에 다니면서 학교를 무시하고 교수를 무시했는데 실제로는 자기 열등감을 외부로 옮긴 거예요. 열등감과 자책이 심한 사람은 타인을 트집 잡고 탓하면서 쌓였던 나쁜 감정을 털어냅니다."

고등학교 졸업 후 아란의 모든 행위는 내면 깊은 곳의 자기부정에서 도피하기 위한 것이었다. 그러나 이런 자기부정은 자기에게서 비롯된 문제라 타인을 트집 잡고 부정한다고 해서 사라지지 않는다. 결국 아란은 자기를 철저히 폐쇄하는 상태까지 도망가 누구와도 왕래하지 않았다. 그래야 누구에게도 무시당하지 않을 것이기 때문이다. 그러나 그녀의 자기부정은 자기를 가둔다고 해서 사라지지 않았다. 오히려 더욱 강해졌다. 자폐 상황에서는 타인을 탓할 수 없어서 자신의 나쁜 감정을 털어낼 수도 없기 때문이다.

치료: 딸에게 사과하세요

아란이 약 2년간 자폐 상태로 지내자, 쑤 부인이 심리상담사를 만나 치료해 보려 했으나 때는 이미 너무 늦어버렸다.

위안룽친은 심리상담사가 조금만 더 빨리 개입할 수 있었다면 아란이 자폐 상태까지 가지는 않았을 것이라고 말했다.

그는 조기에 관여할 수 있었다면 쑤 부인이 딸에게 사과하게 했을 거라고 말했다. 이는 매우 중요한 과정이다. 아란도 다른 아이들처럼 대입 시험의 실패가 혼자만의 책임이라고 생각하고 있기 때문이다. 어차피 시험은 엄마가 아니라 자기가 보는 것이었으니까. 그러나 이

왜 가족이 힘들게 할까

런 궁극적인 자기부정을 혼자서 책임지는 일은 너무나도 고통스럽다. 그래서 아란은 이 사실과 대면하길 거부하고 끊임없이 도망쳤다.

이때 쑤 부인이 "엄마가 잘못했어. 잘못된 방식으로 네게 스트레스를 줘서는 안 됐는데, 정말 미안하다. 엄마가 한 모든 행동에 대해 사과할게"라고 먼저 말했다면 아란도 '이 부담을 나 혼자 짊어지지 않았구나' 하고 느꼈을 것이다. 그랬다면 이토록 혼자 고통스러워하지도 않고 자연스럽게 대입 시험의 실패도 직시할 수 있었으리라.

위안룽친은 그다음 이렇게 말하라고 조언했을 것이다.

"엄마에 대한 네 사랑을 이용해서 널 통제하려고 했지. 근데 엄마가 그러면 안 됐어. 넌 내 딸이고, 엄마는 널 사랑해. 네가 어떻든 아무 조건 없이 널 사랑한단다."

당연히 사과는 시작일 뿐이다. 충분히 진정성 있는 사과였다면 엄마는 새로운 도전에 부딪힐 것이다. 바로 딸의 비난이다. 처음에는 드문드문 비난하다가 차츰 거센 폭포수처럼 비난을 쏟아낼 것이다. 이럴 때 엄마는 어떤 자기변명도 해서는 안 된다. 그저 귀담아듣고 아이가 하소연하게 둬야 한다. 그리고 말해주어야 한다.

"너무 속상하고 또 너무 미안해. 네가 그렇게 생각하는지 몰랐구나. 전에는 너의 이런 감정을 무시했고, 널 이해하지도 못했어."

질책이 최고조에 달하면 아이는 공정성을 잃고 모든 책임을 부모에게 떠넘기는 경향을 보일 수 있다. 이때도 변명하면 안 된다. 종국에는 부모도 이런 자녀의 비난이 일시적인 행동일 뿐임을 알게 될 것이다. 그런 단계를 지나면 아이도 펑펑 울고 나서 부모에게 자신이 이해했음을 표현할 것이다.

"어렵고 힘든 과정입니다. 잘못된 교육 방식에 대해 진심으로 책임을 진다는 건 그리 유쾌한 일이 아니죠. 하지만 아이를 대입 시험의 실패에서 구해내고 싶다면 이 단계를 반드시 거쳐야 합니다. 부모의 강압적인 교육 방식이 아이에게 너무 큰 고통을 주었기 때문이죠. 이 점을 용기 있게 인정해야 해요."

부모가 이를 해내면 절대적인 자기부정에 빠졌던 자녀는 대입 시험에 실패했다는 사실을 용기 있게 대면할 수 있다.

위안룽친은 아이가 자기가치를 다시 세울 수 있도록 도와야 한다고 말했다. 대입 시험은 그저 인생이라는 기나긴 강의 한 부분일 뿐이며, 비록 시험이 중요하긴 하지만 그 일부가 실패했다고 인생 전체의 실패를 의미하는 것은 아님을 이해시켜야 한다. 담담하게 대입 시험의 실패를 받아들인 아이는 후회와 고통 속에 나날을 보내지 않고 이성적으로 새로운 길을 선택할 수 있다.

실패한 유학생은
어떻게 대해야 할까?

매사추세츠공과대MIT와 하버드대는 세계에서 가장 영향력 있는 대학이다. 자녀가 이런 학교에 입학하는 것은 중국 부모에게 최고의 꿈이다. 그러나 MIT를 졸업한 궈헝은 스물여덟 살에 자살했고 하버드를 졸업한 덩린은 조현병 환자가 됐다.

다년간 상담하면서 많은 사례를 접하고 다양한 이야기를 들어봤지만 부모에게 자부심이었던 일부 아이들은 휴학하거나 퇴학한 후 끝내 재기하지 못했다.

이런 사례들의 핵심은 부모들이 처음에는 상황의 심각성은 물론 자기 행동 방식이 아이에게 악몽이라는 사실을 몰라 제때 도움을 주지 못한다는 것이다. 그렇다면 유학 생활에 실패한 학생이 있는 가정에서는 부모가 어떻게 해야 할까?

덩린은 하버드대 박사에서 조현병 환자로 전락했다. 공부에 전지전능한 아이로 만들려던 부모는 그녀의 모든 선택을 하나하나 간섭했고, 그 결과 아이는 '나 혼자 아무것도 못 하겠구나'라는 무력감에 사로잡힌 것이다. 자기애와 무력감의 분열, 개인 의지와 부모 의지의 분열이 그녀의 정신을 죽이고 말았다.

덩린은 자기가 대단하다고 생각했는데, 이는 학업에만 국한되는 이야기였다. 다른 방면, 특히 대인관계에서는 자기가 매우 무능하다는 사실을 알게 됐다. 그때 그녀는 자기가 대단하다는 느낌을 계속 가져야 하는지, 아니면 무능하다는 느낌을 대면해야 하는지 몰라 당혹해하다가 끝내 분열을 일으켰다. 여기서 관건은 무능하다는 느낌을 어떻게 처리하느냐이며, 당사자와 부모 모두가 이를 충분히 인지해야 한다.

유학하다가 좌절하고 귀국한 아이들, 중·고등학교에 다니면서 좌절한 아이들을 담당한 적이 있다. 이 경험을 통해 몇 가지를 강조하고자 한다.

1. **자녀 심리 문제의 심각성은 부모의 상상을 초월한다.**
   이때 선택의 보기는 다시 학업을 이어갈 수 있는가, 부모의 체면을 되살려줄 수 있는가가 아니라 자녀가 살 수 있는가, 자녀의 정신이 회복될 수 있는가다.

2. **자녀에겐 깊이 잠들어 홀로 상처를 치유할 시간이 필요하다.**
   보통 아이들은 이럴 때 방문을 걸어 잠그고 혼자 지내므로 부모는 이를 이해해주어야 한다.

왜 가족이 힘들게 할까

3. 부모가 진정으로 자기 잘못을 절실하게 깨닫고 진심 어린 사과를 해야 한다.

그렇지 않고 함부로 자녀의 마음을 열려고 하면 안 된다. 부모는 분명 습관처럼 윽박지르려고 할 텐데, 이는 자녀가 상처를 받은 근본적인 원인이기 때문이다. 명심하자. 아이가 상처받은 근본적인 원인은 유학 환경도, 감당 능력 부족도 아닌 부모가 만든 고통이다.

4. 자녀를 진심으로 이해하지 못하는 다른 친척이 자녀와 대화하게 두지 말자.

그들이 옳고 그름을 따지며 잔소리하지 않고 아이의 마음을 귀담아들을 수 없다면 말이다. 이런 사람들은 애초에 아이의 방문, 즉 자녀의 마음의 문에서 최대한 멀리 떼어놓자. 아이의 문을 열고 들어가고 싶은 사람은 먼저 자신에게 이렇게 물어보자.

"아이의 고통을 이해하는가? 아이의 편에 서 있는가?"

그렇지 않다면 들어가지 말자.

5. 잘 돌보고 맛있는 음식을 해주는 것이 매우 중요하다.

이 시기 자녀의 정신연령은 어린 시절로 돌아가며 식욕의 만족이 큰 위안을 준다. 부모의 이런 행위가 치유 작용을 한다. 자녀를 다시 양육하는 것이기 때문이다. 과거에 제대로 돌봐주지 못했다면, 지금 만회하자. 아이가 먹지 않으면 굳이 계속해서

묻지 말고 혼자 잠들어 있는 세계에 잠시 머물러 있게 해주자.

6. 거듭 강조하지만, 숙면은 매우 중요하다.

이미 조각나 있는 마음을 천천히 맞출 시간이 필요한 까닭이
다. 이 시기 자녀는 외부 세계의 적의에 매우 민감하다. 마음을
이어 붙이고 다시 외부의 도움을 받아들일 수 있으려면, 시간
이 필요하다. 부모는 거듭 명심하자. 본인의 잘못을 심각하게
인지하고 자녀의 방에 들어가 진심으로, 열심히 잘못을 인정해
야 한다. 자녀가 강렬한 분노를 표출할 수 있음을 예상하고 반
드시 이를 감당해야 한다.

7. 공부 시간이나 휴식 시간을 정해놓지 말자.

아이 스스로 그런 습관이 있어서 이를 따르려고 한다면 굳이
막을 필요는 없다. 다만, 기본적인 시간은 정해두되 못 지켜도
괜찮다고 말해주자. 어떤 경우에도 부모가 이를 요구해선 안
된다. 지금 아이에겐 그럴 마음의 여력이 없다.

8. 아이와 대화하고 싶은 마음을 참을 수 없다면, 자신에게 이렇게 묻자. '나는 지금 불안한가? 절망적인가?'

만약 그렇다면 아이에게 말하지 말고 친한 친구나 다른 가족
과 이야기하자. 설령 모든 상황을 털어놓게 되더라도 말이다.
불안과 절망을 안고 자녀와 대화하지 말자. 부모의 감정을 감
지하게 되면 자녀는 더 무너진다.

왜 가족이 힘들게 할까

9. 자녀가 상처를 치유할 수 있도록 충분히 시간을 주자.

부모 역시 1년 정도 긴 시간을 들여 자식과의 관계와 부부 사이를 되짚어보자. 현재 상황이 무척 나빠 보이겠지만, 다른 한편으로는 숨어 있던 관계 문제들을 바로잡을 기회이기도 하다.

10. 자녀에게서 희망을 찾지 말고, 스스로 희망을 찾자.

특히 자녀 앞에서 자신이 피해자인 것처럼 굴지 말자. 자기 학대의 방식으로 자녀에게 희망을 강요해서는 안 된다. 자녀에게 죄책감을 느끼게 하는 방식은 평소에는 효과가 있을지 몰라도 이런 상황에서는 자녀가 부모를 미워하고 자기 자신도 증오하게 할 뿐이다.

11. 우연히 맞닥뜨린 재난이 아님을 이해하자.

작은 좌절이 아이를 이렇게 만든 것이 아니라 부모가 오랫동안 아이에게 준 고통이 오늘의 결과를 초래한 것이다. 필연적으로 겪게 될 일이었다. 그러나 이를 자기 자신을 다시 이해하고 각종 관계를 회복할 수 있는 엄청난 계기로 삼을 수도 있다. 이것이 가장 가치 있는 부분이다.

8
사회에서의 관계 맺기가
두렵지 않은 아이로 키우려면

부모-자녀 관계 모델은 자녀가 타인과 관계를 수립할 때 기초가 되며 자녀의 인격과 감성 지수의 바탕이 된다. 이는 지식보다 더 중요하다.

청치펑은 "한 사람의 현실 인간관계는 내재한 대상관계object-relations가 밖으로 투사된 결과"라고 말했다. 여기서 대상관계란 마음속에 내재한 '나와 중요한 가족 간의 관계'를 가리킨다. '나'는 주체이며 중요한 가족은 '객체'가 된다.

일반적으로 가장 중요한 객체는 부모다. 그래서 대상관계는 주로 내재화된 자기와 부모의 관계를 가리키며, 기본적으로 다섯 살 전에 완성된다.

이 객체는 세 부분으로 나뉜다. '내면의 나', '내면의 아빠', '내면의 엄마'다. 이 관계의 성질이 성장한 후 타인과 교류하는 방식을 결정한다. 어린 시절 부모와의 관계가 건강한 편이었다면 커서도 타인과 비교적 건강하게 어울릴 수 있다. 그러나 부모와의 관계가 비정상적이었다면 커서도 건강한 관계를 맺기 어렵다.

- 원인: 부모가 그녀를 좋아하지 않는다.
- 결과: 상사가 그녀를 좋아하지 않는다.

광저우에 사는 아윈은 취직 직후에는 상사와 동료들에게 꽤 호감을 얻었다. 그러나 얼마 지나지 않아 그들과 소원해졌고 결국 외톨이가 되곤 했다.

이런 상황은 유년기 인간관계 모델의 완전한 복제판이었다. 그녀의 부모는 그녀를 등한시하고 남동생에게만 사랑을 주었다. 내재한 대상관계에서 '내면의 나'는 내면 부모의 사랑을 받을 수 있다고 믿지 않았다. 게다가 남동생과의 경쟁에서 그녀는 영원한 패배자였다. 그 결과 현실의 인간관계에서도 상사의 사랑을 얻을 수 있다고 믿지 못했고, 동료들과의 경쟁에서도 과거와 마찬가지로 늘 패배자라고 생각했다.

이런 인간관계는 그녀가 자초한 것이다. 일찍이 나쁜 대상관계가 형성된 탓에 상사와 동료의 호감을 얻을 수 있다는 사실을 믿지 못한 그녀는 의도치 않게 많은 실수를 저질렀다. 자주 미뤘고, 자주 까먹었다. 그러다 끝내 회사 내에서의 관계를 유년 시절 가족 내에서의 관계와 똑같이 만들어버렸다.

부모는 늘 자녀를 '가르치려' 하고 자녀의 자질과 능력을 어떻게 길러줄 수 있을지를 생각한다. 그러나 어릴 때는 자질과 능력보다 부모와의 관계가 더 중요하다. 이 관계는 자녀의 내면 깊은 곳에 내재화돼 인격의 중요한 부분이 될 뿐만 아니라 감성지수의 기초가 된다. 상대적으로 좋은 교육을 받지 못한 아이가 성장 후 오히려 각종 한계를 뛰어넘고 사업과 가정, 모든 면에서 성공하는 예를 종종 볼 수 있다. 그 주요한 원인은 유년기 부모-자녀 관계가 매우 건강했다는 데서 찾을 수 있다.

- 원인: 부모가 늘 자녀를 격려한다.
- 결과: 삼 형제는 기업가가 되었다.

내 친구 하나는 젊을 때 영업직에 종사했는데 단 한 번도 거절을 두려워한 적이 없다. 몇 번을 거절당하든 다음에도 당당하게 고객의 문을 두드렸다. 그는 자신이 상대를 감동시킬 수 있고 계약을 성사시킬 수 있다고 진심으로 믿었다.

"내가 따내지 못할 계약은 없어."

그와 깊이 얘기를 나눠보고 나는 그 친구의 가족 관계가 매우 건강하다는 것을 알게 됐다. 그의 부모는 언제나 자녀를 격려했다. 비아냥거리거나 회초리를 드는 일도 없었다. 자녀가 어떤 좌절을 겪든 부모는 늘 "너희는 틀림없이 해낼 거야"라고 확고하게 말해주었다. 그 결과 내 친구와 두 명의 형은 현재 수백만 위안에서 수천만 위안의 자산을 가진 기업가가 됐다. 삼 형제의 최고 학력이 학사이며 부모는 농민으로 가정 형편이 줄곧 넉넉지 않았는데도 성공한 것이다.

이와 뚜렷하게 대조를 이루는 사례가 있다. 한 음악가 부모는 아들과 딸이 얼후二胡(현이 두 줄인 중국 전통 악기-옮긴이)에서 성과를 얻길

왜 가족이 힘들게 할까

바라는 마음에 어릴 때부터 회초리를 들어가며 모질게 교육했다. 한 번은 아들이 얼후를 켜면서 몰래 소설책을 읽다가 엄마에게 들켜 무자비하게 맞았다.

이런 행위가 부모의 교육방식에서는 '성공'적이었을지 모른다. 그러나 결국 아들은 얼후를 거부했고, 얼후를 증오한다면서 평생 손도 대지 않을 거라고 선언했다. 딸은 계속 얼후를 하겠다고 했으나, 내면의 증오를 견딜 수 없어 결국 부모와의 왕래를 끊었다. 부모는 자녀를 잔혹하게 대했고, 자녀는 그 잔혹함을 배웠다. 아들의 잔혹함은 얼후를 향했고, 딸의 잔혹함은 부모를 향했다.

이 예에서만 그런 게 아니다. 많은 아이가 부모의 체벌 교육을 받으며 자란다. 성인이 되어 이런 관계 모델을 끊어낸다고 해도, 마음속에서는 여전히 강렬하고 풀어내기 어려운 증오가 넘실댄다.

톈야자탄에 '자녀를 혹독하게 때리고 모욕한 부모들은 모두 자녀 앞에 무릎을 꿇으라!'라는 제목의 글이 올라왔다. 부모에게 학대당한 네티즌 한 명은 댓글에 좋은 사람이 되려고 해도 일단 어린아이나 강아지, 새끼 고양이와 같은 유약한 것을 보면 괴롭히고 싶은 마음을 견딜 수 없다고 썼다. 이는 내면의 대상관계가 외부로 투사된 것이다. 이런 투사는 우리가 좋은 사람이 되려고 아무리 노력해도 그만둬지지 않는다. 비범한 노력과 강한 반성 능력을 갖춰야만 투사를 그만둘 수 있으며 새롭고 건강한 대상관계를 세울 수 있다.

물론 부모-자녀 관계가 엉망이 되는 것은 비단 극단적인 체벌 교육 때문만이 아니다. 그 외에도 많은 원인이 있는데, 가장 흔히 볼 수 있는 것은 '무시'다.

착한 우리 딸, 왜 이렇게 보채니!

예전에 러시아로 출장을 갔을 때, 모스크바 공항 대기실에서 이런 장면을 봤다.

네다섯 살로 되어 보이는 어린 여자아이가 있었는데 생김새도 천사처럼 예뻤고 옷차림도 매우 세련됐다. 잘생기고 카리스마 있는 그녀의 아빠는 긴 벤치에 앉아 조용히 책을 읽었다.

우리와 마찬가지로 그들도 러시아에서 세 번째로 큰 도시인 예카테린부르크로 가는 길이었다. 한 시간 정도를 대기했는데 아이는 계속 아빠 주변을 맴돌았다. 혹시 아빠에게 방해가 될까 살며시 곁으로 다가가 팔을 살짝 잡아당기고는 뭐라 말을 했다. 그러나 아빠는 아무런 반응도 없었다. 한마디도 대꾸하지 않았고, 팔도 무쇠인 양 꿈쩍도 하지 않았다. 딸의 행동이 마치 일어나지 않은 일인 것처럼 눈길한 번 주지 않고 책에만 정신을 쏟았다.

심심해진 딸은 아빠 곁을 떠나 혼자 놀았다. 몇 분이 지나자, 딸아이는 다시 돌아와 아빠를 치근거렸다. 살며시 아빠 팔을 잡아당기면서 뭐라 말을 건넸다. 그러나 아빠는 여전히 아무런 반응도 보이지 않고 책에만 몰두했다. 여자아이는 심심해져 자리를 떠났고 몇 분 후에 또 돌아와 아빠를 건드렸다.

그렇게 30분이 지났다. 여자아이는 아빠의 관심을 얻으려는 노력을 완전히 단념하고 혼자 놀기 시작했다. 잠시 춤을 추더니 노래를 부르기도 했다. 그러나 주위 사람들을 방해할까 봐 염려라도 하듯 움직임도 목소리도 매우 조심스러웠다.

왜 가족이 힘들게 할까

다시 30분이 지나고 탑승 시간이 됐다. 아이의 아빠는 책을 캐리어에 넣고 소리쳐 딸을 부르더니 딸아이의 머리를 가볍게 '톡' 쳤다. 그의 눈빛은 이렇게 말하고 있었다. '착한 우리 딸, 왜 이렇게 보채니!'

여자아이가 수줍게 웃었다. 그 미소에는 약간의 자책과 함께 이런 속내가 담겨 있었다. '아빠, 제가 잘못했어요. 하지만 정말 심심했단 말이에요.'

장장 한 시간 만에 아빠는 딸에게 처음으로 관심을 보였다. 그 장면을 보고 나는 생각했다. 십수 년 후, 천사 같은 저 아이는 아마도 남에게 폐를 끼칠까 봐 어떤 상황에서도 조용히 말하고 조용히 걷는 여성이 되어 있을지도 모르겠다고.

자아평가=내면 부모의 평가

푸젠성으로 출장을 간 적이 있다. 나를 접대한 친구는 감성지수가 매우 높아 크고 작은 갈등을 쉽게 해결했다. 식당에 갔는데 주문한 음식이 오래 걸렸다. 그러자 그녀는 종업원을 부르더니 이렇게 말했다.

"언니, 정말 귀엽네요. 근데 혹시 우리 주문한 음식 한 번만 재촉해줄 수 있어요?"

보통 '언니'들은 기쁜 마음으로 주문을 재촉하러 갈 것이고 문제는 순조롭게 해결될 것이다. 그러나 아주 드문 경우 '언니'가 어떤 이유 때문에 기다려야만 한다고 설명하기도 한다.

이때 그녀는 이렇게 말한다.

"언니 능력 있잖아요. 방법이 있을 거예요. 난 믿어요."

이쯤 되면 더 고집하며 버티는 언니는 없다. 언니는 기쁘게 주방으로 가 주문을 재촉해주며 문제는 금방 해결된다. 대화의 기술에 정통한 그녀라고 할 수 있었다. 그러나 내가 보기에 더 중요한 것은 말할 때 그녀의 어투와 태도였다. 절대 오만하지 않고 참을성 있으며 늘 유쾌하고 차분했다. 들리지 않는 이런 것들이야말로 진짜 중요하다.

가족 이야기를 듣고 나서야 그 이유를 알 수 있었다. 그녀의 부모님은 매우 민주적이었다. 많은 가정사를 투표로 결정했는데 어른과 아이가 모두 평등하게 한 표를 가졌다. 어릴 때부터 민주적이고 서로 신뢰하는 대상관계가 형성됐음을 알 수 있다. 지금 그녀는 그 관계를 식당에서도 그대로 투사했고 그 신뢰를 느낀 언니들은 기꺼이 우리의 문제를 해결해주었다.

그러나 그녀도 좌절을 겪은 적이 있다. 샤먼시 구랑위섬에 갔을 때 우리를 가이드해주던 소녀가 있었는데, 아무리 칭찬해도 소용이 없었고 경직된 패턴에 따라서만 응대했다.

구랑위를 떠난 뒤 나는 그 친구에게 귀엽다고 칭찬해도 소용이 없었던 이유를 살짝 들려주었다. 가이드는 자기가 귀엽지 않다는 걸 알기 때문에 거짓말한다고 생각했던 거라고.

인간관계는 바로 우리의 대상관계 모델이 상호 투사된 결과다. 보통 식당의 종업원들은 자기평가가 보편적인 사람들보다 낮지만, 높은 부분도 있다. 그래서 내 친구가 칭찬했을 때 받아들였다. 그러나 구랑위의 가이드는 자기평가가 너무 낮았기 때문에, 게다가 내 친구가 칭찬 포인트를 잘못 짚었기 때문에 아무리 칭찬해도 소용이 없었던 것이다.

왜 가족이 힘들게 할까

자기평가란 무엇일까? 마음속 대상관계에서 '내면 나'에 대한 '내면 부모'의 평가다. 그 기초는 유년 시절 자신에 대한 부모의 평가다.

청치평은 부모를 세 가지 타입으로 구분했다. 첫 번째는 뭘 하든 자녀를 지적하는 부모다. 두 번째는 뭘 하든 자녀를 등한시하는 부모이고, 세 번째는 뭘 하든 자녀를 격려하는 부모다. 당연히 가장 좋은 부모는 마지막 타입이다.

성격이 어떻게 운명을 결정하는가

'성격이 운명을 결정한다'라는 매우 친숙한 격언이 있다. 심리학을 공부할수록 이 말을 점점 더 믿게 된다. 그런데 성격이 어떻게 운명을 결정하는 걸까?

'성격'은 일상적인 표현이고 심리학에서 사용하는 전문적인 표현은 '인격'이다. 후기 정신분석학파의 대상관계 이론에서는 인격을 내재한 대상관계라고 생각했다. 구체적으로 말하면 한 사람의 '내면 아이'와 '내면 부모'의 관계다. 즉, 성격은 일종의 관계다.

아마도 이게 무슨 소리인가 싶을 것이다. 성격, 예를 들어 자신감, 열등감, 고집 등이 어떻게 관계란 말인가.

먼저 자신감을 이야기해보자. 자신감은 보통 자기 자신에 대한 믿음이라고 이해된다. 그러나 논리적으로 A가 A를 믿을 순 없다. A가 B를, 또는 B가 A를 믿는 것만이 가능하다.

그렇다면 무엇이 자신감인가? 간단히 말해, 자기 내면의 일부가 자기 내면의 또 다른 일부를 믿는 것이다. 대상관계 이론을 인용해 정확하게 표현하면 '한 사람의 내면 아이가 내면 부모의 사랑을 얻는 데 자신감이 충만하다'라는 뜻이다. 마찬가지로 열등감은 한 사람의 내면 아이가 내면 부모의 사랑을 얻는 데 자신감이 없다는 뜻이다. 그리고 고집이란 한 사람의 내면 아이가 내면 부모에게 "뭘 근거로 날 탓해!"라고 말하는 것이다.

내면 아이와 내면 부모의 관계 모델은 유년기, 주로 여섯 살 전에 형성된다. 이후 인생에서 우리는 이 모델을 현실 세계에 끊임없이 구현한다. 그러니까 내면의 대상관계 모델이 한 사람의 인생을 결정한다는 이야기다. 그래서 성격이 운명을 결정한다고 말하는 것이다.

정신분석학파에서는 아동기에 성격이 정해진다는 결정론적 입장을 취하고 있다. 결정론이라니 다소 비관적으로 들리긴 하지만, 대상관계 모델이 절대로 바뀔 수 없다는 뜻은 아니다. 당연히 바뀔 수 있으며, 그 방법은 '자기를 아는 것'이다.

왜 가족이 힘들게 할까

9

경쟁적 쾌락을 즐기는 것은
어른뿐이다

'모두 아이를 위한 것!'

널리 유행하는 이 슬로건은 우리 교육의 실체 같아 보인다. 그런데 교육부의 한 친구는 이렇게 말했다.

"학교 교육 시스템의 본질은 특정 공무원이 정치적 업적을 갖고 싶어 한다는 거야. 이 치적을 평가하는 주요 기준이 진학률이지."

이 치적의 부담은 우선 교장들에게 전가된다. 그리고 다시 각급 팀장들과 담임들, 각 과목 선생님들에게 전해지며 마지막으로 학생에게까지 전달된다.

이것만 봐도 절대 아이를 위한 일이 아님을 알 수 있다. 더 환장할 노릇은 한 사람이 치적을 원하면, 다른 사람들도 치적을 원하게 된다는 점이다. 그러나 진학률 파이는 정해져 있으니 계속해서 증가하는 부담을 최종적으로 감당해야 하는 사람은 결국 아이들이다.

아이의 이익을 대변하지 않는 교육

교육 시스템의 중요한 부분인 교장과 교사들의 실적은 학생의 시험 성적과 진학률로 결정된다. 실적을 달성하고자 하는 그들의 꿈 역시 학생들의 노력으로 실현된다. 교장과 교사들의 실적 추구 경향은 끊임없이 강해지고, 아이들이 받는 부담은 계속 늘어난다는 것이 기가 막힐 따름이다. 이렇게 보면, 저 유명한 슬로건은 사실 교사를 위한 것인 셈이다.

약간 편집증처럼 들릴지도 모르니, 모든 것을 설명해줄 수 있는 이야기를 하나 해보겠다.

모 도시에 사는 내 친구는 아들이 곧 초등학교에 입학한다. 능력이 뛰어난 친구는 도시 안의 유명한 초등학교들을 자세히 조사했는데, 그 과정에서 놀라운 사실을 발견했다. 유명한 초등학교들에서는 아이들이 시험 볼 때 교사가 커닝을 독려하는 일이 보편적인 현상이었던 것이다.

아이들에게 초등학교 1학년 때부터 베끼는 것을 가르치면서 이것이 요즘 학습의 트렌드라고 생각하게 한다? 누가 뭐래도 아이를 위한 일이라고 할 수 없다. 단지 시험 성적이 높게 나오기만을 바라는 것이며, 이로써 득을 보는 사람은 교사들뿐이다.

현재 대부분의 초·중등학교에서 진짜 자율학습은 없어졌다. 대신 그 시간을 각 과목 교사들이 통제한다. 불안해하는 교사들이 전쟁이라도 하듯 자율학습 시간의 통제권을 놓고 다투는 것이다. 학생의 성적이 교사의 실적과 긴밀하게 연결돼 있기 때문이다.

얼마 전, 친구들과 식사를 했는데 그중 세 친구의 자녀가 막 초등학교 1학년에 입학했다. 그들은 아이의 입학으로 가정이 붕괴 위기에 처했다고 한목소리로 말했다. 아이와 '함께 등교'해야 한다는 것 때문에 다들 히스테릭한 상태에 빠져 있었다.

세 사람은 다음과 같은 경험을 이야기했다. 매일 각 교사의 문자를 받았는데 아이의 태도가 어떤지는 물론 다른 아이들과는 어떻게 지내는지까지 알려주더라는 것이다. 그 문자를 읽고 있자니 부모로서 마음이 초조해지기 시작했다.

한 친구는 딸이 한 과목에서 92점을 받았다는 문자를 받고 '음, 괜찮네'라고 생각했다. 그런데 이내 반 전체 평균이 98.5점이라는 문자를 받고 충격을 받아 집에 돌아가 딸을 열심히 가르쳤다. 계속 이런 식으로 교육한 탓에 딸의 성격은 점점 더 나쁘게 변해갔다. 마침내 아이의 할머니가 견디다 못해 며느리에게 말했다. 92점과 98점이 무슨 차이가 있는지 모르겠다고. 아이들은 덤벙대기 쉬우며 그러다 보면 몇 점은 깎일 수도 있는 것 아니냐고. 아이가 매번 98점, 100점을 받으면 그게 오히려 문제라면서 그때는 아이의 천성이 어떻게 변했는지 걱정해야 할 거라고 말이다. 그리고 앞으로는 이런 일로 애 혼내지 말라고 단호히 말했다.

할머니의 말은 힘이 있었다. 내 친구는 자신을 되돌아봤고 확실히 예민했다는 생각이 들었다. 그 후로 딸을 꾸짖는 일이 줄어들었고 나빠졌던 아이의 성격도 점차 호전됐다.

친구들과 현재 학교 사정에 대해 자주 이야기를 나누는 편이지만, 이런 주제를 이야기할 때마다 매번 충격을 느낀다. 나를 경악하게 하는 방식들이 늘 새로이 등장하기 때문이다.

가끔 기업에 나가 업무 스트레스를 주제로 강의할 때가 있다. 나는 농담 반 진담 반으로 여러분은 다행으로 생각해야 한다고 말한다. 이들의 업무 스트레스는 지금 초등학교 1학년 아이들과는 비교도 안 되기 때문이다. 기껏해야 직장인들은 일찍 일어나고 늦게 잠드는 정도지만, 아이들은 매일 훨씬 많은 시간을 공부해야 하고 놀거나 쉴 시간은 조금도 없다.

앞서 얘기한 세 친구의 자녀는 겨우 초등학교 1학년인데도 매일 집에 오면 최소 두 시간은 숙제를 한다. 두 시간은 그나마 제일 짧은 편이다. 자녀의 반 친구들은 적어도 네 시간, 어떤 아이는 그보다 더 많은 시간 공부하고 숙제를 한다고 한다.

아이의 숙제를 감독하는 일은 부모에게 악몽이 됐다. 한 친구는 아이가 학교 들어가기 전에는 아내와 사이가 좋았고 싸우는 일도 매우 드물었으며 퇴근 후에는 가정생활을 즐겼다. 그러나 아이가 입학한 후 아내와 싸우는 횟수가 점점 늘어났다. 그러다 하루는 아내와 다투는 이유가 대부분 아이 숙제를 감독하는 것과 관계가 있다는 사실을 문득 깨달았다. 그래서 자녀 숙제 감독을 전문 기관에 맡기기로 했다.

다른 두 명의 친구도 그런 생각을 해봤다고 했다. 현재 이런 기관이 매우 유행하고 있는데, 교사나 부모가 운영하거나 상업적으로 운영되는 기관도 있다. 몇 명 또는 몇십 명을 모아 함께 숙제를 봐주는데 매월 몇백에서 몇천 위안을 내면 된다. 아이들을 이런 기관에 보내면 부부는 숙제 감독 때문에 싸울 필요가 없고 아이와도 갈등이 생기지 않는다. 숙제를 둘러싼 갈등은 주로 전문 기관의 일이 되므로 자녀는 부모가 아닌 기관을 미워하게 된다.

이 기관들은 '모두 아이를 위한 것!'이라는 슬로건을 내세운다. 그러나 어떤 부분이 진정으로 아이를 위한 것일까? 이는 어른들의 놀이에 불과하며, 아이들은 불행하게도 어른들의 치적이나 실적 또는 물질적 이익의 도구가 된다. 그러면서도 어른들은 '모두 아이를 위한 것'이라고 강조한다. 이 얼마나 비열한가. 그들은 아이의 이익을 대변하지 않는다. 그저 아이들을 착취하고 이용할 뿐이다.

'모두 아이를 위한 것!' 부모들도 이 슬로건을 즐겨 사용한다. 이에 관해 내 친구가 즐겨 사용하는 표현이 있다.

임신했을 때는 아이가 기형이 아닌 정상이기만 하면 좋겠다고 생각한다.

태어나면 아이가 아프지 않고 건강하기만 하면 좋겠다고 생각한다.

아이가 자랄수록 자그마한 아이를 보면서 다른 것은 중요하지 않고 즐겁게만 지내면 좋겠다고 생각한다.

어린이집에 들어가면 비교심리가 생겨나 자기 아이가 다른 아이보다 뛰어나기를 바란다.

한번 시작된 비교는 이후 돌이킬 수 없다. 인생의 단계마다 다른 집 아이보다 우리 아이가 더 뛰어나기를 바란다.

경쟁적 쾌락을 즐기는 것은 어른뿐이다

미국인이 한국전쟁에 관해 쓴 책을 읽은 적 있는데, 저자는 한국전쟁 당시 미군 총사령관이었던 맥아더를 '그 모친의 걸작'이라고 표현했다. 모친은 열심히 노력해 아들이 아버지의 뒤를 잇게 했으며, 깊은 자기애를 가진 5성 장군이 되게 했다. 그뿐만이 아니라 아들 스스로 가장 강하다는 것을 증명하게 했고, 나아가 자기가 세계에서 가장 뛰어난 엄마임을 증명했다.

맥아더 장군처럼 모든 것이 순조롭다면 그나마 다행이다. 맥아더도 우쭐거리다가 많은 잘못을 저지르긴 했지만, 동시에 휘황찬란한 전적도 세웠다. 자기를 증명하고 모친의 가치도 증명했다. 그러나 아이가 신체적으로든 정신적으로든 중병에 걸리면, 부모의 바람은 순식간에 '아이가 건강하고 즐겁기만 하면 좋겠다'던 때로 돌아간다.

한 친구는 부유하고 똑똑했다. 그녀는 아들이 자기보다 더 나아지기를 바라고 아이에게 많은 부담을 주었다. 그런데 아이가 스무 살을 좀 넘겼을 때 갑자기 암에 걸렸다. 그녀는 완전히 무너졌다. 부와 우월감은 아무 의미가 없어졌다. 그녀는 그간 과도한 부담을 준 자신을 탓했다. 처음부터 부담을 주지 않았더라면 아이가 억압 속에 지낼 일도 없었을 테고 암도 걸리지 않았을 거라고 말이다. 그녀는 다시 선택할 기회가 주어져 아이가 조금은 평범할지라도 홀가분하게 인생을 살 수 있다면 얼마나 좋을까 하고 생각했다.

사실 이런 생각은 바르지 않다. 세상의 한쪽은 우월함과 큰 부담, 다른 한쪽은 평범과 홀가분함이 아니다. **진정한 편안함은 언제나 능**

왜 가족이 힘들게 할까

력의 해방을 동반하며, 그래야 진정한 우월함이 따라온다.

우리 사회의 어른들은 보편적으로 이 점을 이해하지 못한다. 부모와 교사들은 교육을 연구하고 토론할 때 한 가지 편견을 갖고 있다. '엄청난 스트레스를 겪으며 이겨내면 탁월한 인재가 되고, 그저 평탄하게 지내면 평범한 사람이 된다.'

이 편견은 토론할 만한 가치가 있다. 네덜란드 심리학자 로이 마르티나Roy Martina[3]는 《감정 균형: 내면의 평화와 조화로 가는 길Emotional Balance: The Path to Inner Peace and Harmony》이라는 책에서 쾌락의 세 단계를 이야기했다. 경쟁적 쾌락, 조건적 쾌락, 무조건적 쾌락이 그것이다.

우리 사회의 교육 시스템은 학교에서든 가정에서든 경쟁적 쾌락에 멈춰 있다. 이른바 경쟁적 쾌락이란 내가 상대보다 강해야만 즐겁고 그렇지 않으면 고통스러운 것이다. 아이가 중산대에 합격하면 본래는 좋은 일이고 즐거워야 마땅한 일이다. 그러나 다른 집 아이가 베이징대에 합격했다는 이야기를 들으면 즐거움은 삽시간에 사라지고, 왜 다른 아이보다 분발하지 못했느냐고 아이를 책망한다.

내가 처음 경쟁적 쾌락을 실감한 것은 한 친구 때문이었다. 그녀는 내게 사람과 사람이 교류하는 데 비교 외에 무엇을 더 할 수 있느냐고, 자기는 정말 모르겠다고 말했다.

마르티나는 우화를 인용해 경쟁적 쾌락을 설명했다.

두 상인이 인접해서 상점을 열었다. 사업 영역도 비슷했다. 그들의 유일한 쾌락은 상대보다 잘되는 것이다.

어느 날, 천사가 한 상인에게 이렇게 말했다.

"소원을 말해봐요. 어떤 소원이든 내가 이루어드리죠. 다만, 상대방은 당신보다 두 배를 얻게 될 거예요."

이 상인은 처음에 울상을 짓다가 갑자기 기뻐하며 이렇게 말했다.

"제 한쪽 눈을 멀게 해주세요."

이 이야기는 경쟁적 쾌락의 무서움을 잘 설명한다. 경쟁적 쾌락에 빠진 사람은 악마 같은 면에 시달릴 수밖에 없다. 여러 고등학생이 내게 이렇게 말했다. 꽤 괜찮은 명문대에 합격할 것 같은데, 다른 친구가 칭화대나 베이징대에 붙을 것 같다는 이야기를 들으면 즐거움이 사그라진다고. 이런 생각을 한다는 것은 고등학생들 또한 사회화를 통해 사회의 나쁜 면에 물들었음을 보여준다.

마르티나가 말하는 조건적 쾌락이란 경쟁적 쾌락에서 경쟁 부분을 배제하는 객관적 쾌락을 만다. 한 가지 조건이 필요한데 그 조건이 충족되면 기뻐한다. 예를 들어 많은 돈을 벌어 경제적 자유를 얻는 것이 바람이라면, 그 바람이 실현됐을 때 매우 기뻐할 뿐 '빌 게이츠가 나보다 돈이 많아'라며 고통에 빠지지 않는다. 이것이 조건적 쾌락이다.

다음으로 무조건적 쾌락인데, 마르티나는 이를 '더할 수 없는 즐거움'이라 불렀다. 이 단계에 해당하는 사람은 아무런 조건이 없어도 기쁨과 행복을 느낄 수 있다. 매우 아름다운 상태로, 그는 이렇게 표현했다.

아무런 조건이 없는 삶이란 자기가 실수를 저지를 수 있는 사람이

왜 가족이 힘들게 할까

며 변화와 죽음, 고통을 받아들일 수 있는 사람임을 인정하는 것이다. 이 단계에 있는 사람은 편안하든 고통스럽든 기꺼이 받아들인다. 결과에 집착하지 않으며 충실하게 인생을 누리고 경험한다. 그 과정에서 얻는 행복과 각종 경험에 감사하는 마음이 가득하며 타인과 자기 자신을 편안하게 대할 수 있다.

무조건적 쾌락을 얻기는 쉽지 않다. 물론 아이에게 무조건적인 사랑을 줄 수 있는 부모도 있을 것이다. 그러나 전체적으로 봤을 때, 부모에게 그만큼 풍부한 사랑을 받고 어릴 때부터 무조건적인 즐거움에 완벽히 빠질 수 있는 사람은 거의 없다. 이런 쾌락을 얻고 싶다면 스스로 공부해야만 한다. 다만 우리는 쾌락에는 세 가지가 있으며, '다른 집 아이'보다 낫기를 바라는 건 가장 낮은 수준의 즐거움을 추구하는 것임을 이해할 수 있다.

우리 입시 교육의 핵심 논리는 경쟁적 쾌락을 추구하는 것이다. 교육 시스템과 관련 있는 공무원이나 교사는 물론 부모들도 그렇다. 그리고 어른들은 아이들에게 이것이 전부라고 믿게 한다.

우리는 즐거움이 사실은 단순하다는 것을 아이에게서 역으로 배울 수 있다. 사탕이 먹고 싶은 아이는 사탕을 먹으면 행복해한다. 놀고 싶은 아이는 놀면 행복해진다. 아이들에게도 경쟁적 쾌락이 있지만, 절대 그것이 전부가 아니다. 어른이 강하게 개입해 '다른 아이'가 더 사랑받을 가치가 있다는 정보를 전달하지만 않는다면, 아이는 경쟁적 쾌락에 지나치게 사로잡히지 않으며 자기가 원하는 것을 얻으면 매우 즐거워한다.

아이는 모든 일 때문에 즐거울 수 있고, 주변의 모든 것에 자연스러운 호기심을 갖는다. 간섭을 받지 않으면 아이는 자기가 하고 싶은 일에 집중할 수 있으며 이런 집중 자체가 하나의 즐거움이 된다. 그러나 성장하면서 우리는 그런 단순한 쾌락을 잊는다. 남는 것은 한 가지, 군중 속의 쾌락뿐이다. 특히 군중 속에서 가장 칭찬받는 사람이 되어야 즐거움을 느낀다. **조건적 쾌락과 무조건적 쾌락은 삶에 온기를 더해주어 우리가 삶이 공허하다고 느끼지 않게 해준다. 그러나 경쟁적 쾌락만 남으면 늘 지옥에 있는 것처럼 느끼게 된다.**

더 기가 막힌 문제는 현재 교육 시스템에서 경쟁적 쾌락을 즐기는 것은 어른이며, 아이는 그들이 이처럼 가장 낮은 수준의 쾌락을 실현하는 데 도구가 된다는 사실이다. 아이들의 아름다운 시간이 이렇게 무의미한 일에 소모되는 것이다.

최근 여러 고등학생에게서 대입 시험에 반발하는 이야기를 들었다. 그들은 대입 시험의 숨겨진 의도가 너무 싫다고 했다. 마치 대입 시험이 세상에서 제일 중요한 일인 양, 삶의 의의가 이 시험을 통해서만 실현되는 것인 양 여기게 하는 것이 너무 싫단다. 당연히 그들의 삶은 여기가 끝이 아니다.

타인에 의한 경쟁적 쾌락이 삶의 의의가 되면 인생은 점점 더 무의미해질 뿐이다. 무서운 예언 하나 해볼까. 우리 교육 시스템의 근본이 바뀌지 않고 스트레스가 계속 가중된다면 도구가 된 아이들은 목숨으로 항쟁할 것이다. 아이들의 자살률이 사회를 공포에 떨게 할 정도로 높아질 것이며, 그제야 어른들은 자기 논리를 바꿀 수밖에 없을 것이다.

왜 가족이 힘들게 할까

앞에 언급했던 부유하고 똑똑한 친구는 아이가 암에 걸리자 건강한 아이와 우월한 아이 사이에서 건강한 아이를 선택했다. 부모가 처음부터 아이를 보호하는 쪽을 선택하면 현재 교육 시스템의 폐해를 줄일 수 있다. 궁극적으로 부모는 평범한 자녀가 아니라 재능이 어마어마하게 발휘되는 자녀를 지켜볼 수 있고, 자녀는 늘 즐거움 속에 살아갈 수 있다.

부모는 교사와 교육 시스템이 먼저 바뀌기를 기대해서는 안 된다. 정말 자녀를 사랑한다면 스스로 용기와 지혜를 발휘해 '모두 아이를 위한 것!'이라는 가식적인 방식에 맞서야 한다.

아이 목을 조르는 사슬을 가장 쉽게 끊어낼 수 있는 사람은 부모다. **자녀에게 말해주자. '지금'부터 삶을 누리라고.** 베이징대나 칭화대에 합격할 때까지 기다릴 필요가 없다고 말이다.

__10

아빠의 난폭함은
네 잘못이 아니야

사람은 극도의 자기애를 가지고 태어난다. 자기가 중심이기 때문에 주위에 어떤 일이 일어나든 자기 때문이라고 생각한다. 그래서 나쁜 일이 생겨도 자기에게로 화살을 돌린다. 좋은 부모는 사랑과 인내로 아이가 책임져야 할 것은 무엇이며 책임지지 않아도 되는 것은 무엇인지 이해시킨다. 그렇게 아이는 서서히 극심한 자기애에서 벗어난다.

그러나 만약 부모가 발생하는 모든 나쁜 일이 아이 때문이라고 말한다면, 이 아이는 자기애에서 영원히 벗어날 수 없다. 불행하게도 이런 부모는 드물지 않다. 많은 부모가 죄 없는 자녀에게 한바탕 성질을 부리고는 마지막으로 못을 박는다.

"다 너 때문이야!"

우 선생님께

안녕하세요. 저는 광저우에 사는 직장인입니다. 올해 스무 살이

왜 가족이 힘들게 할까

됐어요. 어릴 때부터 저를 괴롭혀온 고민이 있는데 답을 주실 수 있을까요?

저희 집 문제예요. 엄마는 백화점 종업원이고 아빠는 기술자이십니다. 가정 수입은 평범해요. 문제는 아빠가 아주 사소한 일로도 까닭 없이 욕을 자주 하신다는 거예요. 그래서 집안 분위기가 언제나 엉망입니다. 제가 어릴 때부터 그랬어요. 지금도 그렇고요. 일주일에 이틀은 아주 심하게 욕을 퍼부으십니다.

정말 견디기 힘들어요. 엄마도 저도 말대꾸할 엄두를 못 내고 아빠가 지쳐서 그만둘 때까지 가만히 듣고만 있어요. 회사 일도 피곤한데 매일 집에 돌아오면 조용히 쉬지도 못해요. 집을 나가려해도 엄마를 돌봐줄 사람이 없어서 걱정돼요. 대체로 아빠가 욕하는 대상은 저예요. 늘 제가 욕먹을 짓을 한다고, 저 때문에 죽겠다고 하십니다. 저는 이게 정말 내 문제일까 매일 생각해요.

제발 도와주세요. 정말 미쳐버릴 것 같아요.

– 아후이 드림

아후이 양에게

안녕하세요!

그런 아빠를 둔 것은 아후이 양이 어떻게 할 수 없는 일이에요. 자신과 아빠는 물론 온 가족의 관계를 어떻게 해결할지는 큰 난제죠. 많은 사람이 제대로 해결하지 못한 채, 끝내 마음에 심각한 상처를 입고 평생 그늘 속에서 살아갑니다.

다행히 우리에게는 이런 아빠의 안 좋은 영향을 최대한 적게 받을 수 있는 방법이 많이 있어요. 지금부터 그 방법을 이야기해볼게요.

아빠의 책임은 아빠에게 돌려주자

먼저 한 가지 강조하고 싶다. 아빠가 당신에게 욕하는 것은 절대 당신의 잘못이 아니라는 것이다!

이것은 매우 중요한 포인트다. 그런데 이 말에 다들 의아해할 것이다. "이걸 강조까지 해야 해?"라고 말이다. 이유 없이 아내와 딸에게 욕설을 퍼붓는 남자라면 그에게 문제가 있는 것이 당연한데, 굳이 그걸 명백하게 밝힐 필요가 있단 말인가?

내 대답은 이렇다.

"분명하게 밝혀야 한다! 반드시 강조해야 한다!"

부모가 이유 없이 자녀에게 욕을 퍼부으면서 자신들의 실패와 고뇌, 분노와 통제 불능 등을 책임져야 한다고 할 때마다 이 방법이 먹힌다는 것을 입증하는 많은 사례가 있다. 부모의 이런 방식이 늘 성공하는 이유는 어린 시절에 자기애가 강했기 때문이다. 자기가 주변의 모든 것을 야기했기 때문에 책임도 져야 한다고 생각한다.

한 여학생은 세 살 때 부모가 이혼했는데 그녀는 자기가 잘못해서 생긴 일이라고 여겼다. 마찬가지로 주변에 좋은 일이 생기면 아이는 순진하게도 자기 덕분이라고 생각한다. 모든 아이는 천성적으로 좋은 일이든 나쁜 일이든 자기가 떠안는다. 이때 좋은 부모는 아이가 진짜 야기한 일은 무엇인지, 책임지지 않아도 되는 일은 무엇인지 이해시킨다. 이와 반대로 형편없는 부모는 책임을 떠넘기길 좋아한다.

자기애에 빠져 있고 나약한 어린아이는 의심할 여지 없이 책임을 떠넘기기에 좋은 대상이다.

좋은 부모를 만난 아이는 점점 자기애에서 벗어날 수 있다. 그러나 책임 전가를 좋아하는 부모를 만난 아이는 자기애의 함정에서 벗어나기 어려우며 성년이 된 후에도 습관적으로 자기가 잘못했다고, 그래서 부모가 자기를 욕하는 것이 옳다고 생각한다.

아후이의 상황이 바로 후자에 해당한다. 아빠는 20년 동안이나 딸을 욕했고 딸은 내내 부정적인 자기애에서 벗어날 기회가 없었다. 하지만 지금 그녀는 정신을 차렸다. 아빠의 비난과 질책이 불합리하다는 것을 이성이 알아챈 것이다.

그러니 아빠의 책임은 아빠에게 돌려주자. 다음에 아빠가 또 그러면 최소한 마음속으로라도 이렇게 말하자.

"그건 아빠 문제지, 내 문제가 아니야."

사람을 고쳐 쓰려 하지 말자

건강한 마음의 초석은 인생을 맹목적으로 낙관하는 것이 아니라 참모습을 직면하는 것이다.

왜일까? '심리적 자아'는 우리의 과거를 바탕으로 한다. 프로이트와 함께 유명한 미국 심리학자인 칼 로저스는 한 사람의 마음은 그가 한 모든 경험으로 구성된다고 했다. 인생의 일들은 일단 일어나면 돌이킬 수 없다. 그 사실을 부인하려 하는 것은 자기부정이므로 우리는 과거와 대립하지 말고 과거를 인정하는 법을 배워야 한다.

아후이도 두 가지 진실을 인정했으면 한다.

첫째, 당신의 아빠는 형편없는 사람이다.

둘째, 당신의 아빠는 바뀌지 않는다. 엄마도 그렇다. 가정의 체계 안에서 당신은 힘없는 소녀에 불과하다.

이 두 가지 사실을 인정하는 것이 무엇보다 중요하다. 많은 우수한 여성이 첫 번째 진실을 인정하려 하지 않고 남자를 바꾸고 싶다는 환상을 품는다. 그 때문에 충동적으로 '나쁜 남자'를 사랑하게 된다. 나쁜 남자만이 개조가 필요하기 때문이다. 좋은 남자는 개조가 필요치 않으니 나쁜 남자에게만 흥미를 느끼는 것이다.

이런 '개조 환상'은 어린 시절의 자기애에 뿌리를 둔다. 앞서 언급한 대로 어린아이는 자기애에 빠져 있다. 만약 아빠가 성질이 난폭한 사람이라면 아이는 이것이 아빠의 잘못이라고 생각하지 않고 자기 때문에 아빠의 성질이 난폭해졌다고 생각한다. 그러면서 자기가 옳은 일을 하면 아빠가 개조되고 난폭해지지 않을 거라고 생각한다.

하지만 불행하게도, 이 희망은 이뤄질 수 없다. 이건 그녀의 문제가 아니라 아빠의 문제이기 때문이다. 딸이 무엇을 한다고 해서 좋은 아빠로 변할 리 없다.

한 번의 노력으로 효과가 없으면 여자아이는 한 번 더 노력할 것이다. 두 번째 노력도 효과가 없다면 세 번째 노력을 시도할 것이다. 그렇게 계속해서 좌절을 경험하다가 끝내 노력을 포기한다. 그러나 개조 환상은 사라지지 않고 잠재의식 깊은 곳에 남아 있다가, 성장 후 아빠를 닮은 나쁜 남자를 만나면서 되살아난다. 어쨌든 자신이 더는 과거의 나약한 여자아이가 아니며 전보다 힘이 더 생겼으니 다시

왜 가족이 힘들게 할까

한번 나쁜 남자를 개조하고 싶다는 갈망을 품는다.

미우면 미워하되 보복은 하지 말 것

이런 유혹 때문에 한 번도 본 적 없는 중범죄자에게 감정을 느끼는 여자아이들도 더러 있다. 충청의 한 소녀는 중범죄자와 결혼했는데 결혼을 결정하기 전까지 한 번도 만난 적이 없었다.

아후이도 '개조 환상'이 가져다주는 유혹과 작별하려면 앞에서 언급한 '아빠는 형편없는 사람이며, 내가 아빠한테 할 수 있는 일은 없다'는 두 가지 진실을 인정해야 한다.

첫 번째 진실을 마주할 때 아빠가 미울 수 있고, 그로 인해 고통스러울 수 있으며, 대성통곡하게 될 수도 있다. 이때 자신의 감정에만 충실하자. 미우면 미워하고 울고 싶으면 울자. 당신이 느끼는 감정이 바로 당신이다. 내면에 쌓인 감정이 분출된 후에야 이 비참한 사실과 진정으로 작별할 수 있다.

하지만 밉다고 해서 미워하는 행동, 예를 들어 아빠에게 보복을 해도 된다는 뜻은 아니다. 그것은 여전히 아빠나 가정을 개조하고 싶다는 갈망을 갖고 있다는 반증이며, 여전히 소용없는 일에 매달리는 꼴이다.

감정이 분출되기를 기다렸다가, 부모에게 쏠렸던 관심을 자기에게로 돌리자. 부모는 바꿀 수 없지만 본인은 바꿀 수 있다. 아빠와 엄마가 바뀌기를 기대하지 않을수록 자기를 바꿀 가능성은 더 커진다. 자기 역량도 더 강해져 자기를 바꾸기가 더 쉬워지는데, 다음과 같은 가장 간단한 이치 때문이다.

'타인을 바꾸는 것은 영원히 가장 어려운 일이며, 우리는 자기 자신만을 바꿀 수 있다.'

엄마를 보호하려는 생각을 버려라

아후이는 아빠를 바꿀 수 없으며 엄마를 책임질 수도 없다. 간과하기 쉬운 진실이다. 엄마도 분명 피해자이니 내가 엄마를 보호할 수는 없을까 생각하기 마련이다. 하지만 엄마를 보호하겠다는 생각을 접으라고 조언하고 싶다.

전체 가정의 체계 안에서 자녀는 가정의 중심에 있든 아니든 가장 힘없는 존재다. 자녀가 가정의 중심에 놓여 있더라도 부모가 배우자보다 자녀를 더 신경 쓴다면 그것은 자녀의 노력으로 그 자리에 있는 것이 아니라 부모가 그 자리에 놓아두었기 때문이다. 그리고 이는 자녀의 성장에 매우 좋지 않다.

이런 가정에서 아후이의 영향력은 아주 미약하다. 엄마를 보호할 수 있다고 생각하지만 유년 시절의 자기애에서 비롯된 생각일 뿐이다. 같은 이유로 아빠에게도 영향을 미칠 수 있다고 생각해왔지만, 그녀의 노력이 헛수고였음을 수년간의 사실이 증명한다. 게다가 엄마의 힘은 그녀보다 강하다. 아빠의 분노도 주로 딸에게 집중돼 있기 때문에 딸이 집을 나간다고 해도 딸에게 향했던 분노가 엄마에게로 옮겨갈 것이라고 단정할 수는 없다.

매우 단순한 이치다. 아후이는 벌써 스무 살이지만, 그녀의 아빠

왜 가족이 힘들게 할까

는 여전히 딸을 대여섯 살 때처럼 생각하고 욕하고 꾸짖는 것일지도 모른다. 그러나 엄마는 그렇게 대하지 않을 것이다. 자녀를 괴롭히는 일에는 상대적으로 적은 노력이 들지만, 성인이 성인을 괴롭히는 데에는 리스크가 따르니 말이다.

더욱이 아빠의 주된 괴롭힘 대상은 딸이다. 가정 내 주요 피해자는 아후이지만 이 가정은 그녀를 보호해주지 못했다. 그러므로 가정을 벗어나 제1 피해자인 자기 자신을 보호하는 것을 가장 중요하게 생각해야 한다.

자녀는 가정의 수호신이 될
책임이 없다

정신과 의사 리링李凌은 말한다.

"부부 관계에 문제가 발생하면 자녀는 그 관계를 구하기 위해 자기를 다치게 할 수 있어요. 그러나 부모는 이런 행위를 이해하지 못하고 나쁜 짓을 했다고 질책할 수 있죠. 그러면 아이는 자기를 다치게 한 데 더해 부모에게 상처까지 받게 돼요."

이 논리를 설명하기 위해 리링은 자기 가정에서 있었던 일을 이야기했다.

사례—또 싸우면 학교 안 갈 거예요!

2004년 그는 아내와 계속 다퉜다. 그러던 어느 날, 일곱 살 난 아들이 그에게 말했다.

"그만 싸우세요. 또 엄마랑 싸우면 나 학교 안 갈 거예요."

아들의 말에 리링은 매우 놀랐다. 처음엔 '이렇게 어린 아이가 거짓

왜 가족이 힘들게 할까

말로 아빠를 협박하다니'라는 생각이 들어서 이렇게 대꾸했다.

"그래! 네가 학교 안 가는 게 제일 좋아!"

그 말에 놀란 아들은 잠시 어리둥절해하더니 이렇게 물었다.

"아빠, 학교 가는 건 좋은 일이라고 맨날 그러셨잖아요?"

"너한테는 좋지만, 나한테는 아니야. 하지만 네가 학교에 안 가면 돈을 적게 쓸 테니까 나한테는 당연히 좋고 너한테는 안 좋지."

"그럼 아빠, 학교에 안 가지… 않을게요."

아들은 '협박'을 거둬들였다.

호의는 받아들이되 자기희생은 막자

완벽한 가정 교육처럼 보인다. 아들이 위협을 했지만 부모는 교묘하게 모면했고 계속 옳은 행동을 하겠다는 약속을 받았다.

하지만 리링은 소통이 여기에서 그쳤다면 아들에게 상처가 됐을 거라 말한다. 아들의 행동은 사실 다수의 아이가 할 법한 행동이었다. 엄마와 아빠의 관계에 문제가 생기자 자기를 희생하는 방식으로 그 관계를 구원하려고 한 것이다.

"자녀는 좋은 뜻에서 그런 겁니다. 당시엔 몰라서 협박한다고 생각했어요. 하지만 다행히도 우리의 대화는 거기에서 그치지 않았죠."

아들이 협박을 거둬들였을 때, 만감이 교차한 그는 아들을 끌어안고 울면서 사과했다.

"아들아, 아빠가 잘못했어. 아빠가 엄마랑 싸우면 안 되는 거였어. 아빠가 미안해."

리링은 이 사과가 매우 중요하다고 말한다. 아들이 아빠가 그의 잘못된 방식을 받아주지는 않았지만 호의는 받아주었음을 느낄 수 있었기 때문이다.

이런 사례는 셀 수 없을 정도로 많다. 버트 헬링거는 '자녀는 가정의 수호신'이라고 말한다. 엄마와 아빠의 관계에 문제가 생기면 아이는 적극적으로 자기를 다치게 하는 행동을 해 그 관계를 구하려고 한다. 이런 자기희생 전략은 늘 성공을 거둔다. 부모가 자녀에게 관심이 쏠리면 자기들 문제는 아랑곳하지 않기 때문이다. 헬링거는 가정에 대해서 이렇게 표현했다. 건강한 가정은 평지 같아서 아이가 우뚝하게 솟은 거목으로 자라며, 문제가 있는 가정은 벼랑 같아서 아이가 기괴한 형상의 나무로 자란다고. 아이가 이렇게 행동하는 목적은 그저 가정의 평화를 유지하고 싶어서다.

모든 가정에서는 반드시 문제가 발생한다. 아무리 완벽한 부모라도 갈등을 겪는다. 그렇다면 가정의 수호신인 아이들이 자기를 희생하려고 할 때, 부모는 어떻게 대응해야 할까?

리링은 아이의 선의를 깨닫고 받아들이며 부모가 아이의 뜻을 이해했음을 알려주는 것이 가장 중요하다고 말한다. 또한 자녀에게 아빠와 엄마의 문제는 네가 신경 쓸 일이 아니라는 것도 말해주어야 한다.

"엄마, 아빠가 해결하도록 노력할게. 우릴 믿으렴. 네 희생은 우리가 문제를 해결하는 데 도움이 안 돼."

그러면 아이는 부모가 자신의 의도를 이해했음을 느낀다. 또한 자신의 희생이 잘못된 행동이라는 것을 깨달으며 포기한다.

왜 가족이 힘들게 할까

그러나 대부분의 경우 이처럼 순탄하게 풀리지 않는다. 부모 중 어느 한쪽이 자기편을 얻기 위해 아이를 적극적으로 끌어들이는 게 보통이다.

사례─병으로 가정불화를 잠재운 딸

샤오위는 매우 귀여운 여자아이다. 예쁘고 똑똑한 데다 분별력도 있으며 현재 명문 고등학교 1학년에 재학 중이다. 그러나 중3 때부터 한 가지 나쁜 버릇이 생겼다. 계속 손을 씻는 것이다. 하루에 수백 번을 씻어서 손에서 피가 날 정도가 되어도 멈추지 못했다. 그 외에도 불면증을 앓았고 성적도 계속 떨어졌다.

샤오위는 가정 문제의 수호신이었다. 하지만 자발적이 아니라 엄마에게 끌려들어 갔다. 샤오위가 중3 때, 아빠가 외도한다고 의심한 엄마는 샤오위에게 끊임없이 자신의 고뇌를 털어놓았다. 이는 샤오위 엄마의 감당 능력과 관계가 있어 보인다. 그녀가 아주 어렸을 때 아빠가 세상을 떠났기 때문이다.

처음에 샤오위의 엄마와 아빠는 말리는 게 불가능할 정도로 다퉜지만, 샤오위가 아프고 난 후로 그 전쟁은 일시적으로 멈췄고 모두 샤오위에게 관심을 돌렸다.

부모의 갈등에 자녀가 책임질 부분은 없다

헬링거의 표현대로라면, 샤오위 엄마가 쓴 방법은 '연맹'이다. 한쪽 부모가 아이를 갈등 상황에 끌어들인 것으로, 그녀의 미성숙한 바람이 성공적으로 실현됐다. 샤오위 같은 내담자를 만나면 헬링거는 제일 먼저 말해준다. 부모의 문제는 부모의 일이며 자녀는 부모와 연맹을 맺고 함께할 필요가 없다고.

한 내담자가 헬링거에게 말하길, 엄마가 아빠와 늘 싸우면서도 이혼하지 않는 이유가 자기 때문이라고 강조한다는 것이다. 그는 분명히 답했다.

"당신과는 상관없는 일입니다. 엄마는 당신에게 사건의 전말을 이야기해주지 않았어요. 엄마가 아빠 곁에 머무는 것은 자기 행동의 결과를 받아들였기 때문이에요. 엄마는 자신과 남편 쌍방을 위해 그렇게 한 것이고, 당신은 부모의 결정과 협의에 관여하지 않았어요."

그러나 동시에 헬링거는 내담자에게 진정한 존중을 배우라고 권했다. 엄마가 자기 행동의 결과를 받아들인 것을 이해하는 것이야말로 부모에 대한 가장 큰 존중이라고 말이다.

엄마와 아빠의 관계에 문제가 생겼을 때 자녀로서 부모가 자기 문제를 직면하도록 그들의 결정을 존중해야 한다. 부모의 무시나 문제 왜곡에 말려드는 것은 가정 전체에 아무런 도움이 되지 않는다.

당연히 어린아이는 이를 배울 수 없다. 그러나 부모는 아이와 열심히 소통하며 말해줄 수 있다.

"네 사랑은 이해하지만 우리 문제를 존중해주길 바란다. 우리 관계가 어떤 방식으로 해결되든, 우리는 계속 널 사랑할 거야."

아이의 자기희생 정신을 헬링거는 이렇게 묘사했다.

자녀의 사랑은 무한하다. 고통을 받음으로써 자기 부모와 연합하

왜 가족이 힘들게 할까

는 행위는 자녀에게 엄청난 유혹이다. 한쪽 부모의 기분이 처지면 자녀의 기분도 처진다. 아빠가 술주정을 하면 자녀 역시 자기도 모르게 모종의 방식을 이용해 부친의 모습을 따라 함으로써 삶의 한 부분에서 실패할 수도 있다. 그러나 성숙한 사랑은 자녀에게 유치하고 맹목적인 사랑을 버리고 어른의 사랑을 배우라고 요구한다. 성숙한 사랑은 가정의 굴레에서 아이를 풀어주고 아이가 자기희생을 반복하지 않게 한다. 그러면 자녀는 자신에 대한 부모의 깊은 기대와 희망을 실현할 수 있다. 자녀가 좋아질수록, 부모도 좋아진다.

PART 4

관계는 어떻게
왜곡되는가

친밀한 관계 맺기를 방해하는
세 가지 병

"감지되어야 비로소 존재하게 된다."

미국의 심리학자 조지프 라인Joseph Banks Rhine의 말이다.

내 감정이 감지될 때 자신이 그런 모습으로 존재하고 있음을 발견하게 된다는 의미다. 간단히 말해 한 사람의 존재감은 그의 감정이 타인에게 감지되는 일에서 비롯된다.

흔히 자아가 분명한 사람은 타인의 평가를 신경 쓰지 않으며 자아가 분명하지 않은 사람은 타인의 평가를 신경 쓴다고 이야기한다. 실제로 우리 모두는 타인의 시선을 매우 신경 쓴다. 차이가 있다면 자아가 분명한 사람은 훌륭한 부모, 특히 훌륭한 엄마를 가졌다는 것이다. 아이의 감정이 엄마에게 감지되면서 존재감이 생긴 아이는 그 기초로 '자아'를 형성한다. 자아가 분명하지 않은 사람은 이 단계가 실현되지 못해 직접적으로든 왜곡된 방식으로든 평생 타인의 눈에 띄기를 원한다.

간루루干露露(과도한 노출로 가십에 자주 오르내리는 중국 영화배우 겸 모델-옮긴이)의 엄마 레이 여사는 딸이 상반신을 드러낸 한 장의 사진 속에서 자신의 손과 팔로 풍만하지만 유혹적이지는 않은 딸의 가슴을 감싸고 있다. 그녀는 매우 만족스럽고 흐뭇해하는 표정이다.

레이 여사가 한 행동과 딸에게 하게 한 행동은 표면적으로는 성적 매력으로 타인을 유혹하는 것이다. 그러나 실제로는 원초적인 갈망을 추구하는 행위다. '날 봐줘! 나를 봐달라고!' 이 원초적인 갈망이 충족됐기 때문에 스스로 몹시 흡족해했다.

애초에 엄마나 다른 가족이 보아주지 않으면 이들처럼 수많은 사람의 눈에 띄고 싶어 한다. 심리상담의 가치는 내담자의 감정을 제대로 '보는' 것에 있다. 하지만 평가는 그렇지 못하다. 누군가의 감정을 제대로 본다는 것은 마음 대 마음, 감정 대 감정으로 이루어지는 정신적 교감이어야 하지, 머리 대 마음 혹은 약물 대 마음이어서는 안 된다. 눈에 띄고자 하는 갈망이 채워지지 못해 두려워하고 절망하고 분노하는 당신의 감정에 약물이 작용하기는 하지만, 이는 보이지 않기 때문에 표면적인 치료는 가능할지 몰라도 근본적인 치료는 안 된다.

존재는 감지되는 것이다. '존재감 없음'은 감정이 감지되지 못하는 데서 기인한다. 여러 경우가 있으나 가장 자주 보이는 세 가지 방식이 '무시', '이중 모순', '좀비화'다.

무시

무시는 단순하다. 엄마 또는 핵심 양육자가 에너지도, 흥미도, 능력도 없어서 보지 못하는 것이다. 신생아 때 늘 외로웠다거나, 당신이 신경 쓰는 사람이 곁에 있음에도 몸과 마음의 작용 없이 머리로만 보거나, 심지어 머리로도 봐주지 않아서 보이지 않는 것이다. 극단적인 무시는 극단적인 무존재감을 야기할 수 있으며 치명적인 수치심을 부른다. 한마디로, '사람으로 태어나서 미안합니다'가 된다. 사랑의 시선을 받은 적이 없는 까닭에 존재 자체를 잘못으로 여긴다.

일본 영화 〈혐오스런 마츠코의 일생〉에서 마츠코의 남자친구는 질주하는 열차에 뛰어들어 자살한다. 그는 '태어나서 미안합니다'라는 유언을 남겼다. 이 문장은 소설가 다자이 오사무가 자살하면서 실제로 남긴 유언이기도 하다.

극도의 무시는 극도의 모순된 상태를 초래한다. 누가 봐주지 않으면 죽을 것처럼 간절히 봐주기를 원하지만, 또 누군가가 봐주는 순간 죽을 것만 같다. 통속적인 표현 방식은 이렇다.

"난 널 사랑할 수 없고 네 사랑을 받을 수 없어. 그렇기 때문에 나는 자아가 없어."

조지프 라인은 이를 "불안에 잠식된 것"이라고 표현했다. 내 글에서 자주 볼 수 있는 트라우마 잠식과 크게 일치하지는 않는다. 여기에서는 '원초적 융합 불안'이라고 해도 무방할 것 같다.

원초적 융합 불안이란 한 사람이 타인, 사물, 심지어 자기와 관계를 맺는 일도 두려워하는 것을 가리킨다. 관계에 담긴 '연결'이라는

왜 가족이 힘들게 할까

의미 때문에 자기 정체성과 자주성을 잃게 될까 봐 걱정한다. 이런 두려움으로 생겨난 불안이 바로 원초적 융합 불안이다. 간단히 말해 이 불안이 있는 사람은 가벼운 관계만으로도 자신의 가련한 정체가 잠식당할 것 같은 느낌을 받는다.

자아가 너무 가련하고 나약하다는 것이 가장 큰 이유다. 가련하고 나약한 이유는 그의 감정이 감지되는 일이 매우 드물기 때문이다. 드물게 감지되는 감정이 모여 나약한 자아가 된다. 이런 자아는 매우 보잘것없고 미천해 다른 모든 사물이 자기보다 훨씬 대단하다고 생각하게 한다. 이들에겐 관계를 맺는다는 것이 위대한 타인에게 점령되고 자아는 연기처럼 사라진다는 것을 의미한다. 영화 〈서유기: 모험의 시작〉에서 손오공에게 공격당해 가루가 되어 사라져버리는 소녀처럼 말이다.

본질적으로 융합은 개인의 소멸을 의미하지만, 사실 일반적인 과정은 이렇다. 또렷한 개인이 자기를 믿고 타인과 관계를 맺고 그 관계 속에서 끊임없이 서로를 느끼려 한다. 차츰 신뢰가 쌓여 갑자기 서로를 느끼게 되는 순간, 개인은 방패를 내려놓고 소멸하며 '나와 너'의 관계성 자아를 포함하는 가장 친밀한 관계를 수립한다. 이때 상대적으로 건강한 자아의 지지 없이 직접적인 관계를 맺으면 자신이 소멸한다는 느낌이 더욱 강해져 더는 관계 맺기를 시도할 엄두조차 내지 못한다.

원초적 융합 불안은 매우 심각한 문제를 일으킨다. 이런 불안을 가진 사람은 극단적인 상황밖에 느끼지 못한다. 관계를 맺고 자아를 잃거나, 철저하게 고립되거나 둘 중 하나다. 중간지대가 없다.

이런 불안 때문에 그들은 차라리 미움받고 비난당하는 쪽을 선택한다. 이때 이전으로 돌아가려고 하는 건 자아의 경계가 세워졌음을 의미하며 당시의 감정, 주로 분노 등의 부정적인 감정이 자아의 양분이 된다.

이들은 미움받고 비난당하는 것보다 사랑받는 일을 더 무서워한다. 사랑이 잠식과 소멸을 초래하기 때문이다. 이런 불안감이 있는 사람은 매장당하거나, 침몰되거나, 불에 타 재가 되거나, 익사하거나 하는 꿈을 흔히 꾼다.

심지어 정확히 이해받는 것도 두려워한다. 이해된다는 것은 점령되고 억압된다는 것을 의미하기 때문이다. 이해와 사랑보다는 차라리 오해받고 미움받기를 바란다. 고립 속에서 그들의 자아는 오히려 어느 정도 안전하다고 느낀다.

그래서 이런 불안감을 가진 내담자를 상담할 때나 이런 사람과 어울릴 때, 심지어 사랑하게 됐을 때는 기준을 파악하기가 매우 어렵다. 그러므로 단계적으로 세심하게 다가가는 것이 좋으며, 다가갈 때도 계속 적정 거리를 유지하는 편이 좋다.

그들과 교류하면서 사랑과 이해의 감정이 발생하면, 상대에게서는 이전으로 돌아가려는 작용이 발생하는데 가끔은 그 작용이 매우 격렬하고 끔찍하게 나타날 수도 있다. 그에게 사랑과 이해를 표현했는데, 어쩐지 상대는 그것을 극도의 무례함으로 받아들이는 것 같다고 느낄 수도 있다.

내가 생각하는 근본적인 이유는 원초적 수치심이다. 사랑이라는 거울에 비친 적이 없기 때문에 내면이 온통 암흑이다. 이들은 이런 어둠이 '진짜 나는 나쁘다'를 의미한다고 받아들인다. 이렇게 나쁜 내가 남의 눈에 들고 이해받기를 갈망하니 얼마나 무섭겠는가. 날 사랑해주고 신경 쓰는 사람이 없는데도 나는 여전히 이토록 갈구한 다니!

매우 중요한 포인트다. 이런 불안을 가진 사람에게는 어둠이 나쁨과 같지 않다, 사랑이 내면을 비추기만 한다면 내면이 곧 아름다워지리라는 걸 깨닫게 해주어야 한다. 순수하고 아름다운 소녀의 입맞춤에 야수가 순식간에 왕자로 변하는 것처럼 말이다.

이중 모순

이중 모순에 대해 이야기해보자. 이중 모순이란 A를 할 수 없고, 반反A, 즉 A와 반대되는 것도 할 수 없다는 뜻이다.

조지프 라인은 이중 모순을 이중 속박이라고도 불렀다. 정확하게 표현하면 표면적으로 부모 또는 가족이 당신에게 A를 하길 바라지만, 당신이 정말 A를 하면 그들은 기뻐하지 않는다. 그들은 속으로 당신이 반反A를 하길 바랐던 것이다. 그러나 반A를 해도 그들은 기뻐하지 않는다. 예를 들어 엄마가 두 팔을 벌려 당신을 맞이할 때, 당신은 달려가 안기면서도 엄마가 밀어내고 있음을 분명하게 느낀다. 그러나 달려가 안기지 않아도 엄마는 당신을 꾸짖을 것이다.

이중 모순의 근원은 개인의 내면 분열, 즉 의식과 잠재의식의 분열이다. 의식적으로 그들은 A 위치에 있지만 잠재의식에서는 반A 위치에 있다. A에 있을 때 머리는 받아들이지만 몸과 마음은 받아들이기 어렵다. 반A에 있을 때는 몸과 마음은 후련하지만 머리는 받아들이지 못한다.

이중 모순은 타인에게 엄청난 혼란을 일으킨다. 특히 아이와 배우자에게 그렇다. 아이는 본래 사물에 정확한 느낌을 갖고 있다. 아이가 느낀 상황의 실체가 반A인데 부모는 이를 확인해주지 않고, 외부인에게 확인받지도 못한다. 그리고 부모와 외부인 모두 "명백히 A인걸! 넌 어쩜 이렇게 분별을 못 하니"라고 말한다.

많은 사람이 사회에서는 흠잡을 데 없이 좋은 사람이지만 집에서는 폭군인 것도 비슷한 경우다. 타인은 "네 부모님은 정말 좋은 사람이네. 넌 정말 행복하겠구나"라고 말하지만 당신이 실제 받는 느낌은 매우 고통스럽다.

폭군이면 그나마 낫다. 어쨌든 그가 명백한 잘못을 저질렀기 때문에 당신도 명확하게 상대의 잘못을 인식할 수 있으니까. 많은 중국 가정에서는 부모의 난폭한 행위가 '귀한 자식 매 한 대 더 때린다'로 설명된다. 그렇다 해도 폭행이 너무 잦으면 결국 아이는 부모가 잘못한 것임을 확신하게 된다.

때때로 폭행보다 더 심각한 것은 숨겨진 비난이다. 숨겨진 비난은 비난하는 사람도 자기가 비난하고 있음을 인정하지 않고, 제삼자의 눈에도 그런 행동이 보이지 않으며, 피해자 역시 그 느낌을 표현하기 어렵다. 예를 들어 많은 사람이 겉으로는 상대에게 잘 대해주지만, 돌아서면 작은 소리로 욕하는 경우가 그렇다.

좀비화

좀비화는 부모가 당신이 꼼짝도 하지 않기를 바라는 것이다. 당신의 활력은 부모의 의지대로만 쓰여야 한다. 부모는 당신이 다른 의지를 갖지 않고 자신들의 수족이 되어주기만 바란다.

이유는 부모가 끔찍한 불안감을 느끼고 있어서다. 그들은 모든 것을 장악하려고 한다. 아주 사소한 통제 불능에도 그들은 위험에 빠졌다고 느끼고, 모든 것을 아끼지 않고 쏟아부어 자녀의 자유 의지를 억압해 좀비의 지경까지 몰아간다.

무시와 이중 모순, 좀비화를 포함하여 감정을 파괴하는 수단들은 부모-자녀 관계, 결혼 관계, 연애 관계, 직장 및 사회 모든 곳에 존재하면서 개인이 느끼는 신뢰를 파괴한다. 이런 수단들은 매우 복잡하지만, 간단하게 대처할 수 있다. 바로 '자신의 느낌을 믿는 것'이다.

운이 좋다면 좋은 엄마 또는 좋은 양육자가 당신의 감정을 끊임없이 느끼고 확인해주어 풍성하고 활발한 자아를 형성하게 할 것이다. 이런 운이 따르지 않는다면 많은 노력을 기울여 이 목표를 향해 나아가야 한다. 스스로 자신의 감정을 확인하고 느끼자. 특히 무슨 일이 있든 용감하게 바깥세상에 몸을 내던지는 것이 중요하다. 자기감정을 끊임없이 만날 수 있도록 다양한 사건을 접하며 감수성을 활성화해야 한다. 그게 많이 어렵다면 훌륭한 정신과 의사를 찾아보는 것도 좋은 방법이다. 그리고 용감하게 사랑하는 일이 반드시 필요하다. 사랑이라는 감정이 당신의 모든 감정을 일깨우기 때문이다.

타고난 운이든 후천적인 노력이든 감수성이 풍부하고 이를 확인받은 사람들은 이른바 '존재적 안전감'을 형성한다. 이를 라인은 이렇게 묘사했다.

존재적 안전감을 갖춘 개체는 이 세상에 생생하게 실재한다. 그들은 내면의 완전한 자아와도 통일성을 느낄 수 있다. 이들은 시간적 연속성은 물론 내재적 일치성, 실재성, 진실성 및 내적 가치를 가지며 공간적 확장성도 갖는다.

시적인 표현은 아니지만, 이런 감정으로 살 수 있다면 매우 시적인 삶의 경지가 될 것이다. 당신도 부디 이런 감정을 느낄 수 있기를 바란다.

왜 가족이 힘들게 할까

2
폭력적인 인간관계는
정신을 조각낸다

사람은 누구나 자신이 중요하다고 여긴 어떤 감정을 주변 사람들이 '그게 아니야', '반대로 생각했어야지' 하면서 이러쿵저러쿵 떠드는 것을 가장 두려워한다. 그 때문에 내면의 심각한 분열, 심지어 조현병까지도 일으키는 사례가 점점 더 많아지고 있다.

극단적인 가부장제 가정에서는 문제가 보통 이렇게 발생한다. 권력광(보통은 부모, 때로는 장남이나 장녀)이 권력으로 아랫사람에게 압력을 가해 복종하게 만든다. 이들은 각종 자원을 손아귀에 쥐고, 이를 편집적으로 탐하며 살인이나 자살도 서슴지 않는다. 가족 구성원들은 순종하게 되고 가장 정신력이 약한 사람은 이 권력 구조의 최종 피해자가 된다.

최종 피해자는 정신적으로 매우 의기소침해져 가족에게 하소연하지만, 그들은 일이 커질까 봐 또는 두려움에 아무도 편이 되어주지 않는다. 도리어 그들은 권력광의 모든 이상 행위가 그를 사랑하기 때문이라고 말한다. 그는 바깥세상에 도움을 청하지만, 바깥세상에서도 모두가 권력광이 그를 사랑하는 거라고 말한다. 그는 자신의 고통을 아무도 이해해주지 않는다는 사실을 알게 된다. 그들은 하나같이 고통스러워할 일이 아니고 기뻐할 일이며, 권력광에게 고마워해야 한다고 말한다.

학대받은 영혼은 마침내 막다른 골목으로 내몰린다. 이 고통을 외부에 드러냈을 때 그가 머무를 수 있는 자리는 이단아, 미치광이, 정신병자의 세계밖에 없다. 이런 외부 현실이 내면으로 침투할 수도 있다. 그는 자기 고통을 마음속 막다른 구석까지 몰아갈 수 있으며, 그 결과 내면은 극단적 분열 상태에 놓이게 된다. 이 고통은 그의 삶에서 가장 중대한 것이어서 무시하고 넘어갈 수 없기 때문이다.

유달리 효를 강조하는 가정에서도 자녀는 쉽게 권력광의 피해자가 될 수 있다. 아이는 부모에게 상처받지만 가족들은 부모가 널 사랑해서 그러는 거라며 고통스러워할 일이 아니라고 말한다. 사회에 나가도, 책을 봐도 모두 그렇게 말한다. 아이는 심리적 분열을 일으킬 수밖에 없다.

때로 학생이 선생님에게 상처를 입지만, 학교는 학생 편을 들어주지 않는다. 집에 돌아가도 부모님은 선생님의 학대를 가르침이라고 말한다. 책에서도 그렇게 말한다. 결국 이 학생도 분열을 일으킨다.

남존여비가 심각한 사회에서는 여성이 이렇게 되기 쉽다. 그녀는 어디에도 고통을 하소연하지 못한다. 모두가 이상하고 배배 꼬인 논리로 '네가 잘못한 것'이라고 말한다.

모든 정신분열 증상이 이런 현상에서 비롯된다고 말하는 건 절대 아니다. 그저 내가 보고 이해한 일부의 내면 분열 또는 정신분열 증상을 일으킨 사람들은 이런 분위기에서 살아가고 있었다. 그들에게 체계망상systematic delusion(나름의 논리를 가지고 잘 연결되어 있는 망상-옮긴이) 은 매우 현실적이다. 가장 무서운 점은 어디를 가든, 누구든, 학대하는 사람이 자기를 사랑한다고 말한다는 것이다. 쉽게 내뱉는 이런 말들이 분열을 조장할 수 있음을 명심하자.

고통받는 이의 고통을 '들여다보고' 그들의 고통이 얼마나 현실적인지 확인하자. 함부로 판단하지 말고 반대되는 방향으로 말하지 말자. 긍정적인 면을 보여주려던 행동이 뜻밖에 상대를 정신분열로 내모는 행위가 될 수도 있다.

정신분석에서는 조현병 등 중증 정신 질환의 심리적 요인이 극도로 나쁜 엄마와 아이 관계에 있다고 본다. 영아기의 중요한 감정들을 엄마가 보지 못하고 확인해주지 않으면 아이의 이런 감정들은 조각조각 파편화된다. 영아의 자아는 이 조각들을 끌어안을 능력이 없다. 통합하는 능력은 더 말할 것도 없다.

이 주제로 SNS에 여러 편의 글을 올렸다. 관련 사례들이 누적된 이유도 있지만, 그보다 중요한 이유는 바로 이 사건 때문이었다. 충청에 사는 한 열아홉 살 소녀가 아빠가 시킨 대로 채소를 사 오지 않았다고 꾸지람을 들었고, 말대꾸를 했다가 뺨을 맞았다. 이 일로 학교의 감사 교육을 담당하는 선생님에게 교육을 받고, 1,000명 앞에서 무릎을 꿇은 채 아빠에게 용서를 구했다. 결국 소녀의 심리는 심각한 분열을 일으켰다. 다행히 인터넷에서는 이런 교육법에 비난이 쏟아졌지만, 이 일을 보도한 〈충칭상보重庆商报〉는 여전히 이를 두고 감동적인 이야기라고 전했다.

마지막으로 한 번만 더 강조하겠다. **감정을 보아주는 것이 가장 좋은 치료법이다.**

___3

당신의 몸,
타인의 노예는 아닌지

거짓자기와 참자기

영국 심리학자 도널드 위니콧Donald Winnicott(아동정신분석 이론을 발전시킨
소아과 의사이자 정신분석학자 – 옮긴이)은 '참자기True Self'와 '거짓자기False
Self'라는 개념을 제시했다. 이는 먼저 엄마와의 관계에서 형성된 후
다른 관계로 확장된다.

참자기가 있는 사람의 자아는 자기감정을 중심으로 구축되고, 거
짓자기가 있는 사람의 자아는 엄마의 감정을 중심으로 구축된다. 후
자의 비애는 자동으로 자기보다 타인의 감정을 찾고, 타인의 감정을
중심으로 돌아가며, 타인을 위해 살아간다는 것이다.

영국의 또 다른 심리학자 로널드 랭Ronald David Laing[1]은 참자기가 있
는 사람은 신체와 자아가 일치하며 거짓자기가 있는 사람은 신체가
타인의 자아와 함께한다고 했다. 그 결과 거짓자기가 있는 사람은 자

기 신체와 자아가 분리되어 있으며 타인의 자아와 결합하고 싶어 한다. 타인의 자아에 쉽게 흔들리며 자기 자아에는 잘 반응하지 않는다. 이 얼마나 서글픈 일인가.

거짓자기는 '둔감' 현상을 초래한다. 즉 신체가 자극을 받았을 때 반응이 늘 한 박자씩 느릴 뿐만 아니라 선명하게 느끼지도 못한다.

둔감은 표면적인 반응일 뿐이다. 거짓자기를 가진 사람은 신체와 '나'를 분리하고 참자기를 신체와 무관한 공간에 따로 떼어놓는다. 그래서 신체가 상처를 입어도 직접적인 고통을 느끼지 못한다는 것이 보다 심층적인 논리다.

랭은 한 가지 사례를 들었다. 한 남성이 밤에 작은 골목을 지나가는데 맞은편에서 오던 두 남자가 스치고 지나가는 순간 갑자기 그를 향해 몽둥이를 휘둘렀다. 그는 깜짝 놀랐지만 이내 마음을 놓았다. 그들은 그저 한 대 때렸을 뿐이고 자신에게 진짜 상처를 주지는 못할 거라고 생각했기 때문이다. 여기서 '진짜 상처를 주지 못할 것'이라는 말의 의미는 신체가 그의 자아의 일부가 아니기 때문에 다치게 할 수 없다는 뜻이다.

이 남자는 조현병 환자로 다소 극단적인 사례일 수는 있다. 그러나 둔감함이 무얼 의미하는지에 관해서는 이해했으리라고 믿는다. 이런 사례도 있다. 한 여성이 빽빽한 버스에서 발이 밟혔다. 당시에는 별 느낌이 없었는데 버스에서 내릴 때 심하게 밟혔다는 것을 깨달았다. 둔감함은 몸과 마음이 분리된 결과다. '자아'가 관심이 없어 신체의 감각이 둔해진 것이다.

거짓자기가 얼마나 강하든 인간은 여전히 참자기를 찾는다. 모든 사람의 내면 어딘가에는 가장 진실한 자기가 남겨져 있다고 표현할 수도 있겠다. 그러나 몸과 마음이 분리되면 참자기와 신체가 이어지지 못한다.

거짓자기를 가진 사람은 여전히 참자기를 위해 순수하고 깨끗한 내면세계를 남겨둘 방법을 찾는다. 자주 사용하는 방법은 참자기가 철학이나 이론 또는 순수 정신을 한데 결합해 비열하고 저속한 신체에 전혀 물들지 않게 하는 것이다. 그러나 신체는 실재한다. 신체로만 외부 세계와 관계를 맺을 수 있다. 그래서 순수한 정신적 참자기는 신체의 자양분을 얻지 못하고 비현실적인 것으로 전락한다.

랭은 이에 관해 이렇게 서술했다.

자아가 자기 신체와 행동을 포기하고 순수한 정신세계로 돌아오면 처음에는 자유와 자기만족, 자기통제를 느낄 수 있다. 자아는 마침내 타인과 외부 세계에 기대지 않고 존재할 수 있으며 자아의 내면은 충만해진다.

이에 반해 그 자리에서 작동하고 있는 외부 세계는 자아의 눈에 매우 가련하게 보인다. 이때 그는 자신의 우월성을 느끼고 삶에 초연해진다.

자아는 이런 움츠러듦과 숨김 속에서 안전을 느낀다. 그러나 이런 상황은 오래가지 못한다. 내부의 진짜 자아는 외부의 경험을 인정받지 못해 자기를 발전시킬 수 없으며 이는 지속적으로 절망을 불러일으킨다. 초반의 전능감과 초월감은 점차 공허함과 무능하다는 느낌이 대체한다. 진짜 자아가 삶에 들어오기를 갈망하는 동시에 삶이 자기 안으로 들어오기를 간절히 바란다. 그러나 이때 거짓자기를 가진 사람은 내면의 순수한 정신적 자아의 죽음을 감지하고, 이로 인해 깊은 두려움을 느낀다.

한 네티즌이 내 SNS에 댓글을 남겼다.

"직장에서 가장 어려운 일 하나만 장악하면 완전하게 자유를 얻을 수 있을 거라고 생각했어요. '가장 어려운 일'이란 곧 제 순수한 정신을 지키는 것이겠죠? 아름다운 이상에 관심을 갖고 주시하지 않으면 몸도 따라 죽을까 봐 두려워요."

매우 전형적인 이야기다. 그의 거짓자기는 일을 대처하는 데 쓰인다. 거짓자아는 언제나 외부 세계가 비우호적이고 심지어 잔혹하다고 느끼기 때문에 그것이 사람이든 일이든 모두 고생스럽고 힘들게 대처한다고 랭은 말했다.

저 네티즌의 참자기는 '매우 어려운 것'이 아니라 '완전한 자유'다. 이 완전한 자유는 현재에서 추구할 수 없으며 '매우 어려운 것'을 장악하는 데 에너지를 계속 쏟아야 얻을 수 있다. 그러다 보면 완전한 자유를 대표하는, 언제나 허구였으며 자양분을 얻지 못했던 참자아를 불러일으킬 수 있다.

인생은 수백, 수천, 수만 개의 크고 작은 선택들로 이루어져 있다. 나이가 들어 인생을 돌아볼 때, 당신은 알게 될 것이다. 삶에서 가장 홀대했던 것이 바로 자기 자신이며, 그러므로 한평생 헛살았다는 것을.

실존주의 철학식 문구다. 랭도 실존주의 심리학자이며, 실존주의는 줄곧 이런 인생철학을 강조해왔다.

'나는 선택한다, 나는 자유롭다, 나는 존재한다.'

이제부터라도, 사소해 보이는 이 순간부터라도 자기 삶을 살아가기를 바란다.

_4

꿈이 알려준
진실

개인의 삶이 의미 있다고 느끼게 하는 것은 다른 무엇도 아닌 창
조성이다.

순종은 개인에게 무력감을 가져다주며 "별 중요한 일은 없어",
"삶은 무의미해" 등의 생각을 갖게 한다.

창조적인 삶이야말로 건강한 상태이며 순종은 병든 삶의 기초다.

— 도널드 위니콧

세 가지 꿈

'2012년도의 가장 큰 수확은 무엇인가?'

나 자신에게 물었다. 머릿속에 가장 먼저 떠오른 답은 당시 새로
출간한 두 권의 책도 아니고, 확장한 작업실도 아니었으며, 한 해 동
안 들었던 수업도, 난생처음 티베트에 가본 일도 아닌 '세 가지 꿈'이

왜 가족이 힘들게 할까

었다.

2012년 여름 어느 날, 아마도 6월이었을 것이다. 그날 밤 나는 연달아 세 개의 꿈을 꾸었다. 먼저 꿈속 상황부터 이야기해보겠다.

- 첫 번째 꿈

고등학교 동창회에 늦게 갔다. 내가 도착했을 때는 이미 모임이 끝난 후였다. 나는 어렴풋이 알고 있었다. 일부러 늦게 갔다는 것을. 왜냐하면 고등학교 동창들이 날 좋아하지 않는다고 생각했기 때문이다.

- 두 번째 꿈

약간 통통하고 키는 대략 165센티미터 정도인 30대 남성이 있다. 아내가 자기를 사랑한다는 사실을 확인하자, 엉엉 목놓아 울며 소리쳤다.

"나 신장에 가야 해! 신장에 가야 한다고!"

그는 여러 차례 아내의 사랑을 확인하고, 여러 차례 대성통곡했다.

- 세 번째 꿈

이 꿈속 세상은 잔인했다. 보이는 것은 온통 회색조이며, 사방으로 퍼진 독기에 새들도 중독돼 땅에 떨어져 죽었다. 강에도 중독돼 죽은 자질구레한 것들과 배를 뒤집은 채 죽어 있는 물고기들이 둥둥 떠다닌다. 사방이 황폐하다. 내 고향 집 농촌 같았는데,

많이 훼손돼 있었다. 반쯤 무너진 낮은 담장을 타고 수세미 덩굴이 자라 있었는데, 그 속에 사람 머리가 숨겨져 있었다.

곧이어 정신병을 앓는 남자가 등장한다. 그리고 내레이션이 깔린다.

"온 세상의 독이 모두 그에게서 비롯됐다. 덩굴 속 머리도 저 남자가 베었다."

남자는 키가 크고 깡말랐다. 키가 177센티미터쯤 됐고 매우 튼튼했다. 정신병 탓에 머리가 고장 나 계속 멍청하게 웃고 있었다. 그래도 건장한 남자였던지라 하고 싶은 것은 망설임 없이 했다. 지능적으로 문제가 있긴 하지만 마음에는 장애가 없어 가뿐하게 목적을 달성했다. 예를 들어 배우 겸 가수 저우제룬周杰伦이 보고 싶은데, 그가 마을에서 콘서트를 연다는 걸 알게 되자 그가 묵는 호텔로 곧장 갔다. 호텔이라고 하지만 사실 흙벽돌을 쌓아 만든 집으로 구조가 조금 복잡하다. 호텔에 도착한 그는 호텔 직원 유니폼을 가져다가(훔쳤다고 할 순 없다. 훔친다는 개념 자체가 없는 사람이므로) 갈아입었다. 그리고 벨보이들이 짐을 날라주는 카트를 밀며 저우제룬이 묵고 있는 방으로 갔다. 저우제룬은 마침 몇 사람과 대화를 나누고 있었다. 그는 카트를 밀며 한쪽에 서서 그를 쳐다보고 바보처럼 웃었다. 사람들은 그가 좀 이상하다고 생각하지만, 쫓아내지는 않았다.

그는 호텔을 나와 어느 광장으로 갔다. 내 어린 시절 마을에서 곡식을 볕에 말리고 타작하던 탈곡장으로 크기가 수백 평쯤 됐다. 깨끗한 탈곡장에서 서너 살쯤 되는 아이들이 놀고 있었다.

그는 아이들이 노는 데 끼더니 금세 그들을 데리고 춤을 췄다. 그들은 점점 춤에 몰입했고, 춤은 점차 격렬해졌다. 갑자기 괴이하고 거대한 에너지장이 형성되더니 정신병자와 아이들을 휘감았다. 한 소녀는 이상한 느낌을 받았다. 성욕이 느껴진 것을 안 소녀는 당황했고 울면서 달아나려 했지만, 에너지장은 철옹성 같아서 나갈 수가 없었다. 광장 가에 있던 어른들도 이상한 느낌을 감지하고 달려들어 아이들을 구하려 했지만, 들어갈 수 없었다.

결정적인 순간, 탈곡장 가에 스무 살쯤 되는 한 중이 나타났다. 조용한 성격에 바른 기운을 가진 사람이었다. 그는 정신을 집중하고 앉아 기를 운행하더니 사자후를 내질러 이상한 에너지장을 파괴했다.

그날 밤의 꿈은 나의 기억 속에서 아직도 감정적으로 가장 강렬하다. 이튿날 여자친구와 자가용으로 출근하던 길에 그녀는 내게서 흰머리칼을 발견했다. 세어보니 다섯 가닥이나 됐다.

나는 내 흰머리에 대해서 꽤 잘 알고 있다. 고등학교 때 여섯 가닥이나 자란 적이 있기 때문이다. 중학교 1학년 때부터 고등학교 3학년 때까지 정확히 1년에 한 가닥씩 났다. 대학에 들어간 후로는 한 가닥도 나지 않았다. 그런데 그날 밤, 다섯 가닥이나 난 것이다. 어떻게 하룻밤 사이에 흰머리가 난 건지, 나는 그 이유를 어느 정도 실감하고 이해할 수 있었다.

세 가지 꿈에서 나는 공통으로 한 가지를 한 뒤 잠에서 깼으며, 깨어나자 강렬한 느낌이 들었다. 당시 나는 내가《꿈은 답을 알고 있다 梦知道答案》에서 언급했던 방법대로 자기 꿈 작업dream work(드러나지 않은 꿈의 내용, 즉 잠재몽의 내용을 발현몽으로 변환시키는 무의식적인 심리 작동-옮긴이)을 진행했다. 몸을 움직이지 않고 주도적으로 생각을 하지도 않았다. 감각과 생각이 자연스럽게 흐르게 두고 어떤 일이 일어나는지 가만히 지켜봤다.

첫 번째 꿈은 해석하기 쉽다. 인간관계에서 내 열등감을 말하는 꿈이다.

2012년 4월, 나는 허베이성 스자좡시로 돌아가 고등학교 졸업 20주년 동창회에 참석했다. 원래는 5월 1일에 베이징대 본과 동기들의 입학 20주년 모임에도 참석할 예정이었으나 집돌이인 나는 연이어 두 개의 큰 모임에 참석하려니 에너지 소모가 심했다. 그래서 한 가지 이유를 찾았다. 내 의식 속 진짜 이유인《왜 가족이 힘들게 할까》 개정판을 써야 한다는 핑계로 대학교 동창회에는 참석하지 않았다.

그런데 이 꿈으로 나는 책 쓰기가 진짜 이유가 아님을 알게 됐다. 진짜 이유는 친구들에게 그다지 환영받지 못한다고 느끼는 내 열등감이었다.

두 번째 꿈은 내 열등감의 정체가 대체 무엇인지 깊이 깨닫게 해주었다. 처음에는 조금 이해하기 어려웠다. 꿈속 뚱뚱한 남자는 누구일까. 나였을까? 나는 177센티미터의 키에 감정 표현도 부자연스럽다. 그러나 그 남자는 키도 165센티미터에 울고 싶으면 울고, 웃고 싶으면 웃는 사람이었다. 그러나 곧 그 남자가 나라는 걸 알 수 있었다. 그는 나의 교대 인격으로 내 주 인격의 대립되는 면이자 카를 구스타프 융Carl Gustav Jung이 말한 '그림자'다.

그 남자는 왜 울었을까? 처음에는 엄마가 했던 이야기가 떠올랐다. 엄마는 내가 16개월이 될 때까지 계속 울었다고 했다. 내려놓기만 하면 울어서 반드시 안고 있어야 했단다. 할머니가 손주들을 돌봐주지 않아서 계속 나를 안고 있어야 했던 엄마는 아예 일을 하지 않았다. 그런 이유로 마을에서 유일한 '전업 맘'이 됐고 주위의 따가운 눈총을 받았다. 그런데 16개월이 되자 갑자기 내가 울음을 그치고 걸음마를 배웠다고 한다.

내 생각에 16개월 전의 울음이 바로 두 번째 꿈속 남자의 울음인 것 같다. 신생아 때의 울음은 엄마와 연결되려는 갈망이다. 연결은 곧 사랑인데, 이 연결이 온전하게 형성되지 않았던 것이다. 늘 이를 갈망했던 나는 계속 울면서 사랑을 갈구하는 심리를 표출했다. 마침내 눈물을 그쳤지만, 그것은 간절히 바라던 연결에 대한 절망을 뜻한다.

사람들의 마음에 점점 깊이 뿌리내리고 있는 심리학적 설명이 하나 있는데 아이가 세 살이 될 때까지는 엄마가 늘 함께해야 한다는 것이다. 세 살 전에는 장시간 떨어지면 안 되는데, 연구 결과 양호한 양육 환경에서 아이는 세 살이 되어야 '객체 안전감'과 '감정 안전감'의 개념이 형성된다고 밝혀졌기 때문이다. 객체 안전감은 엄마가 눈에 보이지 않아도 존재한다는 걸 아는 것이고, 감정 안전감은 가끔은 잘하지 못해도 내게 잘해주는 엄마가 항상 존재한다는 걸 아는 것이다. 아이들은 이런 개념이 생겨야 엄마와의 분리를 감당할 수 있다. 그렇지 않으면 잠깐만 떨어져 있어도 영원히 버려진 것 같은 느낌을 받는다.

세 살 전에 엄마와 2주 이상 분리되면 아이는 '버려졌다'고 받아들이며, 이는 돌이킬 수 없는 트라우마가 된다. 이런 트라우마는 엄마가 돌아온다고 해서 자동으로 없어지는 건 아니며 반드시 엄마가 많은 노력을 기울여야 한다. 그런데 대부분 엄마가 '만회'하고자 하는 생각이 없거나, 만회하는 과정에서 아이가 쌓은 보호막에 부딪히면 쉽게 인내심을 잃는다. 그 결과, 버려짐에 대한 트라우마는 아이들의 마음속에 내내 남게 된다. 그래서 아이가 세 살이 되기 전에 엄마와 2주 이상 분리됐다면 자녀가 정신과 의사와 상담할 돈을 모아두라고 말하는 심리학자도 있다.

이 기준으로 중국 가정을 살펴보겠다. 먼저 생각해보자. 십수억 명의 중국인 중에서 세 살 전에 엄마와 2주 이상 떨어져 살지 않은 행운아가 얼마나 될까?

나는 행운아였다. 엄마와 분리된 적도 없고 네다섯 살 때까지 모유를 먹었다. 엄마에게 맞아본 적도, 혼난 적도 없다. 딱 한 번, 아빠가 참지 못하고 소리를 질렀고 나는 울면서 엄마에게 일렀다.

그렇다면 나는 어째서 이런 행운아이면서도 꿈속과 삶에서 버림받는 데 심각한 트라우마를 갖고 있을까? 이는 엄마와 영아 사이, 관계의 질과 관련이 있다.

도널드 위니콧은 약 6만 쌍의 엄마와 영아 관계를 관찰하고 한 가지 개념을 내놓았다. 바로 '충분히 좋은 엄마Good enough mother'•다. 엄마가 충분히 좋으면 아이는 기본적으로 건강한 심리를 형성한다는 뜻이다. 충분히 좋은 엄마에게는 한 가지 조건이 있다. 바로 '일차적

왜 가족이 힘들게 할까

모성 몰두_{primary maternal preoccupation}'다. 일차적 모성 몰두란 엄마가 아이에게 심리적인 감응 능력이 있다는 말이다. 위니콧은 많은 엄마가 임신 마지막 몇 주 동안, 그리고 자녀 출생 후 몇 주 동안 아이에게 매우 민감해져 아이의 욕구와 마음의 소리를 즉시 감지해낸다는 것을 발견했다.

일차적 모성 몰두가 바로 심리적 감응이라는 말에 나는 경탄을 금

● 충분히 좋은 엄마 ●

위니콧은 매우 중요한 이론을 많이 제시했는데, 그중 가장 널리 알려진 개념이 '충분히 좋은 엄마'다. 충분히 좋은 엄마의 관건은 '민감성'이다. 위니콧은 "진짜 엄마가 영아에게 해줄 수 있는 최고의 일은 충분히 민감해지는 것"이라고 말했다. 영아는 처음엔 전능한 자기애를 추구한다. 즉 자기가 생각한 대로 일이 흘러가기를 바란다. 예를 들어 배가 고프다고 하면 엄마가 젖을 대령하고, 춥다고 하면 안아주고, 놀고 싶다고 하면 같이 놀아주는 것이다. 실제로 이런 묘사는 영아의 전능한 자기애를 표현하기에 턱없이 부족하다. 영아는 심지어 엄마와의 분리를 인지하지 못하고 엄마와 자신이 하나이며, 세계와도 하나라고 생각한다. 그래서 세계와 자신, 엄마와 자신의 마음이 서로 통해 완전히 자기 뜻대로 돌아간다고 생각한다.

충분히 좋은 엄마는 영아의 전능한 자기애 추구를 훌륭하게 만족시켜준다. 일단 이런 감각이 잘 충족되면 영아는 삶의 좌절은 물론 엄마와 세계와 자신이 하나가 아니라는 사실도 받아들인다.

충분히 좋은 엄마가 되려면 세심한 돌봄이 중요하다. 돌봄만큼이나 중요한 것이 위니콧이 말한 '**일차적 모성 몰두**'다. 즉 영아가 태어나기 전후의 몇 주 동안 엄마는 영아에게 온 신경을 쏟아야 한다. 자기 자아나 개인의 흥미, 삶의 리듬과 관심사 등을 모두 뒷전으로 미뤄두고 새로운 생명에만 집중해야 한다. 모든 행동이 영아의 바람과 욕구에 부응하기 위한 것이어야 한다. 일차적 모성 몰두는 일종의 특수한 상태로 오래 지속될 수 없다. 보통 몇 주간 지속되며, 엄마는 일단 이 상태에서 회복되고 나면 잘 기억하지 못한다.

할 수 없었다. 세상에, 신생아에게 엄마란 신과 같은 존재라는 소리 아닌가!

이 놀라움에 내 두 번째 꿈의 답이 있다. 중국에서 나는 이미 행운아이고 심각한 분리도 겪지 않았지만, 위니콧이 말한 일차적 모성 몰두를 받지 못했던 것이다. 여기에는 두 가지 원인이 있다.

첫째, 내 부모님은 오랫동안 할아버지, 할머니, 사촌들에게 시달렸다. 심지어 마을 간부가 확성기에 대고 이름까지 거론하며 우리 부모님이 불효자라고 말해 두 분이 심각한 우울증에 빠지기도 했다. 특히 엄마가 심했는데, 약간의 갈등만 있어도 화를 내며 드러누워 꿈쩍도 하지 않았다.

자기 최면을 진행할 때마다 나는 엄마가 맥없이 방에 누워 있고 어린 내가 놀라 허둥지둥하며 엄마를 툭툭 건드리는 모습을 봤다. 조금의 반응이라도 보여주기를 바라면서 말이다. 엄마는 간혹 발악하듯 약간의 반응을 보일 때도 있었지만, 어떨 때는 대답조차 하지 않았다. 결국 나는 무력하게 엄마 곁에 누워 엄마를 그리워했다.

둘째, 엄마 쪽 친척들은 감정 표현에 익숙하지 않았다. 감정을 표현하는 게 매우 쑥스러운 듯했다.

이 두 가지 이유로 나는 위니콧이 말한 일차적 모성 몰두를 얻지 못했다고 생각한다.

두 번째 꿈으로 나는 첫사랑도 떠올랐다. 첫사랑의 시작은 짝사랑이었다. 3년 동안 나는 매일 밤 똑같은 악몽을 꾸었다. 여러 상황에서 그녀를 찾아 다니지만, 찾지 못하는 꿈이었다.

왜 가족이 힘들게 할까

2013년 설이 지나고 나는 중고 주택을 매입하려고 했다. 집을 알아보던 중 '신국오조 정책新国伍条政策(2013년 중국 국무원상무회의에서 결정한 부동산 가격 통제를 위한 다섯 가지 정책-옮긴이)'이 발표됐는데, 이에 따라 중고 주택을 거래할 때 집주인이 부가가치세를 20퍼센트나 내야 했다. 그런데 중고 주택은 파는 쪽이 우위에 있다 보니, 자연히 이 부가가치세를 사는 쪽에서 부담하게 된다. 이 조항을 보고 나는 초조해졌고 화도 났다. 그날 밤 또 꿈을 꿨다. 꿈에서 첫사랑을 찾으러 다녔지만, 여전히 찾지 못했다.

깨어나니 답답했다. 오랫동안 안 꾸던 꿈이었는데, 어떻게 된 일일까. 곧바로 나는 20퍼센트 부가가치세로 인한 감정을 떠올렸다. 그리고 이 두 가지가 같은 감정이라는 것이 이해가 됐다. 내가 가장 원하는 아름다운 것은 얻을 수 없는 것이었다. 첫사랑은 당시 내가 가장 바라던 것이었고 집은 지금 몹시 원하는 것이다. 강렬한 욕구가 일면 '사랑하지만 가질 수 없는 꿈'이 나를 습격해온다.

두 번째 꿈이 드러내는 것은 열등감이다. 첫 번째 꿈에서 드러난 것 역시 동창회를 회피한 이면의 열등감이었다. 열등감은 어떤 조건 때문인 것 같지만, 실제로 모든 것은 사랑 앞에서의 열등감이다.

모든 사람이 가장 원하는 것은 엄마의 사랑이다. 아이일 때 엄마의 사랑을 충분히 받지 못하면, 사람마다 정도는 다르지만 열등감이 생긴다. 일단 열등감이 생기면 한 가지 모순이 일어난다. 사랑을 갈망하지만 사랑이 다가오면 극도로 불안해하고 긴장하게 된다. 두 번째 꿈에서 그 남자는 아내의 사랑을 느끼고 펑펑 울며 신장에 간다고 소리쳤다. 이 모순이 표출된 것이다. 아내의 사랑을 확인했지만 곧 불안해진 남자는 멀리, '마음'의 변방으로 도망치려 한다.

사랑이란 무엇인가? 사랑은 존재하는가? 모두가 이 문제를 생각할 것이다. 프랑스의 유명한 철학자 자크 데리다Jacques Derrida[2]는 "모든 사랑이란 불가능한 것"이라고 말했다. 절대적인 사랑에 대한 갈망을 버려야 진짜 사랑의 존재를 볼 수 있다는 뜻이다.

이 문제에 대해 위니콧이 내놓은 답은 엄마와 영아 사이의 정신적 교감이다. 내가 가장 좋아하는 표현으로 말하자면, 이스라엘 철학자 마르틴 부버의 '나와 너'다. 부버는 관계 속에서 모든 기대와 예상을 내려놓고 너를 나의 목표 또는 목표를 실현할 대상으로 보지 않으면 어느 순간 완전한 '너'와 만날 수 있다고 했다.

그러나 마르틴 부버가 말한 '너'는 하느님이다. 내가 '나'라는 개념의 틀을 돌파하면 어느 순간 나의 신성과 너의 신성이 만나 '나와 너'의 관계를 구축한다는 것이다. 위니콧의 일차적 모성 몰두와 마르틴 부버의 '나와 너' 개념을 합쳐보면, 정신적 교감은 곧 하느님과의 만남을 뜻한다. 기독교에서는 하느님을 믿어야 구원을 받는다고 하고, 위니콧의 심리학에서는 정신적 교감이 발생하면 영아가 진정한 안전감을 구축한다고 하는데 원래 이 둘은 같은 이야기다.

세 번째 꿈은 뭘까? 정신적 교감의 사랑이 바로 하느님이고 천국이라면, 이 꿈에서 본 것은 지옥이다. 나는 당시 내 마음속 풍경일 뿐이라고 생각했는데, 내가 살고 있는 중국의 실제 모습일 줄은 정말 생각지도 못했다. 꿈에서 공기에도 강물에도 독이 있었고 색채도 희뿌옜다. 바로 지금 중국의 모습이 아닌가. 그것이 어떻게 진짜처럼 내 가슴속에 존재하는 걸까? 아니면 내가 창조한 것일까?

전에는 꿈에 악마가 자주 등장했다. 그들은 원초적이고 말이 통하지 않으며, 파괴적인 이미지였다. 예를 들어 한 꿈에서 무한한 힘을 가진 거인이 목적지 없이 걸어가는데 거대한 유성추流星锤(긴 줄 양 끝에 금속으로 된 추를 매단 고대 중국의 무기-옮긴이)를 휘두르며 지나가는 길의 모든 건축물을 때려 부쉈다.

그런데 이번 꿈은 악마가 바로 나 자신임을 또렷하게 보여준다. 꿈속의 정신병 환자도 키가 나와 똑같고 몸도 말랐지만 튼튼했는데, 고3 때부터 대학원 3학년 때까지의 내 체형이 딱 그랬다. 그리고 생김새도 지금 내 얼굴이었다.

꿈속 악마의 원시적인 이미지는 여전히 내 의식이 직접적으로 해독할 수는 없다. 그러나 이 꿈은 '악마가 곧 나 자신'임을 부인할 수 없게 했다. 악마가 내 내면의 일부임을 이미 깨닫고 있었다고 해도 그것은 상당히 충격적인 일이었다.

이 얼마나 괴로운 일인가. 현실에서 나는 줄곧 자신을 좋은 사람으로 여겨왔다. 내가 기억하는 한, 나는 일찍이 철이 든 애늙은이였다. 어릴 때는 부모님 속을 썩이지 않았고 커서도 타인이나 조직, 사회에 폐를 끼치지 않았다. 나도 모르게 내가 더 내려고 하고, 조금이라도 득을 보면 죄책감을 느꼈다. 심리학을 배우지 않았더라면 여전히 내가 좋은 사람이라고 생각하고 있을 것이다. 그런데 이 꿈은 내게 '너는 악마야!'라고 말하고 있다.

어쨌든 이대로 해몽을 끝낼 수는 없다. 계속 사고해야 한다. 이 악마는 대체 무엇인가?

정신병 환자는 뭔가를 하지 않고서도 마치 사신처럼 온 세상을 중독시키고 물고기, 새, 사람을 죽였다. 그리고 성性적인 면까지 드러냈다. 이것이 바로 프로이트가 말하는 죽음의 본능이 아니던가. 원초적인 성과 공격성, 프로이트가 말한 인류의 양대 동인動因이 그의 몸에 흐르고 있다고 말할 수 있다.

프로이트의 제자 멜라니 클라인은 영아가 선천적으로 두려움의 심리 상태, 즉 죽음의 본능에 얽매인 상태에 처해 있으며 영아의 이런 내면을 바꾸는 것이 모성애라고 말했다.

그러나 클라인과 함께 여러 해 자기 아이를 함께 치료하기도 했던 위니콧은 이에 관해 다른 주장을 펼쳤다. 위니콧은 영아의 끔찍한 편집성 분열 상태가 보호 환경이 실패한 결과라고 생각했다. 다시 말해 일차적 모성 몰두가 없고 충분히 좋은 엄마가 없어 영아가 고독과 어둠 속으로 빠졌다는 것이다.

위니콧의 이론에 따르면 내 세 번째 꿈은 두 번째 꿈의 결과다. 그러니까 두 번째 꿈에서 사랑의 존재를 믿지 못해 세 번째 꿈의 지옥으로 떨어진 것이다. 그러나 클라인의 관점에서는 내 세 번째 꿈이 더 원초적이며, 두 번째 꿈에서 사랑을 확인했다면 세 번째 꿈에서 구원을 받을 수도 있었다.

누가 맞고 누가 틀릴까? 어쩌면 이 이론의 불일치는 별로 중요하지 않을 수도 있다. 중요한 것은 그들의 관점에서 일치하는 부분이다. 충분히 좋은 모성애가 없이는 내면이 상당 부분 어둠에 빠질 수 있다는 것 말이다. 다만 이 어두운 부분이 전부 결점은 아니다. 정신병 환자는 지능은 높지 않았지만, 역량이 강해 일을 제대로 처리하지 못하는 법이 없으며 어떤 목적이든 달성할 수 있었다.

이것이 현실 속 나와 뚜렷이 반대되는 모습이다. 현실의 나는 좋은 사람이고 지능도 그런대로 괜찮다. 그러나 '강하다'라는 단어는 나와 관계가 없다. 나는 대체로 소극적이고 수동적이다. 일을 할 때도 시원하게 처리하는 법이 없고 생각이 너무 많다. 꿈속 정신병 환자의 특성이 내게 있다면 얼마나 좋겠는가! 한 걸음 더 나아가, 이 세 가지 꿈의 어둠을 포용할 수 있다면 얼마나 좋을까! 앞의 두 꿈에 비해 세 번째 꿈은 이미지가 훨씬 풍부하고 해석해보아도 매우 가치가 있다.

먼저 사람 머리를 이야기해보자. 머리는 곧 두뇌, 즉 이성이고 사고이며 초자아superego다. 정신병 환자는 몸은 있지만 머리가 없다. 지능이 낮고 사고를 전혀 하지 않는다. 그저 자기가 하고 싶은 것을 재빨리 할 뿐이다. 그는 내 본능이고 욕망이며 자아ego다. 자유로움은 반드시 머리가 없는 상태에서만 실현될 수 있다. 그래서 이 머리는 정신병 환자가 베어낸 것, 즉 내가 베어낸 것이다. 머리를 베어내야만 정신병 환자가 대표하는 본능적 힘이 솟아난다.

다시 저우제룬에 대해 말해보자. 그의 노래에 별 감흥은 없지만, 사람은 매우 좋아한다. 그는 자유로우며 자아 역량이 있고 본능도 억눌리지 않았다. 더군다나 매우 유명하다. 그러나 나는 조금 유명하다. 꿈에서 그에게 접근하는 것은 내가 그에게 다가가고 싶어 함을 의미한다. 그러나 나는 평소 이를 별로 인정하지 않는다. 나는 명성이란 열심히 글을 쓰면 자동으로 따라오는 것이지 추구한다고 얻어지는 것이 아니라고 생각하며 마음을 비웠다. 이렇게 보면 내가 명성에 대한 자신의 욕망을 부정하고 있음을 알 수 있다. 사실 현실에서 나는 내 모든 욕망, 꿈속의 정신병 환자가 대표하는 측면을 부인한다.

탈곡장은 꿈속에서 가장 생동적인 장면이다. 정신병자와 서너 살짜리 어린아이들이 춤을 추고 그들의 강렬한 성적 에너지를 끌어낸다. 이 에너지는 마치 무협 영화 속에 나올 법한 자기장처럼 형성됐다. 프로이트의 이론에 따르면 세 살에서 네 살의 아이들은 오이디푸스 시기에 있다. 막 성에 대한 의식이 생긴 아이들은 이성 부모를 지향하며 동성 부모와 경쟁한다. 오이디푸스 시기를 잘 넘어가지 못하면 여러 가지 성 문제를 일으키게 되는데 흔히 볼 수 있는 것은 억압이다.

꿈속에서 성 에너지는 한 소녀를 불안하게 했고 탈곡장의 어른들을 공포에 떨게 했다. 마침내 스무 살의 젊은 중이 나타나서야 성 에너지장을 깨부술 수 있었다.

이게 꿈의 끝이다. 어쩌면 내 어린 시절의 끝이라고 할 수 있다. 정신병 환자가 대표하는 원초적 에너지는 온갖 발악을 거쳐 욕심 없고 무해한 전형적인 젊은 중의 이미지로 돌아왔다.

젊은 중의 이미지는 몇 년간의 내 이미지다. 고등학교와 대학교 때 찍은 사진을 보면 내 얼굴은 매우 날카롭고 엄숙하지만 실제 속내는 쓸쓸하고 욕망이 없는 상태였다. 마음의 힘이 본능에 굴복한 것이 아니라 이성의 힘이 본능을 억누른 것이다. 생명이라는 물의 자연적인 흐름을 이성이 억제한 것이라고 말할 수도 있겠다.

요약하자면 세 번째 꿈은 내 원초적 역량이 어떻게 보이는지, 또 어떻게 길들었는지 보여준다. 두 번째 꿈은 사랑을 이야기하며 세 번

왜 가족이 힘들게 할까

째 꿈은 원초적 생명 에너지를 이야기한다. 두 개의 꿈을 합쳐보면 한 가지 결론을 얻을 수 있다. 사랑이 없다면 원초적 생명 에너지는 무서운 악마로 보일 수 있지만, 사랑이 있으면 원초적 생명 에너지가 빛을 받고 생명 그 자체가 된다.

원초적 생명 에너지를 프로이트는 '리비도libido'라고 불렀고 위니콧은 '활력'이라 불렀다. 리비도는 매우 힘 있는 단어이며 원시적인 감각이다. 그러나 활력이라는 단어가 문제를 더 잘 설명한다.

위니콧은 좋은 모자 관계에서는 아동의 활력이 받아들여지고 그로 인해 확장될 수 있다고 생각했다. 아동은 이런 관계로 인해 자신의 활력이 다치거나 엄마에게 미움을 받지도 않으며 도리어 모자 관계를 촉진한다는 것을 알게 된다. 따라서 이런 아이들은 자신의 활력을 억누를 필요가 없다. 그의 행동은 엄마를 기쁘게 하기 위한 것이 아니라 마음에서 우러나오는 자발적인 행동이다. 그리고 아이는 자발적 행동이 이런 관계에 도움을 준다고 굳게 믿는 까닭에 인간적인 방식으로 이를 드러낼 수 있다.

반대로 모자 관계의 질이 떨어지면, 특히 엄마가 아이의 활력을 받아들이지 못하고 아이의 감정을 보지 못하면서 자기에게 순종하기만 바라면, 아이의 활력 또는 생명 에너지의 흐름은 차단된다. 아이는 자기 활력이 엄마와의 관계를 해친다는 것을 알게 돼 각종 꾀를 부려 자기 활력을 억누른다.

나를 예로 들어보겠다. 앞서도 말했지만 어린 시절 나는 매를 맞아본 적도, 혼나본 적도 없다. 인생에서 중대한 선택을 할 때마다 부모님은 간섭하지도, 내 감정을 부정하지도 않으셨다. 그러나 심각한 우울증을 앓고 있던 엄마는 내 활력을 보호해줄 힘이 없었다. 내 최초의 원초적 활력, 즉 여러 가지 욕구와 목소리들은 엄마에겐 도전이었다. 좀더 큰 후에는 내가 활력을 가지고 세상, 즉 내가 살던 마을에 나가 부딪치며 말썽을 일으키면 마을에서 약자인 부모님은 대처하기 어려웠다. 아직도 엄마는 내게 "조용히 해. 떠들지 말고"라는 말을 자주 한다. 그것도 명령이나 지시하는 투가 아니라 아주 평범한 톤으로.

위니콧은 활력을 모든 생명이 타고나는 천성이라고 여겼다. 활력은 외부로 자기를 확장하려고 하며 존재할 공간을 요구한다. 엄마는 자녀의 활력을 억누르지 말고 긍정해야 한다. 그러나 사람들의 육아 경험을 들어보면 자녀의 활력을 꺾는 목소리가 비일비재하다. 웨이보에 올라온 다음의 글이 한 예다.

아이가 태어나서부터 부모는 자녀가 자기 욕망에 '아니요'라고 말하고 부모의 뜻에 따르도록 훈련시켜야 한다. 자녀는 세상이 자기를 중심으로 돌아가지 않는다는 것을 알아야 한다.

어릴 때 의지를 굴복시키지 못하면 자녀는 자기가 원하는 것은 뭐든 얻을 수 있다고 생각하고 결국엔 피해자 심리를 갖게 된다. 본인은 영원히 잘못한 것이 없으며 자신의 고통을 타인이 책임져야 한다고 여긴다.

내가 보기에 이런 글이 나오는 이유는 세 번째 꿈에 나온 것을 두려워해서다. 활력, 즉 리비도이자 갈망은 우리 모두의 공통된 생명의 강에서 비롯된다. 자녀가 활력을 통해 우선 부모를 비롯한 가족, 나아가 세계와도 관계를 맺을 수 있음을 알게 되면 그 아이의 활력과 욕망은 흐르는 생명수가 된다. 반대로 자녀의 활력과 욕망이 부정당하면 그 아이는 꿈에 등장했던 중처럼 무욕無欲의 상태가 되거나 아예 어두운 사람이 되어 어둠의 방식으로 자기 욕망을 표현하게 된다.

정신적 교감을 바탕으로 한 모든 사랑은 막혔던 생명의 물을 다시 흐르게 할 수 있다. 특히 사랑하는 마음을 다시 흐르게 한다.

심리학에 '체중의 심리 균형점'이라는 개념이 있다. 그 뜻은 중대한 심리적 사건이 없는 한 사람은 상대적으로 안정적인 체중을 유지한다는 뜻이다. 나는 이것을 절실히 체험한 적이 있다. 10년 동안 내 체중은 72킬로그램 전후를 유지했다. 아무리 쪄도 74킬로그램을 넘지 않았고 아무리 빠져도 69킬로그램 아래로는 내려가지 않았다. 살을 찌우려고 여러 방법을 시도해봤지만 효과가 없었다. 그런데 멋진 연애를 하는 동안 한 달 만에 9킬로그램이 쪘다.

연애가 내 체중의 심리적 균형점을 깨트린다는 것을 알았지만, 이유는 몰랐다. 살찌운 그때 일을 다시 생각해보니 연애를 통해 생명의 물이 다시 흐르면서 내게 양분을 가져다주었던 것 같다. 세 가지 꿈의 이치도 이와 동일하다. 두 번째 꿈에서 사랑을 확인할 수 있었다면 세 번째 꿈은 그렇게 암울하지 않았을 것이다.

지금까지 이야기한 세 가지는 내게 큰 꿈, 즉 매우 중요한 꿈이다. 이런 꿈은 사람이 자신의 깊은 무의식뿐만 아니라 사회와 인류의 공통된 무의식에도 닿을 수 있음을 의미한다. 두 번째 꿈의 불완전한 면과 세 번째 꿈의 어둠은 중국인의 집단 무의식이라고 생각한다. 이것이 매우 합리적인 추론인 이유는, 중국은 줄곧 남존여비의 문화가 이어져 온 탓에 사람들이 양질의 모성애를 얻은 경험이 없다. 그래서 너무 많은 사람에게 두 번째 꿈에서와 같은, 또는 더 심각한 불완전함이 초래됐다. 그것도 아주 심각하게 말이다. 이 때문에 많은 사람의 욕망이 어둠 속에 숨겨져 있고 욕망을 추구할 때도 그릇된 방식으로 드러내게 된다.

가장 쉬운 방법은 엄마들이 하나둘 각성하고 중국 가정이 하나둘 깨어나는 것이다. 그래서 가정이 엄마를 지지하고 엄마는 자녀를 지지하여, 아이가 자신의 욕망이 매우 좋은 활력이며 세상에 받아들여지고 축복받는 일임을 깨닫게 해주는 것이다.

내 안의 상처 받은 아이와
마주하는 법

사랑, 이 모호한 단어는 모두에게 별다른 이견 없이 받아들여진다. 어쨌든 많은 부모가 자녀를 어떻게 대하든 그것이 모두 사랑이라고 생각한다. 그런데 자유는?

강의 때마다 자녀에게 자유를 주라고 말하는데, 그럴 때면 꼭 이런 질문이 나온다.

"아이가 사람을 죽이거나 불을 지르면 어떡해요?"

그저 해보는 질문이 아니다. 이 어른들은 정말 자녀에게 자유를 주었다가 아이가 파괴적인 행동을 할까 봐 마음 졸인다. 왜 그럴까? 간단히 말하면 질문한 사람의 내면에 파괴의 욕망이 가득한 아이가 있어서라고 이해할 수 있다. 그들은 늘 이 내면 아이를 통제하는 데 온 힘을 쏟았다. 일단 통제가 풀어지면 내면 아이가 살인이나 방화 같은 끔찍한 일들을 저지르게 자기를 몰아갈까 봐 걱정한다.

그렇다면 이 무서운 내면 아이는 어떻게 만들어졌을까?

상담사 개인의 급진적 성장은 상담에도 드라마틱한 변화를 가져온다. 내게도 자주 나타나는 현상이다.

앞에서 말한 하룻밤 사이 흰머리를 다섯 가닥이나 나게 한 세 개의 꿈을 꾼 후 나는 상담을 할 때 자주 깊은 영역까지 들어가곤 했다. 그래서 내담자가 자신의 내면 아이를 쉽게 만나게 됐다.

첫 번째 사례는 세 가지 꿈을 꾸고 얼마 지나지 않아 방문한 남성 내담자에게서 일어난 일이다. 남성의 아내는 아이를 원했지만 그가 거부한다는 것이 문제였다. 두 사람은 이 문제로 한바탕 다퉜고, 다음 날 그가 상담 중에 그 이야기를 꺼냈다. 이 남성은 왜 아이를 원하지 않을까? 그는 두 가지 이유를 말했다.

첫째, 그는 아내와의 관계에서 자기는 아들, 아내는 엄마 역할이라고 느꼈다. 그는 이런 관계에 매우 연연했지만, 아내는 그런 느낌이 싫다면서 진짜 자식이 생기면 남편은 내버려 두고 자식에게만 온 에너지를 쏟을 거라고 말했다. 다시 말해, 진짜 자식이 생기면 그는 '아내 엄마'에게 버려진다는 얘기다.

둘째, 그는 아내와 충분히 가깝지 않다고 느꼈다. 부부 관계의 질에 문제가 있었으며 늘 격렬하게 싸웠다. 그는 아직은 아이를 가질 때가 아니라고, 본인은 준비가 안 됐다고 생각했다.

두 가지 이유 모두 일리 있게 들린다. 우리는 영상으로 상담을 진행했는데 그는 상당히 몰입해 이야기했고, 나는 귀담아들었다. 열심히 그의 이야기를 듣던 나는 돌연 기이한 느낌이 들었다. 왠지 서재의 공기가 변해 한 겹의 기이한 색채에 모든 물건이 가려진 듯했다. 신체적으로도 말로 표현할 수 없는 감각이 느껴졌다. 두려움 같았지만, 두려움으로도 그 느낌을 다 표현하기에는 충분하지 않았다. 귀신

왜 가족이 힘들게 할까

을 본 것 같은 느낌이라고나 할까.

나는 이런 느낌을 그에게 말해주었다. 물론 귀신을 본 것 같다는 둥 그런 이야기는 하지 않았다. 내가 묘사하는 분위기를 듣던 그는 어느 순간 의자에 앉은 채 그대로 굳었다. 그리고 무척 두려운 목소리로 내게 말했다.

"봤어요! 봤어요!"

나는 무엇을 봤느냐고 물었다.

그는 몸도, 목소리도 부들부들 떨면서 아이 하나를 봤다고 말했다. 그리고 꼬리뼈에서부터 뒤통수까지 한기가 솟구쳐 꿈쩍도 하지 못했다.

상담을 하다 보면 가끔 이런 상황을 경험하곤 한다. 무서운 이미지에 내담자가 놀라 몸을 움직이지 못하는 것이다. 나는 합리적인 상황이라고 굳게 믿기 때문에 당황하지 않고 먼저 내 신체와의 연결을 유지한다. 내 신체를 느끼고 내 감정을 지각하는 것이다. 그런 다음 상대방이 신체를 느끼는 연습을 하도록 이끈다.

연습 순서는 머리에서 발이어도 되고 발에서 머리로 나가도 된다. 나는 발부터 시작해 머리로 가는 것을 좋아한다. 먼저 내담자에게 두 발이 바닥에 닿은 감각을 느끼게 한다. 시간 여유가 있다면 발가락에서부터 발바닥, 발꿈치, 종아리까지 하나하나 조금씩 느껴가도 좋다. 이렇게 전신을 점진적으로 느낀다. 동시에 호흡은 자연스럽게 유지한다.

이 방법은 매우 효과적이다. 내담자를 진정시킬 수 있고 긴장도 풀어준다. 이렇게 10분쯤 했더니 그는 몸을 움직일 수 있게 됐다. 나는 그가 본 아이가 어떻게 생겼는지 물어봤다. 그는 놀란 가슴을 진정시키며 대답했다.

"온몸으로 푸른빛을 내뿜는 아주 작은 아이가 누워 있어요. 일본 공포영화 〈주온〉에 나오는 아이 귀신처럼요. 만져보려고 했지만, 손이 닿으려는 찰나 아이가 '야옹' 하면서 고양이 울음소리를 냈어요! 〈주온〉의 아이 귀신이 내는 소리 같아서 너무 무서웠습니다."

나는 이어 물었다.

"당신이 그 아이라면 어떤 느낌이었을 것 같습니까?"

그는 잠시 생각해보더니 두 가지 느낌을 말했다.

"우선은 매우 절망적일 것 같아요. 아무도 자기를 사랑하지 않는다고 느껴서요. 둘째는 매우 분노할 것 같습니다. 자기를 사랑하는 사람이 없는 이 세계를 파괴해버리고 싶을 거예요."

"그럼 당신은 이 아이에게 어떤 말을 해주고 싶은가요?"

내 말을 듣고 그는 눈물을 왈칵 쏟았다.

"안아주겠다고, 내가 안아주겠다고 말하고 싶어요."

그 순간 나는 이해했다. 이 아이가 바로 그 자신임을. 또한 그의 가장 근원적인 실재임을.

당신의 내면 아이는 어떤 모습인가요?

이 상담으로 나는 생각했다. 내 세 번째 꿈의 정신병 환자와 내담자의 귀신 아이 이미지가 사실은 같은 것은 아닐까? 우리 둘 다 엄마와 영아 관계에서 문제가 발생했다. 영아 때 엄마와 좋은 연결을 맺지

왜 가족이 힘들게 할까

못해 내면에 심각한 상실을 가져왔다. 당시에는 하나의 가설일 뿐이 었으나 곧 다른 사례가 진전돼 이 추론을 검증할 수 있었다.

한 여성 내담자가 임신 중에 꿈을 꿨는데 꿈에서 네 살쯤 되는 무서운 아이를 봤다고 했다. 앞선 내담자처럼 누구의 사랑도 받지 못한 다고 느끼고 온몸에서 푸른빛이 나는 아이였다. 그 아이는 이 세상을 저주하며 온 세상이 사라지기를 간절히 바랐다.

나중에 나는 SNS를 통해 한 가지 조사를 했다. 네티즌들에게 내면 아이와 만나는 연습을 시킨 것이다.

"눈을 감고 마음을 차분하게 가라앉히세요. 먼저 5분 동안 자기 몸을 느껴봅니다. 충분히 긴장이 풀렸다면 아이 하나가 곁에 있다 고 상상해보세요. …. 아이는 어느 위치에 있나요? 어떤 모습인가 요? 어떤 표정이죠? 아이를 보세요. 당신과 어떤 관계를 구축할 것 같은가요?"

어떤 사람들의 이미지는 매우 좋았다. 그들이 본 아이는 매우 즐 겁고 만족스러운 상태였다. 예를 들면 이렇다.

- 배부르게 먹고 마셔서 흡족해 보여요. 옆의 카펫에 엎드려서 고개를 들고 귀엽게 눈을 깜빡이며 제게 장난을 쳐요.
- 저는 아이의 오른쪽에 누워 있어요. 눈이 크고, 환하게 웃는 남 자아이예요. 알몸으로 기저귀를 차고 있어요. 무척 귀여워서 참지 못하고 뽀뽀하고 또 뽀뽀하며 장난쳤어요. 하하! 아이가 너무 좋아요! 하늘이 제게 준 선물인 것처럼 품에 안았어요.
- 아이가 제 오른쪽에 누워 있어요. 옹알거리면서 좋아서 어쩔

줄 몰라 해요. 가끔 저를 한 번 쳐다보는데, 눈빛이 매우 평온하고 기뻐 보여요.

어떤 사람들의 이미지는 평범하다.

- 아이가 제 오른쪽 뒤에 있어요. 새끼 고양이처럼 조용히 제 팔을 잡아당겨요. 관심을 끌려는 것 같아요.
- 갓 태어난 분홍빛 아이가 제 옆에서 엎드려 자요. 안아주고 싶은데 다치게 하거나 잠을 깨울까 봐 못 안겠어요.

어떤 사람들의 이미지에서는 아이와의 관계가 그저 그렇다.

- 아이가 싸늘한 미소를 짓고 있어요.
- 포대기에 싸인 아이가 제 오른쪽에서 꿈짝도 하지 않고 잠들어 있어요. 발그스레한 작은 얼굴만 드러나 있는데 눈을 감고 아무런 표정이 없어요. 영원히 눈을 못 뜰 것 같이 그러고 있네요. 호흡이 없는 것 같아요. 어떻게 해야 좋을지 모르겠어요.
- 아이가 제 배 오른쪽에 있는데 무척 슬프고 두려워 보여요. 제가 가까이 다가가려고 하면 뒤로 물러나요. 원망이 가득해요. 저도 그 아이를 별로 좋아하는 것 같지 않아요. 뒤돌아 떠나고 싶어요. 이런 관계는 어떻든 고통스러우니까요.

누군가의 이미지는 매우 무섭다.

왜 가족이 힘들게 할까

- 너무 무서워요. 구해주세요. 내면 아이가 오른쪽에 있는데 깊은 물 속에 잠긴 것 같아요. 몸통의 절반을 억지로 끄집어냈어요. 너무 추워요.

- 아이가 제 오른쪽에 떠 있었어요. 청록색의 차가운 빛에 둘러싸인 아이는 자기 손발로 몸을 끌어안고 있었어요. 표정도 없고, 눈도 감은 채였어요. 신기하게 쳐다봤는데 나를 상대하지 않았어요. "안녕" 하고 인사했더니 아예 몸을 돌려 자더라고요. 무척 냉담했어요.

- 자기를 꽁꽁 싸매고 있었어요. 거절과 방어, 공격의 느낌이 강했죠. 제가 아이를 매우 불안하게 하는 것 같았어요. 그와 동시에 복부가 무척 불편해졌어요. 어떻게 하면 좋죠? 저와 엄마의 관계도 이래요.

- 상상해봤는데, 흉악한 얼굴의 아이였어요. 처음에는 점점 멀리 기어가더니 나중에는 곁으로 다가와 제 팔을 깨물었어요. 저는 너무 무서웠어요. 하지만 아이의 두려움도 느껴져서 이렇게 말했어요. "미안해, 미안해. 한때 널 그토록 죽이고 싶어 했던 나를 용서해줘."

- 세상에! 제 옆에 누운 아이가 이미 죽은 것 같아요. 온몸이 검붉고 뒤로 나자빠져 있어요. 사지를 하늘로 향하고 누워 있어요.

어떤 사람은 애초에 이 연습을 할 엄두도 내지 못했다. 한 네티즌은 이렇게 말했다.

"너무 무서워요! 상상도 할 수 없어요!"

SNS상의 조사 결과만을 보자면 내면 아이가 무섭다거나 관계가 나쁘다는 이야기가 대다수였다. 무섭다는 이야기가 3분의 1을 차지했다.

나는 6일짜리 프로그램을 개설해 총 4회 진행했다. 첫날 엄마와 자녀 관계를 이야기했는데, 당일 저녁 많은 사람이 아이를 찾는 꿈을 꾸었다. 또 하나 재미있는 점은 남자든 여자든 꿈에서 남자아이를 찾았다는 것이다. 스물다섯 명과 스터디 그룹을 할 때, 나는 모두를 데리고 이 연습을 했다. 마찬가지로 건강하고 활발한 내면 아이가 있는 학생은 소수였고, 다수는 그저 그랬으며, 약 3분의 1의 내면 아이는 매우 좋지 않았다.

내가 그들을 이해하는 바에 따라 판단하건대 그들이 본 아이는 확실히 그들의 내면 아이, 즉 자신이 아이였을 때의 모습이었다. 한 젊은 여자는 자기가 본 아이가 얼굴도, 신체도 온전치 않다고 했다. 그 이유는 그녀가 아이였을 때 엄마의 관심을 자주 받지 못했기 때문이다. 앞서 언급한 것처럼 엄마가 아이를 봐줄 때 비로소 아이는 자기가 존재함을 알 수 있다. 그녀는 엄마가 자주 봐주지 않았던 탓에 내면 아이가 불완전한 것이다.

불완전한 내면 아이는 그녀의 자아 형상이 부서져 있음을 의미한다. 이런 느낌은 견디기 힘들다. 조각난 느낌에 대항하기 위해서 이 여자는 어릴 때부터 한 가지 전략을 개발했다. 바로, 열심히 노력해서 완벽한 여자가 되는 것이다. 이는 매우 흔히 볼 수 있는 자기 보호 방식으로, 이 방법이 상당히 오랜 시간 그녀를 도와왔음이 확실하다.

그러나 이런 완벽한 이미지는 벽이 될 수 있다. 그녀와 가장 가까

왜 가족이 힘들게 할까

운 사람 사이를 가로막고 가장 친밀한 관계를 구축하는 걸 방해한다. 그런데 한번 목 놓아 울면서 순수한 슬픔과 자유의 눈물로 이 벽의 상당 부분을 무너뜨렸다. 이후 그녀는 자기가 많이 진실해지고 자유로워졌다고 느꼈다. 진짜 자아와의 접촉으로 얻은 필연적인 결과다. 진실한 자아, 특히 내면 깊은 곳의 아이와 만나면 매우 무섭고 고통스러울 수 있지만 대신 우리는 매우 진실해진다.

가끔은 이런 만남이 몹시 힘겨울 수 있다. 내 절친 하나는 비슷한 연습을 할 때 공포가 극에 달해 더는 할 엄두를 내지 못했다. 왜냐하면, 내 친구의 엄마는 50여 일의 출산휴가를 마치고 바로 출근했다. 그리고 이후 상당히 오랫동안 내 친구는 집에서 혼자 지내야 했다. 나중에 이웃집에서 친구의 엄마에게 아이 울음소리가 너무나도 처참해 무섭다고 말할 정도였다.

심리학 이론에 따르면 이렇게 어린 아이를 혼자 두는 것은 매우 안 좋은 상황이다. 아이가 조현병이나 조울증 같은 심각한 심리적 질병을 얻을 수도 있다. 다행스럽게도 실제 친구에게서는 이런 가능성이 보이지 않았다. 그러나 그는 자기방어가 치밀한 탓에 안정적이고 친밀한 관계를 맺지 못했다.

한 네티즌이 내 SNS를 통해 자기가 자주 꾸는 꿈 이야기를 했다. 꿈에서 그녀는 매우 어렸다. 침대에 누워 있는 그녀 옆으로 커다란 쥐가 있었다. 그녀는 너무나도 무서웠다. 쥐가 깨물까 봐 겁이 났다. 그녀는 손으로 옆의 벽을 파냈고 그대로 흙이 파헤쳐졌다. 나중에 그녀는 본인이 태어난 초반 몇 개월 동안 혼자 이렇게 침대에 누워 있었으며 침대 옆은 흙벽이었고 가끔 쥐가 출몰했었다는 것을 알았다.

신중국이 성립된 이래 엄마들의 출산휴가는 매우 짧았다. 처음에는 40~50일이었고 나중에도 3개월을 넘지 않았다. 그러나 심리학 이론에 따르면 엄마가 아이를 9개월은 데리고 있어야 최소한의 건강한 심리적 기반을 보장할 수 있다.

생각해보자. 중국의 무수한 아이들과 성인이 영아기에 홀로 컸다면 얼마나 공포스럽겠는가. 도시뿐만 아니라 농촌도 마찬가지다. 허베이의 내 고향 농촌에 있는 어른들은 자기들 때 애가 너무 많아서 데리고 다니지 못하면 집에 혼자 놔두었다고 했다. 어른들이 밭에 나가 일하면 아이들은 걸을 수 있을 때까지 내내 집에서 혼자 지냈다.

많은 중국인이 내면 아이와 만나는 연습을 할 때, 공포스러운 이미지를 갖는 것은 어쩌면 당연한 결과다. 이 공포에는 두 가지 요소가 있다.

- **아무도 이 아이를 사랑하지 않는다.**
- **이 아이는 사랑이 없는 세상을 없애고 싶어 한다.**

첫 번째 요소는 깊은 절망감과 굶주림을 형성한다. 절망은 사랑이 불가능하다고 느끼기 때문이며 굶주림은 사랑에의 갈망이다. 이 두 가지는 상호 작용하며 내면에 블랙홀을 만든다. 블랙홀이 있는 사람은 그 존재를 아는 것은 물론 블랙홀이 영원히 채워질 수 없다는 것도 안다.

두 번째 요소는 끔찍한 분노와 증오를 만든다. 앞서 말했듯이 나는 거대한 유성추를 휘두르며 건물을 부수는 거인 꿈을 꾼 적이 있

왜 가족이 힘들게 할까

는데, 그것은 끔찍한 분노와 증오의 표현이다. 〈주온〉에 나오는 아이 귀신과 나의 내담자가 느낀 귀신 아이는 더 구체적인 표현이다. 혈색 없는 얼굴은 사랑의 결핍을 의미하며, 주변에 둘러쳐진 푸른빛과 끔찍한 울음소리는 분노와 증오를 나타낸다.

이렇게 끔찍한 내면을 우리는 어떻게 마주할 수 있을까? 간단한 방법은 이 모두를 잠재의식 속에 억누르는 것이다. 그러나 심각할 지경까지 억누르면 내면 아이와의 연결이 철저히 차단된다. 마치 내면 아이 특유의 성질이 아예 존재하지 않는 것처럼. 그러나 우리는 또 어떻게든 기회를 찾아서 내면 아이와 연결되려고 시도한다.

굶주리고 두려움에 떠는 내면 아이를 보면 내가 왜 몇 번의 연애에서 소녀 같은 성격을 가진 사람을 찾았는지 금방 이해가 된다. 특히 현재 여자친구가 그렇다. 그녀는 자기 욕망에 매우 집착한다. 돈에 매우 연연하고 개성도 있고 변덕스러우며 공격성도 강하다. 자신과 친구들의 이익을 지켜야 할 때는 매우 과감하고 힘이 있다. 처음에는 이런 성격에 매료됐지만, 사귄 후로는 많은 문제가 생겼다. 나는 자주 생각했다.

'그녀는 왜 이렇게 이기적이고 타인을 배려하지 않지? 욕망은 또 왜 이렇게 많은 거야?'

그런데 세 가지 꿈을 꾼 후로 나는 답을 찾았다. 나는 욕망 없는 중이 되어 내 원초적 생명 에너지와의 연결을 끊었다. 그 결과 지나치게 이성적이고 다소 고지식해졌다. 프로이트가 말한 초자아가 개인을 주도한 것이다. 기억하기로는 애늙은이의 이미지였는데, 어린 시절이 전혀 없고 이따금 애티가 나는 그런 느낌이었다.

내 여자친구는 줄곧 어린애였고 자기 욕망 속에서 살았다. 그래서 다소 이기적으로 보이지만 사실 관심 있는 사람을 대할 때는 나보다 훨씬 더 온화하고 힘이 있다. 우리가 만났을 때 그녀는 나이가 스물넷이나 됐지만 열일곱이나 열여덟처럼 보였다.

사귀면서 그녀가 내게 바라는 것은 안정감이었다. 내면이 너무 불안정했기 때문이다. 나는 그녀에게 어리광을 바랐다. 내 내면은 너무 어른스럽고 경직됐으며 융통성이 없었기 때문이다. 다만 나는 늘 그녀에게 불만이 있었다. 약간의 욕망을 내려놓고 타인을 좀더 고려해주길 바랐다.

그런데 세 가지 꿈을 꾸고 내가 내 활력과 심각하게 단절됐다는 것을 이해하고서야 나는 깨달았다. 어린아이 같은 그녀를 선택함으로써 내 내면의 어린아이와 관계를 회복하려고 했다는 것을. 이를 깨닫자 그녀에 대한 불만도 많이 줄어들었다.

나와 그녀 같은 조합은 현실에서 매우 흔하다. 이성적이고 고지식하며 욕심 없는 호인好人은 감성적이고 융통성 있으며 매사 불만족스러워하는 악인惡人을 찾는다. 호인은 활력과 적극성이 부족하다. 반면 악인은 고통스럽게 살지만, 호인처럼 많은 일에 태연하지 못한 대신 활력이 있고 문제 해결 능력이 있으며 자주 호인을 능가한다.

이것은 내 개인적인 이야기이면서 그 밖에 많은 사람의 이야기이기도 하다. 우리 가정과 사회의 각종 복잡한 기제는 개인이 두려워하는 내면 아이를 억누르라고 부추긴다.

중국 가정에서는 어른이 아이의 활력에 보편적인 거부감을 갖고

왜 가족이 힘들게 할까

있어서 아이가 무엇을 하든 제한하려고 한다. 이렇게 하면 안 되고 저렇게 하면 안 좋고, 부모 말을 들어야 하며 부모가 시키는 대로 해야 한다는 식이다. 그래서 아이의 자발성이 부모를 비롯한 어른들의 갖가지 제약을 받는다. 이는 어른이 자기 내면의 무서운 아이를 두려워하는 데서 비롯된다고 생각한다. 무서운 내면 아이의 자발성이 절망과 파괴를 이끌 것 같아서 제한하고 옳은 길로 이끌려고 하는 것이다.

_6

효자 · 효녀는
어떻게 만들어질까?

과거 당신은 엄마가 무시하고 괴롭혀도 되는 아이가 되기 위해 필사적으로 노력했을 것이다. 그렇게 하지 않으면 엄마에게 근본적으로 없는 존재가 될까 봐 두려웠기 때문이다.

　　　　　　　　　－ 셸던 캐시단Sheldon Cashdan, 《대상관계치료》[3]

맹목적 효의 민낯

2008년 초, 톈야자탄에 올라온 게시물이 커다란 반향을 불러일으켰다. '베이징대 박사가 장모 폭행, 여섯 차례 경찰 신고!'

　누군가가 베이징대 불교학 박사 멍링이 장모를 폭행했다고 올린 게시물인데 첫 페이지에서 이미 멍링이 동정표를 얻었다. 통찰력 있는 사람이라면 금세 이 게시물의 내용이 허점투성이라는 것을 알 수 있었기 때문에 네티즌들은 일방적으로 멍링과 아내를 동정하며 장인, 장모와 손아래 처남을 비난했다.

사건의 기본 맥락은 이렇다. 멍링의 장인, 장모가 딸에게 아들이 살 집을 사라고 했다. 딸은 알았다고 답했지만 집을 사기에는 어려움이 있었다. 장인과 장모는 딸이 사는 큰 집을 마음에 들어 했고 결국 옥신각신 다툼이 일었다. 그리고 다투는 과정에서 사위가 장인과 장모에게 손찌검을 한 것이 아니라 오히려 그 반대였다.

이 사건의 핵심은 멍링의 아내가 자기 부모에게 지나치게 순종적이라는 점이다. 멍링의 닉네임은 '언유진이의무궁言有尽而意无穷(말은 다 했으나 그 뜻은 무궁하다-옮긴이)'이었다. 그가 이 아이디로 '집을 내놓아야 하는 사건에 대한 몇 가지 성명'이라는 글을 올렸는데, 거기에는 다음과 같은 대목이 있다.

내 아내는 맹목적인 효녀입니다. 이 일이 극단적으로 변한 이유이자 우리가 제때 가정 위기를 해결하지 못한 이유 중 하나죠. 2008년 1월 19일 나를 모욕하는 게시글이 퍼졌고 내 아내는 그제야 자기 부모를 제대로 알게 됐습니다. 아내를 탓할 수는 없습니다. 누가 부모에게 사랑받지 못하는 현실을 받아들이고 싶겠습니까.

'맹목적 효'란 무엇일까? 자식이 자기와 자기 배우자, 자녀의 이익은 고려치 않고 그저 부모에게 막대한 희생을 보이는 것을 말한다. 더욱 재미있는 점은 '맹목적 효'가 극적인 방식으로 나타난다는 것이다. 부모가 한 자녀에게는 만족을 모르고 계속 갈취하지만, 또 다른 자녀에게는 무한하게 베푸는 것이다.

명링 사건에서도 유사한 혐의가 있다. 명링은 언론 인터뷰에서 그의 장인, 장모가 딸의 집을 차지하려는 이유가 아들에게 물려주기 위해서라고 말했다.

명링의 말이 사실인지 아닌지는 좀더 확인해보아야 한다. 그러나 '한 자녀는 심하게 착취하면서 한 자녀에게는 심하게 베푼다'는 이야기는 내가 텐야자탄에 올렸던 '거짓말 No. 1: 자식을 사랑하지 않는 부모는 없다'라는 글에서 다수의 사례를 찾아볼 수 있다. 한 네티즌이 이런 댓글을 달았다.

제 부모님은 남아선호 사상이 심해요. 어릴 때부터 저는 관심과 사랑을 받아본 적이 없어요. 전부 남동생 차지였죠. 제게 남겨진 것은 경멸과 모욕뿐이었어요. 저는 또렷이 기억해요. 아직도 그 생각을 하면 온몸이 부르르 떨려요

부모님은 벌써 모든 재산을 남동생 명의로 바꿔두셨어요. 엄마는 제가 부모님 재산을 바라면 뻔뻔한 거라고 했어요. 딸은 시댁 재산을 물려받는 거라면서요. 하지만 성가시고 어려운 일이 생기면 저를 찾으세요. 제가 불효한 행동을 꺼리는 걸 알고 제게서 가져갈 수 있는 건 다 받아내시죠.

솔직히 부모님께 양육비도 기꺼이 드릴 수 있고 몸져누우시면 병간호할 사람을 구해드릴 의향도 있어요. 하지만 마음을 내주진 않아요. 부모님도 제게 준 적이 없고요. 남동생이 부모님께 효도하지 않는 모습을 보면 속상해요. 그런데도 부모님은 티 나게 남동

왜 가족이 힘들게 할까

생 역성을 드시죠.

왜 어떤 부모는 자식 중 누군가에게는 만족할 줄 모르고 끝없이 착취할까? 멍링의 장인이 딸에게 쓴 편지에서 해답을 찾을 수 있다. 은퇴한 영어 교사인 멍링의 장인은 이렇게 썼다.

생명의 가치관에서 보면 너는 평생 우리에게 갚을 수 없는 빚을 졌다. 우리가 네 집에 사는 것은 네가 우리에게 빚을 갚는 일이다.

어떤 부모들은 낳았다는 이유만으로 자식이 평생의 빚을 졌으니 마구 받아내도 된다고 생각한다. 그런데 과도하게 착취당한 자녀는 부모의 행위가 지나치다는 것을 모르는 걸까? 왜 받아내려고만 하는 부모에게 무한하게 바치며 맹목적으로 효도하는 걸까?

이에 대한 가장 간단하고 명료한 답은 '부모에게 가까이 다가가는 유일하고 효과적인 방식'이기 때문이라는 것이다.

환심 사려는 자의 무기는 죄책감

나는 과거에 '지배와 복종: 병적 관계의 이중주'라는 글에서 네 가지 병적 인간관계 유지 방식에 대해 이야기한 적이 있다. 네 가지 방식은 권력 게임, 의존 게임, 환심 사기 게임, 성적 게임이다.

권력 게임과 의존 게임을 간단히 요약하면 이렇다.

"내가 널 위해 이렇게 많은 일을 했으니 너는 반드시 날 사랑해야 해. 그렇지 않으면 넌 날 사랑하는 게 아니야. 이 나쁜 자식."

하지만 환심을 사려는 사람은 보통 '그렇지 않으면'이라는 위협적인 정보는 깨닫지 못하고 자기가 갖다 바치고 헌신하는 것만 생각한다. 교류를 해보면 그들이 무조건적인 사랑을 주는 사람이라고 생각하게 된다. 그들은 빈번하게 베푼 후에 자기들의 헌신에 보답할 필요가 없다고 말하기 때문이다. 그러나 실제로 이들은 자기도 모르게 모종의 방식을 통해 "넌 나한테 빚진 거야"라는 메시지를 상대에게 전한다.

캐시단은 저서 《대상관계치료》에서 다음과 같은 사례를 언급했다.

헨리에타는 중년 싱글맘에 두 명의 십대 자녀가 있다. 그녀는 매일 차로 자녀들을 학교에 데려다주고 데리고 온다. 아이가 차에 타면 그녀는 차 문이 잘 잠겼는지 확인시킨다. 그러나 자녀들이 확인하려고 하면 매번 차 문은 이미 잠겨 있다.
이 엄마는 뭘 하는 걸까? 왜 필요 이상의 짓을 할까?

캐시단은 헨리에타를 환심 사기의 전형으로 해석했다. 차 문을 잠그는 일은 의식적인 봉사다. 헨리에타는 이런 방식으로 자기가 세심하게 보살피는 엄마임을 드러냈다. 자녀들에게 차 문이 잠겼는지 확인시키는 것은 잠재의식의 작동이다. 자신이 희생했음을 자녀가 알아주기를 무의식적으로 바란 것이다.

죄책감은 우리가 가장 마주하기 싫어하는 감정이다. 특히 누군가가 간단히 해낼 수 있는 일을 한 뒤 교묘하게 죄책감을 일으키려고

왜 가족이 힘들게 할까

하면 강한 분노를 느낄 수 있다. 그런데 환심을 사려는 사람은 매우 세심하고 조심스러워서 남을 도와줄 때도 매우 교묘하게 드러낸다. "난 그저 널 도와주고 싶을 뿐이야. 어떤 보답도 필요 없어. 부담 느끼지 마."

이런 사람을 대할 때, 처음에는 분노를 표현하기가 매우 어렵다. 심지어 분노를 느꼈다는 사실 때문에 죄책감이 생길 수도 있다. '이렇게 좋은 사람한테 어떻게 화를 낼 수 있지?'

그러나 이런 일이 점점 잦아지면 분노를 억제할 수 없게 된다. 그래서 타인에게 그 분노를 표현하거나 환심을 사려는 자를 아예 멀리하기로 마음먹는다.

헨리에타의 두 아들이 그랬다. 그들은 문제아가 돼 학교와 사회에서 문제를 자주 일으켰다. 이것은 두 아이가 분노를 표현하는 방식이었다. 본래 엄마를 향해야 하는 분노인데 엄마는 너무 좋은 사람이라 화를 낼 수 없으니 다른 곳에 그 화를 발산한 것이다.

동시에 엄마와의 관계는 점점 소원해졌다. 두 아들이 엄마가 환심을 사려는 행위를 차단해 죄책감을 줄인 것이다. 이들은 왜 자신을 괴롭힐까?

지배자가 권력에 빠지고 의존자가 기대기를 좋아하는 이유와 같다. 대부분 사람이 타인과 가까워지고 싶어 하지만 보통은 한 가지 접근 방식밖에 배우지 못했기 때문이다. 지배자는 권력 방식, 의존자는 약한 체하는 방식, 환심을 사려는 자는 헌신하는 방식이다.

환심을 사려는 자는 자기 방식만 믿기 때문에 상대방이 소원해지면 당황하면서 더 많은 집착을 보인다. 하지만 그럴수록 상대방은 달아나려고 하기 때문에 악순환이 시작되고 끝내는 관계가 단절되고 만다.

이것이 헨리에타와 두 아들의 상호 작용이다. 헨리에타가 환심 사기를 그만두기 전에는 그녀의 노력이 더해질수록 자녀들은 멀어지려고 할 것이다.

부모가 냉담할수록 자녀는 환심을 사려 한다

그러나 환심 사기 게임이 항상 효과가 없는 것은 아니다. 어린 시절에는 그들이 부모나 그 밖의 양육자에게 다가갈 수 있는 유일한 방법이었다.

'거짓말 No. 1: 자식을 사랑하지 않는 부모는 없다'라는 글에는 '맹목적 효자·효녀'라 부를 만한 캐릭터가 많이 등장한다. 대부분 딸인데, 그들의 부모가 다들 남아선호 사상을 갖고 있어서 아들에게는 온갖 사랑을 베풀면서 딸은 심각하게 무시했다. 이런 딸들이 부모에게 다가갈 수 있는 유일한 방법이 바로 희생이다. 그녀들은 부모 또는 형제들을 위해 희생한다.

현실에서도 이런 사례를 적잖이 볼 수 있다. 서른한 살의 내 친구 첸첸이 전형적인 예다.

첸첸은 집에서 막내였고 위로 언니 둘에 오빠 하나가 있었다. 본래 막내로서 총애를 받았어야 하지만, 실제는 정반대였다. 그녀의 엄마는 임신했을 때 아들을 무척 원했고 분명 아들일 거라고 확신했다. 그런데 낳고 보니 딸이었다. 그때부터 엄마와 아빠는 그녀를 보고도 못 본 척하면서 언니 오빠들에게는 넘치는 사랑을 주었다.

이런 가정환경에서 첸첸은 아주 어렸을 때부터 철든 아이로 자랐다. 난로에 불을 지피고 채소를 사 와 다듬고 요리하고 청소하는 등의 집안일은 일상적인 업무가 됐다. 그녀가 이렇게 부지런해진 건 부분적으로 부모의 바람도 있었지만, 첸첸 자신이 선택한 바였다. 환심 사기로만 부모의 관심을 받을 수 있었기 때문이다.

이 자발적인 희생에는 '간절한 바람'이 숨겨져 있다. '내게도 사랑을 좀 나눠주세요.'

또한 분노도 숨겨져 있다. '내가 이렇게 잘하는데 날 사랑해주지 않다니, 부모님은 너무 나빠요.'

이것이 그녀의 생각이다. 하지만 첸첸의 부모에게 그녀는 하찮은 생명이었기에 그녀의 헌신이 큰 죄책감을 일으키지 못했고, 오히려 이를 당연히 받아들이게 됐다. 첸첸이 이따금 집안일을 소홀히 하면 도리어 꾸짖거나 때리기까지 했다. 그러나 첸첸에게는 부모가 그녀를 보고도 못 본 척하는 것이 더 무서운 일이었다.

이처럼 부모가 자녀에게 냉담할수록 자녀는 점점 더 환심을 사고자 하는 유형이 되기 쉽다.

불만족에서 비롯되는 맹목적 효

'환심 사기'를 초래하는 핵심 원인은 공황이다. 환심을 사려는 자들이 희생만 할 뿐 받지 않는 이유는 주고받는 관계가 시작되면 관계가 소원해지고 끊길까 봐 두려워해서다.

어른이 되면 부모-자녀간 힘의 관계에 변화가 생긴다. 자녀의 세상이 열리면서 다른 관계를 많이 맺게 되므로 부모에게 더는 의존하지 않는다. 그러나 환심을 사려는 사람들의 마음속에서 공황은 사라지지 않는다. 그들은 여전히 희생을 타인과 가까워지는 유일한 방식으로 생각한다.

더욱이 어려서부터 지속적으로 가져온 부모에 대한 오랜 갈망, '내게도 사랑을 나눠주세요' 하는 마음이 줄곧 실현되지 않으면서 저주가 되어버린다. 실현될 수 없는 바람에 계속 집착하게 되고, 그 바람을 실현하기 위해 어른이 된 후 더 큰 희생을 하려고 한다. 어린 시절 이루지 못했던 바람을 실현하고자 하는 갈망이 '맹목적 효'의 핵심 원인이다.

부모에게 가장 무시당했던 자녀는 결혼 후에도 배우자와 자녀의 이익을 희생해가면서까지 부모를 맹목적으로 떠받든다. 하지만 부모는 그 자식이 갖다 바친 재화를 줄곧 과보호해온 다른 자식들에게 전해주곤 한다.

당연하게도, 희생하는 사람들은 부모에게 불만이 많다. 그러나 부모가 계속 요구를 해도 그들은 자기 행위를 통제하지 못한 채 계속 무익한 희생을 한다. 그러면서 이렇게 원망하고 불평한다. '내가 저들보다 능력도 좋고 효도도 더 하는데 부모님은 왜 날 조금도 생각해주지 않지?'

맹목적 효자·효녀들은 한 가지 결과를 찾아 헤맨다. '부모가 마침내 내가 더 사랑할 가치가 있음을 알게 되면 태도가 바뀌어 다른 형제자매보다 날 더 사랑해주겠지' 하는 것이다.

왜 가족이 힘들게 할까

이런 기적이 가끔 일어나기도 한다. 점점 늙어가는 부모는 자기가 줄곧 과보호해왔던 자녀에게 버림받으면 평생 무시해왔던 자녀에게 눈을 돌린다.

그러나 더 많은 경우 가정 체계의 행위 모델은 영원히 변하지 않는다. 맹목적인 효자·효녀는 어떻게 희생하든 여전히 사랑받지 못하고 과보호 받는 자녀는 계속해서 넘치는 사랑을 받는다.

맹목적인 효자·효녀 중에서 현명한 사람이라면 부모를 바꾸고자 하는 갈망을 포기하고, 무슨 일이 있어도 부모가 자기를 더 사랑할 일은 없다는 사실을 받아들일 것이다. 일단 고통스러운 사실을 받아들이면 맹목적인 효 행위도 마침표를 찍을 수 있다.

희생의 결론은 무시

그러나 맹목적인 효자·효녀들은 마음을 바꿔먹기보다 인생 곳곳에서 환심 사기의 방식을 적용하는 쪽을 택한다. 일단 누군가를 좋아하면 늘 그래 왔듯이 희생을 바친다. 이로 인해 특이한 상황이 초래되기도 한다.

첸첸은 그간 몇 차례의 연애가 전부 한 가지 패턴을 보였다는 점이 이해가 되지 않는다고 했다. 일테면 이런 식이다. 남자가 그녀에게 첫눈에 반한다. 처음에 그녀는 그런 남자들을 별로 신경 쓰지 않지만, 그들은 매우 열정적이다. 그러다 보니 남자가 좋아져 진지하게 연애를 해보려고 마음먹고 100퍼센트 잘 대해주면 얼마 지나지 않아 남자가 헤어지자고 말한다.

처음에 그녀는 남자들이 비열하다고 했다. 갖지 못할 때는 열렬히 좋아하다가 얻고 나면 소중하게 여기지 않는다면서 말이다. 그러나 나중에는 그렇지 않다는 것을 이해했다. 사실 그녀의 관계 모델이 문제였다. 남자가 처음에 구애할 때는 조금도 봐주지 않다가, 일단 받아들이기로 한 다음에는 매사에 지나치게 용인하고 남자가 아무리 못된 행동을 해도 못 본 척했다.

그녀의 관계 모델은 '내면 부모가 내면 아이를 심각하게 무시하는' 형태라고 할 수 있다. 그래서 남자가 구애할 때는 내면 부모를 자처하며 상대방에게 내면 아이를 투사해 무례하게 군다. 그러나 일단 남자를 받아들이기로 하면 관계가 뒤집어진다. 이번에는 내면 아이를 자처하면서 상대방에게 내면 부모를 투사하는 것이다. 어린 시절 부모의 비위를 맞추려고 애썼으니 연애할 때도 똑같이 남자친구의 비위를 맞추려고 애쓰는 것이다.

문제는 부모와 남자친구는 다르다는 것이다. 부모는 그녀를 신경 쓰지 않기 때문에 그녀가 희생을 해도 죄책감을 느끼지 않았다. 그러나 남자친구는 그녀를 신경 쓰기 때문에 그녀의 희생 행위에 죄책감을 느낀다. 결국 그녀에게 알 수 없는 분노가 생긴 남자친구는 자기도 모르게 그녀에게서 멀어지게 된다. 헨리에타의 아들들이 그랬던 것처럼.

나도 작게나마 비슷한 경험을 한 적이 있다. 매번 그녀를 만날 때면 온화한 함정에 빠진 것 같았다. 이 함정의 디테일은 그녀가 설정해둔 것이다. 그녀는 사람의 심리를 잘 이해해 내게 도움이 되는 일들을 해준다. 그러면서 신경 쓰지 말라고, 정말 별일 아니기 때문에

왜 가족이 힘들게 할까

나를 번거롭게 할 일은 없을 거라고 말한다.

내가 어느 방향을 선택하든 모두 그녀가 잘 짜놓은 판 위다. 그녀가 신경 쓰지 않는다고 말하지만, 그래도 나는 고마움을 표현하는 것이 좋을 것 같다고 생각하게 된다. 또 한편으론 이렇게 생각한다. '그녀가 내게 고마움을 표현할 필요 없다고 말했으니, 그럼 안 해도 되겠지…?'

나는 어떻게 해야 할까? 자연스럽게 나는 그녀를 무시했다. 그녀는 첫인상이 매우 좋았고 좋은 친구가 되고 싶었다. 그녀도 나와 친구가 되기를 원했다. 그러나 나는 점점 이런저런 이유를 대며 그녀를 다시 만나지 않게 됐다.

어느 날 밤 12시, 갑자기 중요한 깨달음을 얻은 그녀는 내게 긴 문자를 보내 자기감정을 공유했다. 그러고는 얼마 지나지 않아 또 문자를 보냈다. 자기가 깨달은 바는 중요하지 않으며 폐를 끼쳐서 미안하다고, 답장하지 않아도 된다고 말이다.

그녀는 내 모든 가능성을 고려했기 때문에, 내가 어떻게 하든 그것은 그녀의 의지였다. 그러므로 나도 내 의지대로 할 수밖에 없었다. 바로 '아무것도 하지 않기'다.

사랑 없는 가족의
순환 고리

1. 결혼을 선택하는 기준이 정욕이나 정열, 사랑이 아닌 안전감인 경우가 많다. 어른들이 자녀의 배우자를 선택할 때도 그렇고, 젊은이들 스스로 선택할 때도 대체로 그렇다. 그 결과, 결혼 생활이 예전에 비해 안정적으로 변화했지만 감정은 부족해졌다. 앞서 청치평이 말했듯이 가정에서 부부 관계는 무엇보다 중요한 것이지만, 그 바탕을 다지는 일이 쉽지는 않다.

2. 결혼 후, 감정의 자양분이 없는 데다 상대적으로 안전감이 부족한 아내 쪽에서 외로움을 느낄 수 있다. 그래서 남편을 관리하고 통제한다. 그러나 남편은 애초에 감정적 기초가 부족하기 때문에 아내에게 붙잡히고 싶어 하지 않는다. 더욱이 어린 시절 엄마에게 잠식됐던 악몽을 재현하게 된 남편이라면 일이나 취미, 다른 여자에게 도피하는 방식을 택하기도 한다.

왜 가족이 힘들게 할까

3. 아내는 더욱 외롭고 무력하다고 느낀다. 그러나 남편은 관리하려 할수록 멀리 달아난다. 자녀가 생기면 아내는 자녀가 내면의 공허함을 상당 부분 채워줄 수 있음을 알게 된다. 그래서 자녀에게 몰두하기 시작한다. 특히 딸보다는 아들이 좋다고 생각한다. 아들은 감정적인 공허함을 채워줄 뿐만 아니라 정욕의 공허함도 심리적으로 어느 정도 채워준다. 그래서 아들을 더욱 꽉 붙잡는다.

엄마에게 단단히 붙잡힌 아들, 그렇다면 딸은? 엄마의 내면이 건강한 편이라면 똑같은 대우를 받고 아들처럼 똑같이 관리될 것이다. 그러나 남아선호 사상이 깔린 가정이라면 딸은 엄마의 '미움받는 내면 아이'의 투사 대상이 되어 미움과 학대를 받기 쉽다. 그래서 엄마처럼 안정감이 없고, 심지어 내면의 공허함은 엄마보다 더 큰 여성으로 자란다.

남편은 아내에게서 도망칠 때 죄책감과 불안을 느끼며 가정 내에 갈등이 빚어질까 봐 걱정한다. 자녀가 아내의 공허함을 채워준다는 것을 발견한 남편은 자녀를 아내 곁으로 밀어낸다. 중국에서는 이렇게 변형된 오이디푸스 콤플렉스가 등장한다. 아빠는 자녀와 경쟁하지 않는다. 조금의 망설임도 없이 아내에게 자녀를 떠맡기고 자신은 자유로워진다. 그런 식으로 아들을 또 다른 자기로 만드는 데 가담한다.

아버지가 된 남자는, 과거에는 남아선호 사상 때문에 그리고 현재는 엄마에게서 벗어나고자 하는 잠재의식이 발동하여 아내에게서 도망칠 뿐만 아니라 딸에게서도 도망친다. 그래서 딸과의 관계도 소원해진다. 이로 인해 딸은 모성애 측면이 일부 개선된다고 하더라도 부성애가 상당히 부족하기 때문에 이성의 사랑을 얻는 데 더욱 절망하게 된다.

결론적으로 남자아이는 표면적으로는 과도하지만 질이 좋지 않은 모성애를 받게 된다. 그래서 잠식당함에 대한 심각한 트라우마를 겪게 되며 그로 인해 정욕을 표현하지 못하고 수동적인 남자가 된다. 한편 여자아이는 모성애와 부성애를 적게 받아서 버림받음에 대한 심각한 트라우마가 생긴다. 여자아이도 잠식당함에 대한 트라우마가 생기는 경우도 있지만 비교적이며, 그렇다고 하더라도 남자아이보다는 훨씬 능동적이다.

4. 이런 남자아이와 여자아이가 어른이 되면, 남자아이는 욕망을 표현하는 일이나 친밀함에 저항하며 수동적인 사람이 된다. 여자아이는 욕망이 무엇인지도 모르는 채 버려짐에 대한 트라우마 때문에 친밀함을 강렬히 갈구한다. 하지만 종국에는 얻을 수 없다고 생각해 쉽게 통제할 수 있는 남자, 즉 수동적인 남자를 찾는다. 그래서 순환의 첫 번째 고리, 부부 사이의 애정 결핍을 반복한다.

5. 아내는 남편을 잡으려 하고 남편은 도망치려 한다. 이것만으로는 부족해 아내는 아들도 잡으려 한다. 아들은 아직 엄마에게게 의식적으로 도망칠 수 없다. 그래서 엄마와 더 가깝게 붙어 있어야 하며, 아들이 엄마에게서 벗어나지 못하는 독특

왜 가족이 힘들게 할까

한 중국적 현상이 발생한다. 오히려 아들과 며느리가 소원해지는 것이 용납할 수 있는 현상이 된다. 이를 받아들이지 못하는 사람은 며느리, 즉 아내뿐이다. 그녀들은 홀로 이 현상을 체감한다.

6. 그 결과 고부 관계는 중국 가정의 주요 전쟁터가 됐다. 목적은 수동적인 아들(며느리에겐 남편)을 쟁취하는 것이다. 남편(며느리에겐 시아버지)은 이미 있어도 그만 없어도 그만인 존재가 되어 누구도 그를 쟁취하려 하지 않는다. 그의 삶이 풍요롭고 다채롭지 않다면 그는 가정에서 투명 인간이 된다.

7. 고부 관계에서 승자는 없다. 엄마는 아들의, 아내는 남편의 정욕을 얻지 못한다. 그러나 남자의 정욕은 어딘가에는 자리해야만 한다. 그래서 내연녀는 남존여비가 심각한 지역에서 균형추가 된다. 그리고 내연녀는 자신의 원가족에서 사랑을 가장 적게 받은 사람인 경우가 많다. 이 또한 중국의 독특한 현상이다. 신기하게도, 엄마가 자기 아들을 위해 내연녀를 찾아준 경우도 있었다.

8. 시아버지와 장인은 대가족에서 여전히 큰 영향력을 발휘한다. 심지어 가정 문제의 직접적인 제공자가 되기도 한다. 그들이 권력감에 집착하며 자신의 권력에 도전하는 타인을 용납하지 않기 때문이다. 하지만 매우 복잡한 감정적 관계를 만들지는

못한다. 그들은 덮어놓고 자기에게 복종하기를 바라는데 이것이 특별히 복잡한 순환 패턴을 형성하지는 못한다.

이상의 내용은 내가 개인적으로 들은 수천 명의 이야기에 대한 경험적 결론이다. 진리를 대변하지도 않으며, 전반적인 견해라고 할 수도 없다.

전문가로서 꿈은 있지만, 중국 특유의 새로운 치료법을 개발할 생각은 딱히 없다. 나는 그저 매우 중국적인 가정과 사랑이 어떤 것인지 이해하고 싶었을 뿐이다.

한 네티즌은 "모옌莫言(중국 최초의 노벨문학상 수상 작가로, 대표작 《홍까오량 가족》의 이야기 일부가 영화 〈붉은 수수밭〉으로 제작되기도 했다-옮긴이)은 중국의 실제 이야기를 썼을 뿐인데, 뜻밖에도 그것이 환상 리얼리즘으로 여겨진다. 그의 글에 환상은 없다. 그저 순수한 현실뿐이다"라고 했다.

내가 쓴 것도 순수한 현실이다. 비록 가끔은 악마 같은 현실로 여겨지기도 하지만.

반복되는 순환의 고리에서 사랑이 없다는 점이 가장 안타깝다. 한 친구와 깊이 이야기를 나누다가 그녀는 자기가 이미 서른여섯 살을 넘었는데도 뭐가 정욕인지 제대로 느껴본 적이 없다고 했다. 사랑은 말할 것도 없었다.

사랑은 아름다움을 상징하며 정욕은 삶의 활력에 불을 지핀다. 사랑 때문에 끊임없이 좌절을 겪는다고 해도 삶은 풍성하게 피어날 것이다. 사랑을 경험하지 못하면 외부 세계가 어디 하나 모자란 것처럼

왜 가족이 힘들게 할까

보이지만, 사실 그 감정은 내면의 불꽃이 아직 지펴지지 못한 것에 대한 안타까움이다. 그러므로 사랑할 때는 대담하게 사랑하자. 장미 가시에 찔려 핏방울이 맺힌다고 할지라도 말이다.

마음껏 사랑을 하고, 마음껏 인생을 살자.

_8

가족과 사랑에 관한
여섯 가지 거짓말

거짓말 1: 자식을 사랑하지 않는 부모는 없다

하늘 아래 무수한 거짓말 중에서도 최고의 거짓말이다.

이 거짓말이 이토록 절대적인 이유는 매우 쉽게 반박할 수 있기 때문이다. 실제로 우리는 한 가지 예외만 찾아도 이 단정적인 발언을 반박할 수 있다. 그리고 이 '예외'는 무서울 정도로 많다. 예를 들어 보자.

광저우 화두구에 사는 소녀 아쥔은 엄마에게 귀가 잘렸다. 푸단대 대학원생 ZLL은 수십 마리의 고양이를 죽여서 큰 파문을 일으켰다. 그러나 고양이를 죽인 이면에는 고양이를 사랑하는 마음이 있었다. 그의 이런 '널 사랑하니까 아프게 하는 거야'라는 변태적인 심리는 아빠의 가혹함과 학대에서 비롯됐다. ZLL의 아빠는 사소한 일로 그에게 폭력을 행사했고 밤새 집 밖에 두기도 했다.

부모가 자녀를 학대하는 사건이 이렇게 많이 발생함에도 여전히 많은 사람은 '자식을 사랑하지 않는 부모는 없다'라는 논리가 성립한다고 생각한다. 논리적 허점은 따지지 않고 그저 그 사례들이 특별할 뿐이라고 강조한다. 한 친구는 내게 이렇게 말했다.

"자식을 사랑하지 않는 부모는 아마 0.001퍼센트도 안 될 걸?"

여전히 이런 관점을 갖고 있다면 바이두의 아빠, 엄마, 아버지, 어머니 관련 게시판에 들어가 보자. 게시판에 들어가 보면 알게 된다. 사랑이라는 이름으로 자녀를 학대하는 부모 또는 사랑이라는 이름마저도 우습게 여기며 자녀를 학대하는 부모가 얼마나 많은지를.

따라서 부모에게 뼈에 사무치는 원한을 가진 자녀들도 그만큼 많다. 내가 받은 편지 중에서 최소한 20퍼센트가 부모의 신체적·정신적 학대를 이야기한다. 부모 스스로 자녀를 학대한다는 것을 깨달았지만 통제가 되지 않아 도움을 청하는 편지도 일부 있다. 우리가 반드시 직면해야 하는 사실이다.

현대 임상심리학자들은 보편적으로 성인의 관계 모델 상당 부분이 어린 시절 관계 모델의 재현이라고 생각한다. 이유 없이 타인을 잔인하게 학대하고 심지어 살해하는 사람은 기본적으로 잔인하게 학대받은 경험이 있다고 추론할 수 있다. 어린 보모 차이민민蔡敏敏을 학대한 고용주 웨이쥐안魏娟이 그렇다. 최종적으로 한 성인에게서 나타나는 냉혹함은 그의 어린 시절 관계로 거슬러 올라갈 수 있다. 게

다가 다수는 부모와의 관계까지 돌이켜 볼 수 있다. 푸단대 대학원생 ZLL의 고양이 학대도 아빠가 자신에게 하던 학대 행위를 고양이에게로 전이했을 뿐이다.

이 사실을 직면하는 것은 매우 중요한 의미가 있다. 많은 사람이 자기를 통제하지 못하고 배우자나 자녀 또는 사회생활에서 만나는 사람들을 잔인하게 대한다. 이렇게 되는 매우 중요한 이유 중 하나가 자신의 부모가 나쁘다는 사실을 마주할 수 없기 때문이다. 우리 사회는 유난히 효를 따진다. 부모가 학대하더라도 우리는 부모가 옳다고 생각해야 한다. 그러나 이런 이성적인 용납은 감정적인 원한까지 억제할 수 없다. 그래서 증오할 수 없는 부모 대신 배우자나 자녀 또는 타인에게로 이 증오의 감정을 전이한다.

이런 전이 기제는 많은 악행의 기초다. 어떤 사람이 내게 자주 편지를 보내 사람을 죽이고 싶다고 이야기했다. 이런 사람과 대화를 하면 처음에 그들은 죽이고 싶은 사람이 본인에게 얼마나 잘못했는지를 이야기한다. 그러나 대화가 깊어지다 보면 자신에게 가장 잘못한 사람은 사실 그들이 아니라 부모와 그 밖의 '사랑하는 사람들'이라는 걸 인정한다.

우리처럼 효를 유난히 중시하는 사회에서 '자식을 사랑하지 않는 부모는 없다'란 말은 어마어마한 저주가 된다. 자녀를 학대하고 심지어 죽이기까지 하는 부모를 너그러이 용서하게 하고, 악의 근원이 어떻게 자라나는지도 보지 못하게 한다. 그 결과 사회 전체가 진실을 직시할 수 없게 된다. 이 점에서 우리는 유럽과 미국을 보고 배워야 한다. 그들은 비교적 성숙한 시스템으로 부모가 자녀를 대하는 방식

왜 가족이 힘들게 할까

을 감시하고 통제하며, 심각할 정도로 자격이 없는 부모라면 양육권을 박탈한다.

> **핵심 _** 부성애와 모성애는 위대하다. 이것은 전 인류가 끊임없이 번성하고 사랑을 전하는 가장 기본적이고 중요한 통로다. 그러나 자녀가 생겼다고 저절로 좋은 부모가 되는 건 아니다.
>
> 참사랑은 간단한 일이 아니다. 우리는 반드시 이를 깨닫고 자녀를 대하는 구체적인 방식들을 검토하고 반성해야 한다. '자식을 사랑하지 않는 부모는 없다'는 게으른 논리다. 부모 스스로 책임을 회피하기에 가장 좋은 핑곗거리다. 이 말을 곧이곧대로 믿는 사람이라면 자녀를 대하는 본인의 방식을 반드시 돌아보아야 한다.

거짓말 2: 너 잘되라고 그러는 거야, 그러니까 내 말 들어

우리 사회에서 가장 전형적인 사랑의 거짓말 중 하나다. 부모는 이 거짓말로 자녀를 통제하고, 교사는 이 거짓말로 학생을 통제한다. 남자는 이 거짓말로 여자를 통제하고, 여자도 이 거짓말로 남자를 통제한다.

이 거짓말은 우리의 공통된 경험에서 비롯된 집단적 무의식이다. 한 살에서 세 살짜리 자녀가 비틀거리며 걸음마를 배우고 세상을 탐색하기 시작할 때, 어른들은 참지 못하고 자녀를 대신해 임무를 완성한다. 아이가 이리저리 넘어지고 부딪치며 장난감을 가지러 가면 어른이 대신 가져다준다. 아이가 사방으로 기어 다니면 어른들은 걱정하는 마음에 제지한다. 아이가 즐겁게 장난치며 시끄럽게 떠들면 어른들은 조용히 하라고 주의를 준다.

어른들은 안전을 이유로, 아이를 사랑한다는 이유로 세상을 탐색하려는 아이의 노력을 어떻게든 방해한다.

아이가 커갈수록 더욱 심하게 통제한다. 어려운 문제를 해결하는 데 도움을 주고 아이를 대신해 모든 결정을 내린다. 아이가 받아들이기를 거부하면 '사랑'이라는 이름으로 받아들일 것을 강요한다. 부모만이 아니라 교사들도 마찬가지다. 이런 행동은 아이의 삶을 짓밟는 것이다.

삶의 의미는 '선택'에 있다. 한 사람이 끊임없이 자기 인생길을 선택할 때 그 자발적인 선택으로 삶이 풍성해지고 다채로워지며 정신 에너지mental energy도 계속 증가한다. 그 선택이 옳으냐 그르냐를 떠나, 선택을 해본 사람만이 진정으로 산 셈이다. 어떤 사람의 인생에서 모든 선택을 남이 대신 했다면 그 사람의 삶은 의미가 없다. 타인이 그에게 얼마나 많은 것을 주었든, 그 선택들이 얼마나 이상적이었든 그 자신은 약하고 무력해진다.

사랑이라는 명목으로 아이를 대신해 선택하는 일은 부모에게 매우 큰 유혹이다. 부모는 자기가 옳다고 생각하며 자녀는 어떻게 저항해야 할지 모른다. 그러나 이로 인해 부모와 자녀 모두가 괴로워진다. 부모는 내내 자녀 때문에 노심초사하고 자녀는 자주 답답하고 짜증이 난다. 심지어 누군가가 자신의 목을 조르는 것처럼 질식감을 느끼기도 한다. 이런 질식감은 이해하기 어렵지 않다. 부모가 자녀를 대신해 모든 결정을 한 것은 정신적으로 자녀의 목을 조른 것이나 마찬가지이기 때문이다.

더 나쁜 건 이처럼 목을 조르는 행위가 선의로 비친다는 것이다.

부모도 그렇게 보고, 자녀도 그렇게 생각하며, 사회도 그렇게 여긴다. 이성은 사람을 쉽게 속인다. 그러나 감정은 사람을 속이지 않는다. 심하게 목을 졸린 아이는 마침내 극단적인 행동을 함으로써 진짜 감정을 표현한다.

부모가 자녀를 대신해 삶을 결정하고 교사가 학생을 대신해 학습 방향을 결정하는 상황은 점점 더 심각해지고 있다. 아이들의 저항도 점점 더 강해지고 있다. 가장 흔한 저항 방식은 인터넷 중독과 반항이다. 극단적으로 자살을 시도하거나 살인을 저지르기도 한다.

최근 2년간 광저우에서는 청소년의 자살 사건이 여러 차례 발생했다. 뚜렷한 이유도 없어서 도무지 영문을 알 수 없는 자살처럼 보인다. 하지만 나는 그들이 여러 차례 정신적으로 목이 졸려 죽은 것이라고 해석한다.

극단적인 상황에서는 아이들이 자신의 목을 조르는 사람을 직접 공격할 수도 있다. 광저우의 둥씨 성을 가진 대학생이 아빠를 살해한 심리적 원인도, 일부 중학생이 공부 열심히 하라는 노인의 설교에 감정을 제어하지 못하고 공격한 이유도 그것이다.

지난 2년간 청소년의 자살 소식은 점점 늘어났다. 다수의 학교 심리상담 교사들은 학생들의 심리 문제가 점점 심각해지고 있으며 특히 최근 2년간 현저하게 악화됐다고 했다. 이런 상황이 발생하게 된 근본적인 원인은 아마도 부모와 교사 등 어른들이 아이를 대신해 선택하는 상황이 극심해지면서 아이들의 생명력이 심각하게 억압당하기 때문일 것이다.

> **핵심 _** 아이를 정말 사랑한다면 그들의 독립 공간을 존중하고 스스로 선택하게 놓아두자. 정신적으로 자녀를 죽이지 말자.

거짓말 3: 내가 너를 어떻게 키웠는데

어른들은 사랑의 이름을 빌려 항상 자신과 붙어 있기를 아이에게 강요하는데, 이 또한 부모-자녀 관계에서 흔히 하는 거짓말이다.

한 엄마가 아들이 중학교에 올라간 후 자신과 속 이야기를 나누지 않으려고 한다며 메일을 보냈다. 그녀는 아들이 무슨 생각을 하는지 알 방법이 없어 불안하다고 했다. 나는 이렇게 답장했다. 사춘기의 필연적인 특징으로 이 시기의 아이는 자신의 독립된 공간을 보장받기 위해 애써 부모와 일정 거리를 유지하려고 한다고. 그러니 부모는 아이의 속내를 들여다보고 모든 것을 알려고 하지 않아도 된다고.

나는 같은 주소로 두 번째 메일을 받았다. 원래 이 엄마는 이메일을 쓸 줄 모르는 사람이었다. 앞선 메일도 아들의 도움을 받아 보낸 것으로, 이번에 온 메일은 아들이 직접 보낸 것이었다. 그는 내 의견에 동의하지만, '엄마는 받아들이려고 하지 않는다'라고 했다.

답이 나왔다. 아들과 딱 달라붙어 분리되기 싫어하는 것은 아들의 욕구가 아닌 엄마의 욕구였다. 사실 엄마는 이를 인정하고 아들에게 "엄마는 네가 필요해. 그러니까 엄마 가까이에 있어 주고 네 속 이야기도 해줘"라고 말할 수도 있다. 굳이 "내가 너를 어떻게 키웠는데!" 같은 사랑의 거짓말을 빌리지 않고 말이다.

부모와 자녀가 붙어 있는 경우는 통상적으로 자녀가 부모를 떠나지 못해서가 아니다. 독립은 생명적 충동에서 비롯되는 것이므로 이 충동이 심각하게 파괴되지 않는 이상 사춘기에 접어든 아이들은 매일 부모와 붙어 있으려고 하지 않는다.

부모가 자녀와 심하게 붙어 있으면 수없이 나쁜 결과가 초래될 수 있다. 가장 흔하게는 밖으로 발전해나가려는 자녀의 동력이 막힌다. 자녀는 부모의 욕구를 충족시키기 위해 독립하고 성장하기를 멈춘다. 심지어 연애도 거부한다. 부모를 배반하는 행위라고 생각하기 때문이다.

> **핵심 _** 부모라면 자신에게 자주 물어야 한다. "이렇게 하는 것이 정말 아이를 위해서일까? 나를 위해서는 아닐까?"

거짓말 4: 어머니와 아내 문제지, 내가 할 수 있는 건 없어

'고부 관계'라는 말 자체가 하나의 거짓말이다. 시어머니와 며느리의 이원화된 관계처럼 들리지만, 시어머니와 며느리 그리고 아들의 삼각관계라는 본질을 왜곡하기 때문이다.

더욱이 이 삼각관계의 핵심은 아들이지, 시어머니와 며느리가 아니다. 이런 관점에서 보면 고부 관계는 최악의 단어다. 아들이 태연하게 "두 여자의 문제이며 내가 할 수 있는 일은 별로 없다"라고 말할 수 있는 핑계가 되어주기 때문이다. 아들이야말로 이 관계의 핵심이며 문제 해결의 관건이다. 그가 손 놓고 있으면 시어머니와 며느리는 잘 지내기 어려운 게 당연하다.

이 삼각관계는 중국의 전통적인 가정 관념이 초래한 결과로 보인다. 대가족 개념 때문에 우리는 결혼 후 남성 쪽 부모를 모셔 와 함께 생활하는 것에 익숙한데, 며느리와 아들이 꾸린 신생 가족이 원래의 대가족과 한데 뒤섞이면서 문제가 발생하기 쉬워졌다. 왜냐하면 전통적으로 집안에서 며느리의 역할은 가장 중요하지 않았기 때문이다. 며느리는 대가족에 들어온 '외부인'으로 처음에는 대가족 체제에 녹아들기 어렵다.

그러나 현대 가정에서는 며느리와 아들이 비슷하게 중요하다. 며느리도 똑같이 경제적 부담을 짊어지고 밖에서 바삐 일한다. 또한 똑같이 많은 자원을 보유한다. 그녀로서는 당연히 시어머니의 가정이 아니라 자기 가정이라고 여긴다. 만약 시어머니가 자기 가정이라고 생각하면서 주인 노릇을 하려고 하면 갈등은 피할 수 없다. 아들이 '고부 관계'라는 말에 속아서 적극적으로 중재하지 않으면 이 가정은 사분오열되기 쉽다.

문제의 본질은 대가족이 아니라 오이디푸스 콤플렉스다. 즉 아들이 엄마를 사랑하는 콤플렉스인데, 여기서는 역설적으로 엄마가 아들을 사랑하는 콤플렉스라고 할 수 있다. 오이디푸스 콤플렉스는 '정신분석의 아버지'로 불리는 프로이트가 제시한 개념인데, 중국 심리학계에서는 보편적으로 중국인의 오이디푸스 콤플렉스가 매우 심각하다고 생각한다.

전통적인 중국 가정이 균형을 잃은 이유는 부모-자녀 관계가 주연이고 부부 관계가 조연이기 때문이다. 이런 모델에서는 반드시 모

왜 가족이 힘들게 할까

자 관계가 부부 관계보다 중요해진다. 다시 말해 엄마가 감정적으로 가장 의지할 수 있는 사람은 아들이 되며, 남편은 기껏해야 2순위에 놓인다는 얘기다. 이 경우 아들이 결혼하면 엄마는 자기에게 가장 중요한 감정적 의지처를 잃게 된다. 이런 거대한 상실은 누구도 받아들이고 싶어 하지 않는다. 결국 달갑지 않은 감정 아래 시어머니와 며느리는 아들 또는 남편 쟁탈전을 벌여야 한다.

고부 관계가 중국에서 가장 전형적인 골칫거리가 된 데에는 하나의 전제가 있다. 시부모와 아들, 며느리가 함께 산다는 것이다. 반대로 장인, 장모와 며느리, 사위가 함께 산다면 시어머니와 며느리 사이의 문제는 장인과 사위의 문제로 대체된다.

부부 관계가 부모-자녀 관계의 조연이기 때문에 함께 사는 전통은 엄마가 아들에게 집착하는 문제를 일으킬 뿐만 아니라 아빠가 딸에게 집착하는 문제도 초래한다. 아빠와 딸이 상당히 친밀한 관계를 형성한 경우인데, 아내가 남편보다 아빠와 함께하는 시간이 많다면 남편이 결국 아내를 떠나게 될 수도 있다.

대가족은 문제가 아니다. 대가족이 핵가족의 독립성을 존중하고, 시부모가 서로 사랑하며, 부부의 관계가 부모-자녀 관계보다 중요하면 시부모와 아들, 며느리가 함께 산다고 해도 고부 관계는 문제가 되지 않는다. 시어머니는 자기 삶에서 두 번째로 중요한 사람을 잃었을 뿐이고 그 정도는 받아들일 수 있는 일이기 때문이다. 마찬가지로 장인, 장모가 서로 깊이 사랑한다면 딸, 사위와 함께 살아도 문제가 되지 않는다.

> **핵심 _** 고부 관계는 거짓말이며 삼각관계야말로 진실이다. 삼각관계의 핵심인 아들은 고부 관계를 중재할 최고의 적임자다. 자기 가정이 산산조각 나길 바라지 않는다면 도망칠 것이 아니라 책임감을 느끼고 엄마와 아내의 관계를 적극적으로 조율해야 한다.

거짓말 5: 사랑하니까 질투도 하는 거야

고부 관계는 진짜 문제를 덮어 감추는 하나의 연막탄이다. '질투'라는 단어도 마찬가지로 진짜 문제를 가리는 연막탄이다. 고로, 질투 역시 거짓말이다.

질투도 삼각관계처럼 보인다. '네가' 다른 사람을 좋아한다는 이유로 '내가' 그 다른 사람을 질투하는 것이기 때문이다. 그러나 대체로 질투는 핑계다. 진짜 목적은 연인을 통제하고 상처 주는 것이다. 또는 보다 근본적으로 자기 열등감을 전이하기 위함이라고 할 수 있다.

추싱화邱兴华(2006년에 산시성에서 일어난 살인사건의 범인-옮긴이)는 질투광으로 유명하다. 그는 도교 사원의 주지 '슝완청熊万成'이 아내를 만졌다는 이유로 사원에 난입해 열 명을 살해했다. 나중에는 자기 아내를 포함해 열 명을 더 죽일 계획을 세웠다.

표면적으로 이 연쇄살인 사건은 질투가 원인처럼 보인다. 추싱화는 이렇게 말했다. 슝완청은 키가 크고 잘생겼는데 자기는 왜소하고 비루하기 때문에 아내가 그를 좋아해 성희롱을 하는데도 반항하지 않았다고.

실제로 질투는 추싱화의 허장성세에 불과하다. 그는 턱없이 낮은 자기가치감을 질투라는 단어에 전가했을 뿐이다. 그의 아내는 남편이 최근 1년간 질투가 매우 심해졌다면서 자기가 외도를 한다며 터무니없이 의심하고 폭력도 행사했다고 말했다. 마침 이 기간에 추싱화는 연달아 좌절을 겪으면서 가족을 부양할 기본적인 능력마저 잃게 됐다.

스위스 심리학자 베레나 카스트Verena Kast[4]는 "질투광은 자기가치감이 매우 낮아서 질투를 이용해 이런 나쁜 감정을 전가해 내보내려야 한다"라고 말했다. 그들에게 질투의 의미는 '내가 내 삶을 망가뜨린 것이 아니라 당신이 내 삶을 망가뜨렸다'라는 것이다. 또한 애초에 최저 수준인 자기가치감을 대면하고 싶어 하지 않으며, 심지어 연인이 자기를 직접적으로 부인하는 것을 견디지 못해 반드시 삼각관계를 필요로 한다. 즉 "네가 날 좋아하지 못하게 된 것은 내가 아니라 다른 사람 때문이야"라는 식이다.

이러면 두 사람이 그가 전가한 열등감을 감당하게 된다.

앞에서 유년 시절 부모와의 관계에서 생긴 증오가 다른 관계로 전가되는 것은 흔히 볼 수 있는 나쁜 행위라고 말했다. 질투도 같은 논리다. 아내를 자주 질투하는 남자는 자기 엄마와의 관계에서, 남편에게 자주 질투하는 아내는 자기 아빠와의 관계에서 해답을 찾을 수 있다.

이 외에도 질투광은 연인에게 모든 관계를 끊도록 강요하고 자기만 바라보라고 한다. 이들은 보통 부모에게 심각하게 '버림받은' 적이 있다. 그래서 현재 연인에게 다시는 버림받지 않으려고 가능한 한 모든 관계를 끊게 하고 이 새로운 '부모'를 단단히 단속하는 것이다. 또한 이를 실현하는 데 매우 강한 의지를 보이며 때로는 폭력을 가하기도 해 연인에게 크나큰 상처를 입힌다.

융통성 없이 어리석은 '각주구검刻舟求劍'의 심리로, 배는 이미 한참이나 달려왔는데 간밤에 강물에 떨어뜨린 칼을 지금 배 밑에서 찾으려는 형국이다.

> **핵심 _** 질투가 버릇이 됐다면 정신 차리자. 연인의 문제가 아닌 본인 문제일 가능성이 매우 크다. 특히 현재의 친밀한 관계에서 답을 찾으려고 하지 말고 원가족과의 유년기에서 답을 찾자.
> 마찬가지로 연인의 질투가 버릇이라면 이는 당신의 잘못이 아님을 이해하자. 아무리 엄격하게 자신을 단속한다고 하더라도 연인의 질투를 제어할 수는 없다. 따라서 연인이 시키는 대로 사회적인 관계를 하나하나 끊어내선 안 된다. 본인에게 심각한 상처가 될 뿐만 아니라 문제 해결에도 아무런 도움이 되지 않는다. 만약 질투가 버릇인 연인이 폭력을 사용한 적이 있다면, 대개의 경우 다시 폭력을 휘두르게 되므로 자기를 보호할 방법을 반드시 마련하자. 그리고 연인이 이런 행동을 하는 이유는 자기가치감이 매우 낮기 때문임을 이해해주자.

거짓말 6: 사랑은 행복하고 즐겁기 위한 것

사랑에 관한 가장 큰 거짓말이다! 사랑, 특히 당신을 매우 감각적으로 만드는 격정적인 사랑의 진짜 감동 포인트는 행복과 즐거움이 아니라 강박적 반복이다.

어떤 경우에 격정적인 사랑이 탄생할까? 답은 유년기의 현실 관계 모델과 이상 관계 모델이 동시에 재현될 때다. 아무런 이유도 없이

왜 가족이 힘들게 할까

누군가에게 강렬한 감정이 생기지는 않는다. 그 감정이 생기는 데에는 반드시 이유가 있다.

한마디로 요약하면, 당신의 영혼 깊은 곳에서 그 사람이 '답'이라고 생각하는 것이다. 강박적으로 반복하게 하는 답이자 강박적 반복을 끊어낼 답이기도 하다.

앞에서 언급했던 질투광은 어린 시절 엄마에게 심각하게 버려진 적이 있다. 그는 어른이 된 후 엄마를 닮은 여자에게 강렬한 감정을 느꼈다. 그러나 관계가 맺어진 후, 그는 여자에게 모든 대인관계를 끊고 오로지 자기하고만 함께할 것을 요구했다.

이런 행동에는 이중적 함의가 있다. 첫 번째는 엄마와 똑같은 여자를 찾는 강박적 반복이다. 두 번째는 치유에 대한 강박적 반복이다. 그는 본인이 더는 다른 사람 때문에 버려지지 않도록 엄마를 닮은 여자에게 모든 타인과의 관계를 끊으라고 강요한다. 이런 행동으로 마치 어린 시절의 상처가 치유되는 것 같다.

그러나 이는 앞서 말했듯 '각주구검'의 융통성 없고 어리석은 행동이다. 그가 현재 타고 있는 배에서는 과거에 잃어버린 답을 찾을 수 없다. 결국 그는 미쳐버리고 여자에게 강렬한 증오를 품는다. 그러나 이 증오는 실제 엄마를 향한 것이므로 이 여자에게 아무리 울분을 터트린들 전부 부질없는 짓이다. 마침내 그녀는 그를 견딜 수 없어 떠나고 남자는 유년기의 운명을 다시 한번 반복한다. 그는 상처를 받으면서도 한편으로는 이렇게 자기를 합리화한다.

"거봐, 이럴 줄 알았어. 여자는 다 나빠. 절대 내게 충실하지 않을 거야."

사실 이런 결과는 당사자가 자초한 것이다.

강박적 반복은 매우 큰 유혹이다. 격정적인 사랑의 유혹이기도 하다. 본래 격정적인 사랑은 어린 시절 트라우마를 치유할 수 있는 최고의 기회다. 어린 시절 관계 모델에서의 대다수 감정을 완벽하게 재현하기 때문에 이 기회를 빌려 자신의 많은 문제를 깨닫고 해결할 수 있으니 말이다.

그러나 많은 사람이 격정적 사랑 중에 반성을 거부하고, 사랑할 때 생겨나는 문제들이 상대방 탓이라고 여긴다. 어린 시절 무력하기 때문에 부모에게 탓을 돌렸던 것과 마찬가지다. 이런 심리 때문에 격정적 사랑에 빠진 대다수의 사람은 치유되지 못하며, 이 사랑조차 결국 단순한 강박적 반복이 된다.

그러나 열정적인 사랑, 강박적 반복의 유혹은 끝이 없다. 열정적인 사랑 속에서 자라지 않은 사람들이 오히려 열정적인 사랑의 유혹에 빠지고, 한두 가지 패턴에 따라 끊임없이 새로운 사랑에 빠진다. 비교적 전형적인 예로 전 미국 대통령 클린턴을 들 수 있다. 한 언론 매체에서 수십 명의 애인 사진을 찾아냈는데 외모가 대체로 두 부류였다. 하나는 힐러리Hillary Clinton처럼 강한 여성이고 다른 하나는 모니카 르윈스키Monica Lewinsky처럼 어리숙한 여자였다.

그뿐만이 아니다. 결혼에 골인하는 사랑도 행복과 즐거움 때문에 함께하게 된 것이 아니다. 이 경우에도 강박적 반복의 위력은 매우 강하다. 우리는 종종 주변에서 '엄마 닮은 사람' 또는 '아빠 닮은 사람'과 결혼한 이들을 발견한다.

이런 강박적 반복의 매력은 행복과 즐거움의 유혹을 능가한다. 미

왜 가족이 힘들게 할까

국의 한 여자는 사형수와 결혼했다. 이런 선택도 강박적 반복이다. 그녀의 아빠가 '나쁜 놈'이었기 때문이다. 어린 시절, 그녀는 아빠가 자기를 사랑하고 잘 대하도록 바꾸고 싶어 했다. 그러나 이런 개조는 실패했다. 아빠는 조금도 변하지 않고 학대를 계속했다. 그래서 이런 개조의 환상을 내면 깊은 곳에 눌러두었다. 어른이 된 그녀는 아빠를 똑닮은 나쁜 남자를 보고 마음이 몹시 흔들렸다. 그러나 이런 흔들림은 행복과 즐거움의 가능성을 봤기 때문이 아니라 완벽한 강박적 반복의 가능성을 봤기 때문이다. 다시 한번 나쁜 남자에게 자신의 '개조 환상'을 실현할 수 있게 됐을 뿐만 아니라, 그 남자가 교도소에서 개조를 받고 있기 때문에 자신의 개조 환상도 쉽게 실현할 수 있을 것 같다고 느낀 것이다.

> **핵심 _ 마음이 동할 때, '반드시 행복한 길은 아닐 수도 있다'라고 자신을 일깨우자. 이 사랑이 오히려 위험을, 과거의 재난을 반복하고자 하는 갈망을 의미할 수 있다.**
> 그러나 재난이라고 해도 자기감정을 지나치게 부정할 필요는 없다. 한 차례 격정적 사랑이 나쁜 강박적 반복이라고 해도 그 역시 본인의 마음에 필요한 일이었을 수 있기 때문이다. 게다가 나쁜 강박적 반복에서 부분적이나마 치유될 가능성도 분명 있다. 다만, 여기에는 한 가지 전제가 따른다. 반드시 자기를 돌아보고, 이 기회를 통해 자기 인생을 능동적으로 이해해야 한다는 것이다.
> 그 외에 심각한 자기 파괴적인 강박적 반복도 있는데, 이는 마음이 갈구하느냐 아니냐를 떠나 절대 반복해선 안 된다. 심리상담사에게 상담을 받으면서 강박적 반복을 안전하게 드러내고 치료받기를 권한다.

관계, 특히 친밀한 관계는 심리 활동과 심리 욕구의 핵심이다. 사랑은 친밀한 관계를 건강하게 흐르도록 하는 최고의 원칙이다.

우리 모두는 이를 안다. 그러나 안타깝게도 사랑이라는 이름을 빌린 너무나 많은 거짓말이 세상을 흔든다. 이로 인해 우리는 부분적으로 사랑과 증오를 판단할 능력을 잃게 되며, 자기 자신의 사랑과 증오는 물론 타인의 사랑과 증오도 구분하지 못하게 된다. 사랑의 거짓말에 심각한 상처를 입은 많은 사람은 차라리 더는 사랑하지 않기로 마음먹기도 한다. 살면서 사랑 때문에 입은 상처가 너무 많기 때문이다.

'참사랑'을 위해서 우리는 '거짓사랑'을 알아야만 한다. 어떤 친밀한 관계 탓에 상처투성이가 됐다면 그 원인은 참사랑이 아닌 거짓사랑 때문이다. 거짓사랑의 배후는 둔감함일 수도 있고 증오일 수도 있다. 반드시 이를 알아야 참사랑에 대한 믿음을 유지할 수 있다.

_9

인간은 왜
비틀린 관계에 빠지는가

중국인의 감정 유형을 보면 보편적으로 모성을 찾는다는 점이 확인된다. 남자는 엄마를 찾듯 아내를 찾기 때문에 여자가 따뜻하게 대해주어 경계심을 낮추고 어린아이가 된 것처럼 느끼게 해주면 남자는 쉽게 넘어간다.

여자도 마찬가지다. 관대하고 사심 없는 사랑과 돌봄을 갈망한다. 어린 소녀가 아저씨를 찾든 보통의 결혼과 연애 기준에서 여자를 안심시키는 믿음직한 남자를 찾든, **사실 이들이 찾는 사람은 모두 '엄마'다. 거세된, 모성을 가진 남자 말이다.**

왜 친밀한 관계를 잘 다루지 못하는가?

자녀를 중요시한다고 주장하는 중국 부모는 실제로는 자녀를 등한시하기 일쑤다. 중국의 부모들은 상당히 케케묵은 관념을 갖고 있다.

아이가 어릴 때는 어떻게 대해도 상관없으며, 커갈수록 중시하고 존중해주어야 한다고 생각한다. 그러나 영아기에는 친밀하지 않았다가 커서 무턱대고 친해지려 하면 사랑과 자유의 관계를 제대로 처리하지 못한다.

아이는 세 살에서 여섯 살 사이에 매우 취약하다. 어른이 된 후 생겨나는 많은 문제의 근원이 이 단계에서 뿌리를 내린다. 조현병 등 심각한 인격장애는 생후 6개월 이내의 심한 트라우마에서 비롯된다. 그러므로 **아이가 어릴수록 엄마의 관심과 사랑이 필요하며, 만 한 살 전까지는 아무리 많은 사랑을 주어도 지나치지 않다.**

새로운 정신분석 이론에서는 엄마가 자녀의 미래 감정 방식과 삶의 행복에 결정적 작용을 한다고 본다. 세 살이 되기 전까지 부성애는 없어도 무방하다. 아빠의 역할은 그저 엄마를 지지하고 안전감을 주는 데 그칠 뿐이며 직접적인 영향은 미치지 않는다. 그러나 얼마 전까지 중국에서는 출산휴가를 엄마가 몸을 겨우 회복할 시간밖에 주지 않았으며(현재 중국 국가법정 출산휴가 기간은 98일이다-옮긴이), 중국 가정의 노인들은 아이를 엄마에게서 '빼앗아가는' 데 익숙했다. 사회와 가정이 힘을 합쳐 엄마와 자녀가 분리되는 상황을 만드는 것이다.

남성 위주의 경향이 있는 사회에서 한 가정에 외부인으로 들어가게 되는 엄마는 고립되어 도움을 받을 곳이 없었다. 아빠는 자신의 부모를 1순위에 놓고 자녀를 2순위에 놓는다. 감정적으로 엄마의 위치는 가장 말단에 있다. 엄마는 아들이 생기면 남편에 대한 자신의 욕망을 아들에게 전이한다. 아들은 항상 엄마의 사랑에 잠식될까 봐 두려워하며 저항하고, 그 결과 엄마에게서 도망치려는 욕망을 자기

왜 가족이 힘들게 할까

아내에게 전이한다. 한 예로 가부장제 경향이 강한 광둥의 차오산 지역에서 일반적으로 남성은 이혼하지 않는다. 그들에게 아내는 곧 엄마이자 책임이다.

심리 분석의 관점에서 보면 아내는 합법적인 섹스 파트너이지만 엄마에 대한 정욕이 떠오르는 까닭에 남자는 이른바 성애(性愛)에 수치심을 느낀다. 그래서 많은 남자가 아내 외에 다른 여자를 찾아 연애를 한다. 그 결과 집에 남겨져 애정이 결핍된 아내는 자녀 중 남자아이에게 심리적으로 정욕을 해소하고 여자아이에게는 자신의 '미움받는 내면 소녀'를 투사한다.

보통 우리가 처음 사랑에 빠지는 대상은 본인의 엄마다. 엄마와의 관계가 제대로 구축되지 않으면 어른이 된 후 다른 친밀한 관계를 제대로 처리하기 힘들다. 어린 시절 내재화된 모델은 어른이 된 후 나타나며, 하나의 순환 고리를 형성한다.

왜 소녀가 아저씨를 사랑할까?

소녀들은 대체로 포용되기를 갈망하며 안전감을 필요로 한다. 그러나 동갑내기 남자아이들에겐 활력과 열정만 있다. 이들에게 나이 많은 어른 남자는 엄마, 즉 '유방이 없는 엄마'다. 중년 남성은 보통 심리적으로 거세를 당해 성숙한 여성을 마주하면 자신의 남성적 힘에 열등감을 갖는다. 그러나 소녀는 그들에게 자신의 능력, 즉 '젖을 먹일 수 있는 능력'을 발휘할 기회를 준다.

정상적인 심리 발달에서는 여자아이가 원가족의 부모에게 충분히 사랑을 받았다면, 대학을 졸업할 정도의 나이가 됐을 때는 격정적이고 독립적인 감정을 찾기 마련이다. 이때 누군가가 일할 필요도 없고 매월 돈도 주고 돌봐주겠다고 하더라도 정상적인 여자들은 구속되고 싶지 않기 때문에 거절한다. 그러나 중년 남성을 좋아하는 소녀들은 신체적으로 나이를 먹었을 뿐, 정신연령은 아빠의 손을 잡아끌며 세상을 탐색하던 단계에 머물러 있다.

역사적으로 중국 여성은 모두 이런 콤플렉스를 갖고 있었다. 중국은 남성우월주의 사회이기 때문에 여성은 안전감이 부족하다고 느꼈다. 대가족 내에서든 사회에서든 그들은 남자들에 비해 훨씬 적은 관심과 사랑을 받는다.

내담자 한 명이 이런 이야기를 했다. 남아선호 사상이 심각한 지역에서 일부 고등학생은 나이 많은 남자와 사귀는데 그가 가진 돈을 원해서가 아니라 관심과 사랑을 받고 싶어서라고. 이들은 대체로 다자녀 가정에서 무시당한 아이들로, '아저씨'와의 관계에서 과거 무시당했던 관계 패턴을 반복할 수 있다. 자기 가정이 있는 남자들이라 모든 관심을 그 여자아이에게 쏟지 않기 때문이다.

많은 중년 남자가 어린 시절에는 철들고 어른스러우며 부모가 걱정할 필요 없는 착한 아이들이었다. 이들은 어린아이의 천성을 지나치게 일찍 잃어버렸다. 그래서 어린 여자아이와 만나면서 '수유'를 함과 동시에 스스로에 대한 보상으로 일정 부분 어린 시절에 대한 환상을 충족한다.

왜 가족이 힘들게 할까

왜 '자발적 내연녀'가 될까?

내연녀에도 세 가지 유형이 있다. 물질적 만족을 원하는 타입, 이기고 싶어 하는 타입, 그리고 속된 말로 '세컨드' 생활에 중독된 타입이다. 중독된 여자들은 대개 자신이 '세컨드'라는 사실에 괴로워하지만, 남자가 가정을 버리고 자신에게 돌아서면 또 금세 달아난다. 그들은 삼각관계를 구축하고 싶어 할 뿐이다.

보통 엘렉트라 콤플렉스로 힘들어하며, 어릴 때 엄마와의 경쟁에서 졌기 때문에 커서 이 잘못을 바로잡으려고 한다. 그러나 또 완전히 '아빠'를 빼앗지도 못한다. '엄마'에게 미움받을 수도 있고 창피당할 수도 있기 때문이다.

지인 중 하나는 스물넷에 벌써 유부남을 열 번 넘게 만났다. 그녀와 만난 시간이 가장 길었던 한 남자는 그녀에게 말했다. 아내와 이혼하고 그녀와 결혼할까 고민했다고. 그러나 이혼하지 않아서 다행이라는 걸 알게 됐다고. 그녀가 본인보다 자기 아내에게 더 큰 관심을 보였기 때문이다. 그녀는 처음에 자신이 왜 이런 감정 패턴에 빠지는지 이해하지 못했다가 나중에 미혼 여성과 기혼 남성의 사랑을 그린 성커이聖可以의 소설《도덕송道德颂》을 읽고 깨달았다. 소설 속 여주인공이 언제든 전쟁이 벌어질 수 있는 세 사람의 관계가 두 사람의 관계보다 더 재미있다고 느꼈듯이 자신도 그랬던 것이다.

여자는 남자의 아이를 임신했지만 결국 지웠다. 그녀는 줄곧 상대를 강한 여자라고 생각했는데 알고 보니 생명이 위독한 상태였다. 승자로서 상실감이 생긴 그녀는 자신의 죄책감에 대응하기 위해 태아를 지운 것이다.

또 한 친구는 세 차례나 삼각관계에 빠졌다. 매번 남자가 자기 아내 또는 여자친구를 무척 사랑한다고 말할 때 사랑에 빠졌다. 남자가 '그 여자'를 무척 사랑한다고 생각했기 때문에 한번 싸워보자는 생각이 들었고, 결국에는 남자가 자기를 더 사랑하게 될 것으로 믿었다. 그녀의 논리는 남들 눈에 매우 이상하게 보이지만, 그녀의 교제 패턴을 계속 살펴보면 일종의 합리성을 찾을 수 있다. 예를 들어 이런 것이다. 그녀는 남자에 대한 기대가 낮은 편으로 명절과 휴일에만 자기를 보러 오면 됐다. 그녀는 사랑에 절망한 상태였다. 엘렉트라 콤플렉스가 줄곧 실현되지 못해 '엄마를 이길 수 없으며 아빠의 사랑을 얻을 수 없다'는 사실을 받아들인 것이다.

광둥의 차오산과 커자 지구는 전통적으로 남존여비 사상이 강한 곳이다. 많은 가정에서 남아를 얻기 위해 아이를 계속해서 낳았다. 그리고 아들을 낳고 나면, 가장은 모든 관심을 아들에게 집중한다. 또한 이 지역에는 많은 남자가 둘째 부인을 두는데 대개는 원망도, 후회도 없어 보이는 여자아이들이 늘 이런 관계에 빠져든다. 남아선호 사상을 가진 가정에서 태어난 그녀들은 혼자서 한 남자를 누리는 것에 익숙하지 않으며 그저 사랑의 일부를 나눠 받는 것으로 만족한다. 그래서 이 지역에서는 특이하게도 여자가 아무리 많은 굴욕을 당해도 이혼하지 않으며 기꺼이 내연녀가 되는 여자도 드물지 않다.

진정으로 자기를 사랑하는 여자는 타인과 남자를 공유하지 못한다. 삼각관계에서 득을 보는 쪽은 남자이며 고통스러운 쪽은 두 여자다. 남자가 공감 능력이 충분하다면 사람을 고통스럽게 하는 이런 관

왜 가족이 힘들게 할까

계는 만들지 않을 것이다.

왜 착한 남자는 늘 나쁜 여자에게 빠질까?

대다수 중국 남성은 순하고 둥글둥글한 성향이지만 카리스마나 활력이 없다. 전통적 의미에서 '착한 여자'는 도덕적으로 고상하지만 무미건조하며, 집에서는 늘 타인의 부도덕함을 암시하고 비난하고 질책한다. 남자와 마찬가지로 이런 여자도 활력이 없다. 그러나 욕망이 충만한 여자는 활력이 있다. 예를 들면 톈푸쥔田朴珺(배우 겸 영화 제작자-옮긴이)이 그렇다. 언론에 드러난 정보를 통해 우리는 그녀가 매우 적극적이고 욕망이 강한 여성임을 알 수 있다. 웬디 덩邓文迪(언론 재벌 루퍼트 머독의 배우자-옮긴이)과 매우 닮았다. 그녀는 남자에게 직접적으로 호감을 표현하며 애교스럽다. 사납고 영악하게 상대방을 대하기도 하고 자기 이익을 지킬 줄도 한다.

사람은 반려자를 찾을 때 종종 자신의 부족한 부분을 채워 원만하게 만들어줄 수 있는 상대에게 끌린다. 이는 무의식이며 보편적인 현상이다. 그래서 많은 착한 남자가 '나쁜 여자'에게 사로잡히는 것이다. 나쁜 여자의 활력을 갈망하기 때문이다.

무분별한 성행위는 왜 좋지 않은가?

어떤 사람들은 자기 몸을 거래의 도구로 이용한다. 원하는 지위와 성공의 기회를 교환하는 것인데, 그러나 그들은 이른바 게임의 법칙을 관철하지 못한다. 중앙편역국(사회주의 사상가와 지도자들의 저서를 연구하고 번역하는 중국 중앙 직속 기관-옮긴이)의 박사든 폭로된 관리들의 내연녀든 마찬가지다. 감정을 대하는 자신의 태도를 가볍게 여기며 몸을 이용해 목적을 달성하면 그만이라고 생각한다. 그러나 실제로 상대방과 성관계를 갖게 되면 상대방에게 의존하는 감정이 생긴다. 사랑은 아닐 수도 있지만, 상대방이 관계를 끊으면 버림받았다는 느낌을 강하게 받는다. 사람은 감정의 동물이다. 받는 사랑이 적을수록 사랑의 공허함은 커진다. 일단 사람과 관계가 맺어지면 버려질 것을 두려워하게 된다.

현대인들은 사랑, 성性, 결혼을 구분 지을 수 있다고 생각한다. 사람은 감정에 대한 욕구가 있지만, 이를 잘못된 방식으로 실현해서는 안 된다. 결혼과 연애에 관한 사이트에서 300번의 '원나이트'를 즐긴 남성의 고백 글을 봤다. 그는 섹스를 위한 관계를 맺을 때마다 인간의 본성에 한층 더 깊은 실망감이 들었다고 했다. 사람들은 자기가 쿨할 수 있다고 생각하면서 자주 자신을 과대평가하지만 실제로 감정은 가장 가지고 놀아선 안 되는 것이다. 폴란드의 유명한 감독 크쥐시토프 키에슬로프스키Krzysztof Kieslowski가 말한 것처럼 "깊은 감정은 실제로 존재하며, 함부로 모독해서는 안 된다".

왜 사랑할 사람이 없을까?

사람의 내면에는 사랑에 대한 갈망도 있고 절망도 있다. 사랑을 갈망하는 단계가 매우 높을 때, 친밀한 관계를 쉽게 맺을 수 있다. 그러나

왜 가족이 힘들게 할까

사랑에 대한 절망이 매우 깊고, 사랑을 갈망하지 않으면 '고무인간 (챗바퀴처럼 반복되는 도시 생활에서 자신의 꿈은 물론 인생의 흥미를 잃어버린 채 살아가는 사람들을 가리키는 말-옮긴이)'이 되기 쉽다. 현실 속 은둔형 외톨이나, 골드미스(혹은 미스터)가 그들이다. 많은 사람이 그들을 두고 눈이 너무 높다고 생각하는데 사실 그들은 사랑을, 그리고 사랑을 얻지 못한 뒤의 고통을 두려워한다. 그래서 감정을 일으키지 않는다. 그러면 실망할 일도 없으니까. 내가 경험한 사례들을 보면, 결혼할 마음이 있는 사람은 다 결혼했다. 절실하게 바라면 정말 이루어졌다.

사랑이 발생하는 빈도가 매우 낮다고 말하는 사람이 있는데, 이는 그 사람 내면의 한계가 반영된 것이다. 사랑에 대한 절망 때문에 범위가 매우 좁을 뿐이다. 원은 360도인데, 꼭 361도에서 사랑을 찾으려는 사람이 있다. 그는 영원히 사랑을 찾을 수 없다. 또 누군가는 사랑의 범위가 36도뿐이라 10퍼센트의 가능성밖에 갖지 못한다. 180도에서 찾을 수 있는 사람에게는 절반의 기회가 있다. 진짜 사랑은 살아나가는 것이며 행복은 옳은 짝을 찾는 데 있지 않다. 칼 로저스가 말한 것처럼 사랑은 깊은 이해와 수용이다. 두 사람의 관계가 깊어질수록 쉽게 싫증 내지도 않는다.

서로 사랑하는 한 쌍의 남녀는 보통 세 단계를 경험한다. 첫 번째는 '1+1=1'의 단계다. 상대방이 내 상상과 완전히 똑같은 격정기다. 심리학에서는 콤플렉스와 콤플렉스가 맞아떨어졌다고 말한다. 사실 상대에게는 내가 안 보이고 나에게도 상대가 안 보인다. 상대는 내 머릿속의 상상과 똑같은 모습이다. 서로 환상 속에 사는 것이다. 두 번째는 '1+1=0'으로 내 인생의 모든 고통이 상대방 탓인 단계다. 결혼 전쟁에서 가장 흔한 문제가 바로 상대방을 바꾸려고 하는 것이다. 온갖 진을 빼고 상대방이 내 생각과 완전히 다른 사람이라는 것을 알게 됐을 때, 진짜 그를 받아들일 생각이 있다면 그것이야말로 사랑이다. 그러면 세 번째 단계로 접어들 수 있다. '1+1=2'로 너는 너이고 나는 나, 하지만 함께할 수 있는 단계다.

왜 동성을 좋아하게 되는가?

프로이트의 견해에 따르면 아이는 만 세 살에 성욕이 생기며 이 시기 오이디푸스 콤플렉스는 매우 보편적인 문제가 된다. 내가 경험한 사례 중에서 한 남성이 내내 엄마와 한 이불을 덮고 잤다. 처음에는 정욕을 감출 수 있었지만 나중에는 그럴 수 없었다. 정욕이 엄마에게로 흐르는 것을 막기 위해 그는 동성 파트너를 선택했다. 정욕을 분출하고 나면 희열을 느꼈다. 희열은 집착이 되어 하나의 성적 취향으로 강화됐다.

또 한 가지 비교적 전형적인 사례가 있다. 패션디자이너 매퀸Alexander McQueen의 동성애 경향은 대부분 오이디푸스 콤플렉스에서 기인한 것이다. 동성 연인이 있었지만 그의 연인은 영원히 엄마나 지도교수, 레이디 가가Lady Gaga와 같은 여성보다 눈부시지 않다. 그가 가장 그리워하는 사람은 엄마다. 언론 인터뷰에서 그는 엄마가 먼저 죽을까 봐 겁이 난다고 말했으며 결국 엄마가 세상을 뜨자 자살했다. 선택한 사업도 엄마와 상관이 있다. 엄마의 취미가 바느질이었기 때문이다. 그러나 엄마와 함께 살 수는 없었다. 사랑할 수도 없었다. 그래서 안전하게 정욕을 분출할 수 있다고 생각하는 대상인 '남자'에게로 감정이 흐른 것이다.

물론 이는 내가 접했던 동성애의 한 가지 사례일 뿐 모든 상황을 포괄하지는 않는다.

왜 결혼해도 안전감이 없을까?

중국인 70~80퍼센트의 결혼이 안전감에 기반을 두고 있다. 결혼을 통한 안전감의 최고 경지는 서로 가족이 되는 것이다. 왜냐하면 가족은 서로 떠나지 않으니까. 배우자를 생각하면 매우 가깝게 느껴지지만, 실제로 떠올리는 일은 매우 적다.

중국인에게는 단순하게 물질화된 안전감의 범주가 있다. 집과 차가 그 예다. 집이 없으면 결혼할 수 없다. 그래서 '장모가 중국 집값을 올린다'라는 말도 있다. 사랑이냐 물질이냐, 이런 선택지는 출발점부터 잘못됐다. 사랑이 전제되고 그 후에 물질적 조건이 오면 왜 안 되는 걸까? 중국인은 늘 사랑 없는 결혼 관계에 있는 사람에게 더 욕심내진 말라고, 모든 것을 가질 수는 없다고 타이른다. 그들은 분명 사랑을 매우 중요한 위치에 놓지 않는다. 그러나 진짜 안전감을 만들 수 있는 것은 사랑뿐이다.

'너'와 '내'가 오롯이 존재하며
가족이 되는 여정

우리는 함께 사는 가족에 대해 얼마나 알까요? 이 책을 한 글자, 한 글자 옮겨가면서 저는 과연 이 물음에 자신 있게 대답할 수 있는 사람이 얼마나 될까 궁금해졌습니다. 알고 있다는 착각 때문에 피 한 방울 섞이지 않은 남보다 더 제대로 보지 못하는 것은 아닐까요?

실상 어떻게 보면 우리는 가족이라는 울타리 안에 사는 각각의 개인인데, 혈연으로 맺어진 '가족'이라는 이유로 개인을 인정하지 않고 서로를 지나치게 간섭하거나 옭아매는 일이 빈번하게 일어나지 않나 하는 생각이 듭니다.

'너'와 '나' 사이의 경계가 무너지면 지나치게 기대하고 상처받는 이상한 관계가 되어버립니다. 그로 인해 마음의 병이 생겨나지만 '가족이니까'라는 미명 아래 그 병은 제때 치유되지 못하고, 점점 몸집을 키워나가며 더 큰 문제를 일으킵니다. 과도한 교육열로 무너지는 가족, 징글징글한 짐이 되어 서로를 망가뜨리는 가족 등을 소재로 한

드라마가 공감을 끌어내며 높은 인기를 구가하는 데는 현실 속 우리 모습이 깊숙이 반영돼 있기 때문이 아닐는지요.

우즈훙 박사는 이렇게 많은 시간을 함께 보내면서도 제대로 된 소통은 가장 이루어지지 않는, 그로 인해 가장 많은 갈등과 대립이 생기는 가족 관계에 대해 다양한 이야기를 들려줍니다. 자신과 동료 심리상담사들의 상담 사례와 직간접적인 경험을 통해 알게 된 중국 가정의 작동 기제를 바탕으로, 가족이 서로에게 어떻게 상처를 입히는지 그 면면을 놀라울 정도로 생생하게 그려냅니다.

이 책에서 언급되는 다양한 실제 상담 사례들은 전혀 낯설게 다가오지 않습니다. 연거푸 나와 내 가족, 대인관계를 돌아보게 되더군요. 혹시라도 가족 때문에 힘들다는 생각을 해본 당신이라면, 마찬가지일 겁니다. 아마도 중국과 우리나라가 같은 유교 문화를 바탕으로 하고 있어 문화적으로 유사한 특징을 띠기 때문이겠죠.

그래도 '중국과 우리나라는 다르지'라고 말하는 사람들이 있을지도 모르겠습니다. 정말 그럴까요? 이른바 명문대에 가기 위해 수년씩 재수를 하거나, 부모의 기대에 미치지 못할 것을 염려해 자살이라는 극단적인 선택을 하거나, 어린 시절의 트라우마가 병증으로 발현되어 정상적인 삶을 영위하지 못하거나, 자기만족을 위해 자녀를 과보호하는 헬리콥터 엄마·아빠 등의 사례는 우리나라에서도 흔히 볼 수 있지 않나요?

각 개인이 개인으로 존재하지 못하고, 자신의 내면에 만들어진 이상을 상대에게 투사하고, 서로의 감정에 귀 기울이지 않을 때 가족의 기능은 망가집니다. 보듬어주는 울타리가 되어야 할 가족 안에서 개인은 오히려 마음에 상처를 입고 존재를 상실하게 되죠.

저자는 말합니다. 서로 건강하게 존재하는 가족, 제 기능을 하는 가족이 되려면 먼저 자신을 들여다볼 수 있고, 가족 구성원 역시 독립된 개체임을 이해할 수 있어야 한다고요. 그러면서 나 자신이 되고 가족 구성원을 있는 그대로의 모습으로 받아들이는 방법, 건강한 가족 관계를 만들어갈 수 있는 여러 해결책을 제시합니다. 내면 아이를 만나는 연습을 통해 자신을 정확히 인지하기, 가족이 말하는 감정을 귀담아듣기, 어떤 상황에 놓였을 때 진짜 마음이 무엇인지를 반문하기 등 이 모든 방법은 우리가 어렵지 않게 시도해볼 수 있는 현실적인 조언입니다.

적어도 이 책을 읽는 동안 부모라면 자녀를, 자녀라면 부모를, 나아가 나 자신을 좀더 이해할 수 있는 시간이 될 거라 생각합니다. 제가 그랬듯 당신도 저자의 냉정하지만 다정한 도움을 받아 자신을 조금 더 알게 되고 내 가족을 조금 더 알아갈 수 있기를, 그래서 모두가 건강하게 존재할 수 있는 관계를 만들어갈 수 있기를 바랍니다.

왜 가족이 힘들게 할까

PART 1.

당신의 가정, 결정권은 당신에게 있다

1   가명. 이 책에서 심리상담 과정에 등장하는 이름은 상담사 외에 모두 가명
    이다.

2   분석심리학에서 환자가 어린 시절 한 대상(특히 부모)에게 지녔던 감정이
    치료 과정에서 다른 객체에게로 옮겨가는 것을 말한다. 보통 그 대상은 환
    자의 담당의다.

3   오이디푸스 콤플렉스는 아들이 엄마에게는 애착을 갖고 아빠에게는 적대
    적으로 구는 복합적인 콤플렉스로 프로이트가 주장한 관점이다. 그리스
    신화의 왕자 오이디푸스 이야기에서 이름을 따왔다. 딸이 아버지를 흠모
    하는 엘렉트라 콤플렉스의 의미로까지 확장됐다.

PART 2.

우리집엔 따뜻한 무관심이 필요하다

1   Mevlana Celaleddin Rumi(1207~1273). 페르시아 신비주의 시인으로 대표
    작으로 시집《마스나비(The Masnavi)》가 있다.

2   Melanie Klein(1882~1960). 오스트리아 태생의 영국 정신분석학자로 아동
    정신분석 연구의 선구자다. 후대 프로이트 정신분석 이론의 발전에 가장
    크게 기여한 인물로 알려졌다.

3   Scott Peck(1936~2005). 미국 심리상담사이자 베스트셀러 작가.《아직도 가야 할 길》,《거짓의 사람들: 인간 악의 치료에 대한 희망》등 다수의 대표작이 있다.

4   Margaret S. Mahler(1897~1985). 오스트리아 태생 의사로 정신분석학계의 핵심 인물이다. 뉴욕으로 이주하면서 아동 심리 발전 분야에 관심을 갖게 됐으며 아동심리 발달의 분리-개별화 이론을 제창했다.

5   Bert Hellinger(1925~). 독일 심리치료사로 '가족 세우기' 기법의 창시자다.

6   Patricia Evans. 캐나다 에번스대인관계연구센터 창립자로, 심리상담 컨설턴트이며 베스트셀러 작가이기도 하다.

7   양리쥐안은 1994년 유덕화에게 반해 그를 광적으로 쫓아다녔다. 그녀의 부모는 딸의 바람을 들어주려고 가산을 탕진했다. 2007년 양리쥐안의 아버지는 유덕화가 딸과 만나주기를 바란다는 유언을 남기고 바다에 뛰어들어 자살했다.

8   Albert Bandura(1925~). 미국의 저명한 심리학자. 신행동주의(Neo-behaviourism)를 대표하는 인물 중 하나이며 사회학습 이론(social learning theory)의 창시자다.

9   원조교제는 일본어에서 온 단어로 현재는 학생 성매매로 그 의미가 파생, 확대되었다.

10 신경증은 여러 가지 정신장애의 총칭으로 신경쇠약, 강박증, 조급증, 공포증 등을 포함한다. 깊은 고통이 환자의 심리적·사회적 기능을 방해하지만, 실제로 증명할 수 있는 기질적인 병리 기반은 전혀 없다. 병의 경과는 오래 이어지거나 발작적으로 일어나기도 한다.

11 Virginia Satir(1916~1988). 미국 심리치료사로 가족 치료의 선구자다.

PART 3.

부모의 불안을 아이에게 떠넘기지 말것

1   Martin Buber(1878~1965). 독일의 저명한 종교 철학자이자 종교적 실존주의의 대표적 인물로 관계를 세계의 본질로 여겼다. 대표작으로《나와 너》

가 있다.

2   Carl Rogers(1902~1987) 미국 심리학자, 인본주의 심리학의 대표적인 인물이다.

3   Roy Martina. 몸·마음·영혼 통합치료의 대가. 건강, 생명활력, 영적 건강, 체중 감소와 영양에 관한 수십 권의 책을 썼다. 대표작으로《감정 균형》이 있다.

PART 4.
관계는 어떻게 왜곡되는가

1.   Ronald David Laing(1927~1989). 영국의 실존주의 심리학자이며, 대표작으로《분열된 자아》가 있다.

2.   Jacques Derrida(1930~2004). 프랑스 철학자이자 서양 해체주의의 대표적인 인물이다. 대표작으로《글쓰기와 차이》,《그라마톨로지》등이 있다.

3.   Sheldon Cashdan(1935~). 미국 심리학자이며, 저서로《상호심리학》등이 있다.

4.   Verena Kast(1943~). 스위스 심리학자이며 취리히대학교 교수다. 대표작으로 ≪불안 극복≫이 있다.

왜 가족이 힘들게 할까

제1판 1쇄 인쇄 | 2020년 2월 5일
제1판 1쇄 발행 | 2020년 2월 14일

지은이 | 우즈홍
옮긴이 | 김희정
펴낸이 | 한경준
펴낸곳 | 한국경제신문 한경BP
책임편집 | 김은찬
저작권 | 백상아
홍보 | 서은실 · 이여진
마케팅 | 배한일 · 김규형
디자인 | 지소영
본문디자인 | 디자인 현

주소 | 서울특별시 중구 청파로 463
기획출판팀 | 02-3604-553~6
영업마케팅팀 | 02-3604-595, 583   FAX | 02-3604-599
H | http://bp.hankyung.com   E | bp@hankyung.com
F | www.facebook.com/hankyungbp
등록 | 제 2-315(1967. 5. 15)

ISBN 978-89-475-4551-8 03180